U0102406

对人的爱已成为狗的本能，几乎不容置疑。

——查尔斯·达尔文

Dogopolis

人文科普 －探 询 思 想 的 边 界－

How Dogs and Humans
Made Modern
New York, London, and Paris

［英］克里斯·皮尔逊　著

邹赜韬　林青青　译/校

狗狗都市观

犬与人类如何共同打造
现代纽约、伦敦和巴黎

中国社会科学出版社

Chris Pearson

图字：01-2022-3970 号

图书在版编目（CIP）数据

狗狗都市观：犬与人类如何共同打造现代纽约、
伦敦和巴黎/（英）克里斯·皮尔逊著；邹赜韬等译.
—北京：中国社会科学出版社，2024.3
（鼓楼新悦）
书名原文：Dogopolis：How Dogs and Humans Made
Modern New York，London，and Paris
ISBN 978-7-5227-3076-9

Ⅰ.①狗…　Ⅱ.①克…　②邹…　Ⅲ.①人类—
关系—动物—哲学—通俗读物　Ⅳ.①B-49

中国国家版本馆 CIP 数据核字（2024）第 037588 号

出 版 人	赵剑英	
项目统筹	侯苗苗	
责任编辑	肖小蕾	朱悠然
责任校对	冯英爽	
责任印制	王　超	

出　　版	中国社会科学出版社
社　　址	北京鼓楼西大街甲 158 号
邮　　编	100720
网　　址	http://www.csspw.cn
发 行 部	010-84083685
门 市 部	010-84029450
经　　销	新华书店及其他书店

印刷装订	北京君升印刷有限公司
版　　次	2024 年 3 月第 1 版
印　　次	2024 年 3 月第 1 次印刷

开　　本	880×1230　1/32
印　　张	13.625
字　　数	258 千字
定　　价	96.00 元

推荐语

"流浪、攻击人类、受虐、思考，以及随地排便，巴黎、伦敦和纽约的狗已然是现代都市进程的主要参与者。《狗狗都市观》讲述的正是这三座城市与狗相互影响的故事，中产阶级和动物间矛盾复杂的情感联系，在这里得到了精彩演绎。"

——彼得·萨林斯（Peter Sahlins），

加利福尼亚大学伯克利分校教授

"《狗狗都市观》对伦敦、巴黎和纽约的养狗体验进行了生动详细的比较。从科学到政治再到卫生免疫，它追溯了现代城市中人与狗之间深刻纠缠的关系的发展。"

——哈丽雅特·里特沃斯（Harriet Ritvo），

麻省理工学院历史教授，曾任美国环境史学会主席

"皮尔逊的《狗狗都市观》令人耳目一新，文笔优美，无可辩驳地证明了与狗一起思考是件好事。皮尔逊带我们踏上了一段旅程，让我们看到了溺爱或给狗套上嘴套的狗主人、疯狗、流浪狗收

容所、宠物墓地的图景。其结果是一部精心书写的历史，生动且独一无二地展现了城市现代性。"

——科林·琼斯（Colin Jones），

伦敦玛丽女王大学历史教授

"狗是都市里的一员。历史学家克里斯·皮尔逊带领我们在伦敦、纽约、巴黎这三座城市里观察狗如何影响爱、厌恶和恐惧这类人类情感。《狗狗都市观》为我们提供了许多奇妙见解。我们能从中了解上个世纪时，城市里的狗流浪、攻击人类、受虐、思考，以及随地排便等行为何以让法律、专业机构、隔离区，甚至税收更新迭代，而这些要素正是特定城市发展成现代大都市的关键所在。对那些想要了解都市生活多样性的人而言，本书不容错过。"

——多萝特·布兰茨（Dorothee Brantz），

柏林工业大学大都会研究中心教授

目　录

致中国读者

19世纪至 20 世纪 40 年代，在伦敦、巴黎和纽约这三座城市的现代化进程中，各种狗的日常处境，均发生了天翻地覆的改变。在那些日子里，落魄可怜的街头流浪狗，成了被驱赶、扑杀（"人道毁灭"）的目标。得益于各方共同努力，骇人听闻的恶疾——狂犬病，在这三座城市里相继得到了一定的控制。警犬开始出现在城市的大街小巷，负责巡逻护卫。狗粪污染，则成了继狂犬病流行之后，市政当局管理"城市狗"的又一个棘手难题。借助海量精彩档案、报刊文献、影像资料，在您手捧的这部《狗狗都市观》里，我追溯了这个被抽象作"人犬关系"的漫长、有趣的故事。本书集中展示的，是"狗狗都市"的出现缘由及过程。而"狗狗都市"这个概念，在我看来，其实就是城市中产阶级居民，对于人与狗在现代城市中应怎样和谐共生的一份跨物种"协定"。

"狗狗都市"，完全是一个不拘于国界的人类城市"共通"现象。除影响纽约、伦敦、巴黎的城市历史进程之外，"狗狗都市"亦是包括中国在内的，现代人犬关系更广泛、更深刻变革的一种内在逻辑。在中国城市历史发展上，也有很多地方性（相对于"全球"）的要素在涌动，缔造了不同于其他国家的狗狗都市景观。比如，贩卖狗肉的"狗市"，曾经是部分中国城市作为"狗狗都市"演进的、不可忽视的"特殊空间"。而庞大的宠物市场催生了红遍中国大江南北的宠物狗短视频产业，也造就了"狗狗都市"文化、经济景观。我希望这本《狗狗都市观》，能为有兴趣探寻中国历史上微妙的"人犬关系"的读者，提供一个或许有所裨益的比较"支点"。

感谢邹赜韬先生和林青青女士的精心翻译和审校，感谢中国社会科学出版社推出我的这部作品，尤其感谢责任编辑肖小蕾女士和朱悠然女士的辛勤工作。当然，我最为由衷感激的，是手捧《狗狗都市观》的您。谢谢您对"狗狗都市"的复杂历史产生了兴趣。若您喜欢这本书，我将感到莫大的荣幸。

克里斯·皮尔逊

2022 年 10 月 16 日

前　言

毋庸置疑，在许多人心目中，人类与狗有着久远且不可动摇的联系。自数千年前狗被人类成功驯化以来，它便同我们一起生活，一起工作。正如本书所提到的那样，爱与忠诚是人犬之间这种永恒且普遍的关系的标志。我们常说狗是"人类最好的朋友"。每当提起这一说法，人们往往并不清楚这话其实源自密苏里州的一个乡村。1870 年，乔治·维斯特（George Vest）律师在一次诉讼时赞扬了狗的忠诚。该案中，提起诉讼的农场主怀疑他的邻居射杀了他最喜欢的猎犬"老德拉姆"。维斯特代农场主申诉道："在这自私自利的世界中，人类能拥有的唯一绝对无私、绝对不会抛弃我们、绝对不会忘恩负义的朋友，就是狗！"维斯特对"老德拉姆"的歌颂帮它的主人赢下了这一场官司，维斯特的发言也被世人传颂成人类与犬类之间友谊的颂诗。[1]

对于 19 世纪的爱狗人士而言，狗带给他们的爱是一种救赎。正如反对动物实验的伦敦作家、女性主义者弗朗西斯·鲍尔·科布（Frances Power Cobbe）所言："有多少孤单、受骗和痛苦的心灵，因为狗狗们笨拙的抚慰而免于破碎，或是回归宁静呢？"狗狗们无条件的关爱所散发出的点点温暖，让人们的情感保持着健康的状态。这样的言辞也不仅出现在英语文化中。在法国动物保护主义者德沃男爵（Baron de Vaux）看来，狗是"爱的机器"，对人类有着"极端的忠诚"，这一说法巧妙地颠覆了17世纪哲学家勒内·笛卡儿（René Descartes）提出的"动物是机器"这一知名理论。[2]

科学家们开展了诸多实验，比如，对狗头部进行核磁共振扫描，研究者们希望借此来证明许多狗主人发自内心的猜想——狗与人类互相爱着对方。但许多动物史学家却让这样美好的猜想显得不再那么简单。他们表示，狗与人类的关系不但会因为地区和时间的不同而变化，还会受到阶级、种族和性别的影响。[3] 从这个角度看，维斯特对于"老德拉姆"的称赞，实则是在吹嘘美国南北战争后"白人农场主"在畜牧与狩猎中所表现出的男子气概。而在此期间，维斯特恰好兼任美利坚合众国的国会议员。

笔者喜欢从历史角度研究人犬关系，诸多欧洲人、北美人现在所表现出的人犬之间这种普遍且自然的关系，笔者相信其实深深植根于西方城市化进程的情感历史中。本书讨论的三座城市——伦敦、纽约和巴黎，是世界历史上人犬关系发生转变的关键场所。在其他欧洲和北美城市里我们也能看到一些革新之处，比如早年间比利时根特地区曾开展过警犬实验。但作为全球闻名的都市，在伦敦、纽约和巴黎所产生的一些发展，堪称整个人犬关系变革的核心，对其他城市和乡村的人犬关系产生了极大影响。

最终，一种西方的人犬关系模式诞生了，我称之为"狗狗都市"（Dogopolis）。在城市中，狗类应如何与人类文明健康、安全地共存？针对这一问题，伦敦、纽约和巴黎的中产阶级们还是慢慢地（有时则颇为痛苦地）达成了某种并不怎么稳固的共识。人类与狗一同被丢进这些急速扩张与发展的都市中，他们在朝夕相处中也产生了一系列情感：爱、同情、厌恶，还有恐惧。最终，狗融入了都市生活，同中产阶级对脏乱环境的厌恶，对流浪者的恐惧，对犯罪活动的焦虑，以及对人道主义的支持等情感价值相一致。到 20 世纪 30 年代末，人们对于狗咬人行为和流浪狗的恐惧已经有所减轻。在管理遭受虐待的狗时，狗的平和死亡成了人们最能接受的一种方式。担任着宠物和警犬角色的狗狗在城市中发挥着令人十分满意的作用（理论上，狗能减轻人们对犯罪行为的担忧情绪）；人们已经采取了初步措施去减少狗随地排便引起的民怨。人们也在驯化狗，教它们认路以避免走失，引导它们不要随地排便。狗遭受虐待的情况有所减少，它们的思维也得到了一些人为控制。我之所以要强调这些变化，其实是为了说明一个关键论点——狗有着和人类情感相通的能力，这个能力的确存在，并且确实能为人所感知。[4]

狗狗都市也不是一个必然结果，它从人们的选择、一系列偶然及矛盾中出现。19世纪至20世纪初，人们大范围改变了城市中人与动物的关系，狗狗都市这一复杂现象的出现正是其中一部分。在这个阶段，人们更加注重对城市公共空间里动物的管理。例如，到19世纪70年代中期，纽约市的卫生条例就涵盖了马匹防疫、动物屠宰、制皮及精炼工艺，当然也包括流浪狗管理的相关规定。[5] 在纽约及其他地区，牛、猪等牲畜渐渐远离了城市中心。马匹数量曾经增加过，但随着火车、有轨电车还有汽车逐渐成为主要城市交通工具，其数量也随之陆续减少。动物保护主义者们聚集在一起，一同反对虐待城市动物的行为，谴责役用动物糟糕的工作条件并发起了反对动物竞赛的活动。同样地，当时的城市政府为了解决害虫问题，也在大都会和殖民地城市里发起了卫生灭虫运动。在处理老鼠、苍蝇，以及其他不受人们待见的生物时，一些公共卫生管理措施均取得了不同程度的成功，也时常有新方法面世。特权阶层经常指责被殖民者、穷人、有色人种和移民，抨击他们制造了让害虫滋生的环境。然而，政府和精英们往往忽略了更深层的社会、种族及经济不平等问题，这又恰恰是问题的症结所在。[6]

起初，狗狗都市也曾不可避免地在人犬关系上出现过一些不和谐问题。犬只失踪、咬人的案件接二连三发生，警犬部队没有立刻发展起来，狗狗随地排便引起的脏乱问题也一直未能得到解决。但狗狗都市也不是自20世纪30年代出现后就一成不变，90年间出现了很多引人瞩目的变化，比如人们普遍开始给狗绝育，在第二次世界大战后紧锣密鼓地建立了警犬部队，还在 20 世纪 70 年代末开展了"铲屎官革命"。然而，一些人对狗的厌恶也在继续，在 20 世纪七八十年代，依旧有不少人因为脏乱而呼吁禁止在巴黎养狗。但在西方城市中，狗已经有了一席之地，一种城市中人犬共处的模式业已形成，西方的城市居民迄今仍遵照这种模式。

此外，狗狗都市的出现也有一种"排斥异己"的特质。这一都市模式强调（但不完全等同于）按阶级、种族、性别、性取向区隔不同人群的排斥异己、边缘他人的现象，而这些区隔因素也正是现代城市生活的重要标志。随着养宠物狗成为狗狗都市的核心内涵，市政当局和动物保护主义者也愈加频繁地捕杀、处理流浪狗。此外，许多不符合中产阶级标准的"劣等"犬也被中产阶级用来进一步谴责穷人。官方还利用警犬来加深穷人和富人之间的界限，在纽约，它们甚至还被用来划分种族。这段历史表明，物种间的亲密关系也充斥着对部分人群和动物的排斥，并非单纯的爱与同情的情感宣言。[7]

这种对狗狗都市中人犬关系的重新构建也是基于种族优越性的设想所展开的。科布曾赞不绝口道："狗狗们对于每一个居住在雅利安土地上的人所表现出的忠诚与信任，似乎都在证明，即便我们有那么多缺点，它们也不会觉得我们是糟糕的主人。"[8] 科布不但强调了白人至上的观念，还无视人们对流浪狗的残忍捕杀，其言论表明，西方出现了这样一种人犬共处的特殊模式。但对于非西方的评论家而言，这种狗狗都市的存在是非常奇怪的。1897 年，印度律师、《马德拉斯标准报》（*Madras Standard*）创始人帕拉马斯瓦兰·皮莱（G. Paramaswaran Pillai）访问法国首都时就对这一点深有感触：

> 当我第一次在巴黎看到一位女士的爱犬时，我感到很困惑。当然，那的确是一只狗，只是我之前从未见过那样的狗。它的身体只有一半还是毛茸茸的，它的两只前脚末端和尾巴末端还留着一簇簇毛发。我第一次看见它时就觉得很奇怪，直到我盯着它仔细看了大约 5 分钟后，我才意识到那竟然是人们用剃刀给它做出的一个"发型"。

皮莱随后见了许多负责给狗理发的"理发师"，这些"理发师"们让城市里的狗狗们受尽了"刺骨的寒风"。[9] 皮莱可能是想给印度南部的读者们讲述一件趣闻，因此夸大了自己的困惑。但皮莱的叙述和其他一些嘲笑巴黎女士们在狗狗时尚方面夸张行为的言论不谋而合。毋庸置疑，皮莱的观察的确揭示了 19 世纪末期法国时尚宠物狗与印度街头流浪狗生活的霄壤之别。

值得一提的是，人们对于流浪狗的厌恶与管控，以及狗狗都市中出现的其他弊病，从过去到现在其实都不是普遍局面。在西方世界，狗的繁殖和活动很大程度上受到了限制，但在全世界的范围内只有一小部分狗曾经或正在以西方提出和实践的这种方式生活。生物学家雷蒙德（Raymond）和洛娜·科平格（Lorna Coppinger）指出，在全球占多数的街头流浪狗才是"真正的狗"，是"世界上一直存在且古老的犬类群体之一"。其实，人们或多或少也还是将街头流浪狗视为都市社区的一部分。以印度金奈为例，那里的人们称狗为"paavam"和"jeevan"。这些泰米尔语词汇称狗为"十分脆弱的生物，容易遭受各种伤害和苦难，同样也是社会的一部分"。一些非西方国家也会饲养宠物狗或繁育本土品种，诸如京巴之类的亚洲品种，便是经由殖民地间接传入英国的。我真实的看法是：在欧洲和北美以外的其他地区，人们并没有那么热衷于"伺候"宠物狗，也没有采取规范化的管理措施。狗狗都市的出现是一种非常"西方化"的现象。这也是人犬关系的一个局部特例，并非全球都有。[10]

▶▷　中产阶级养狗行为的出现

狗狗的品种日益增多，以及人们对可以养狗作为宠物的家庭生活的憧憬，正是这两方面的变迁促成了狗狗都市。不过，中产阶级在城市化进程中出现的一些情感变化，方才是狗狗都市出现的关键。必须承认，历史上伦敦、纽约与巴黎的中产阶级在许多方面大有不同。但在本书中值得注意的是，这三座城市的居民在地理学家菲利普·豪厄尔（Philip Howell）所谓的"狗之问题"上也有所分歧，而这一问题与狗在社会上的地位，以及社会对狗的接受程度有关。尽管仍有分歧，这三座城市的中产阶级因为复杂的文化、政治与经济间跨国联系，整体上形成了极高的一致性，三座城市都在以此为据重新调整人犬关系，这一过程折射出他们的价值观、恐惧，还有希望。[11]

虽然中产阶级在伦敦、纽约和巴黎这三座城市中过着富足的生活，但是，他们经常觉得这些城市让人迷失，使人心神不宁。极速且显得混乱的城市发展，加剧了人们对社会动荡乃至分裂的恐惧。疾病的暴发、骚乱、恶臭、贫民窟和罢工等现象更是加剧了人们的忧虑。从对犯罪团伙的惧怕，到对自己的身心会在疯狂的都市环境中衰朽的担忧，人们常常对城市生活深感不安。[12]

因此，随着中产阶级对城市生活态度的不断变化，狗与人之间的情感纽带也在不断变化。18 世纪开始，人们对此做出了许多情感反应，到 19 世纪，人们的许多反应相对固定下来，形成了一种情感规范。人们究竟怎样才能建立自己的感受体系并表达自己的情绪？又该怎样判定什么才是自己所能接受或者所渴望的呢？在这两个问题上，情感史学家们强调了改变情感规范的重要性。这些规范既聚集了一批批社群，也划分出了诸多社群，并且时常受到挑战，还给那些与规范志向不同的人们带去了种种痛苦。[13] 在面对痛苦、虐待、脏乱、暴力、流浪、疾病和混乱时，中产阶级也曾一度畏缩不前，但是为了让自己远离现代化城市的动荡，他们还是提倡家庭生活，努力呈现出善良、高效、积极、体面、克制与整洁的人生形象。新的问题也随之出现了——如何才能重新改造城市，让它和中产阶级不断变化的情感规范相契合呢？解决之道有很多，但同时也很具有挑战性：打击虐待行为、清除污秽、清洗身体、改善并控制情绪、建造公园、拓展照明，以及调查、改造贫民窟。从 1800 年到 20 世纪 30 年代，中产阶级彻底再造了伦敦、纽约及巴黎，也正是在此期间，他们开始在城市中养狗。[14]

城市生活令中产阶级焦虑，他们的身心由此和不断增多的城市狗狗相联系，最终融为一体。人们很难准确测算城市里犬只的数量，相关统计部门倾向于只统计登记在册的狗，这个数字显然要小很多。街头流浪狗，还有那些主人为了逃避证件费用而不上证的狗都没有被统计进来。在法国，统计显示，狗的数量从 1789 年人犬革命前的 100 万只稳步增长到 1914 年的 300 万只。在英国，已登记狗的数量从 1867 年到 1878 年间由 83 万只增加到 130 多万只，此后数量还在不断增加。据官方统计，截至 20 世纪 30 年代末，纽约已有 50 万只狗。[15] 但上述数据无疑都要远少于实际数量；可以肯定地说，随着狗在伦敦、纽约和巴黎开辟出了"自己的领地"，犬只与人口的数量是同步增加的，不论狗狗是寄居在不断壮大的狗主人家中，还是在街道上寻觅腐肉垃圾，狗与人同步增长的总趋势无可撼动。

作为城市居民的亲密伙伴，宠物狗数量庞大，其与现代中产阶级情感标准的形成密不可分。狗狗很乐意为人类稀释都市生活中的紧张情绪。与此同时，中产阶级关于"危险阶级"和流浪生活的恐惧也更多和流浪狗有关。恐惧疾病使人们仍担心狂犬伤人。人道主义者则将目光聚焦在狗遭受虐待的问题上，呼吁人们可以减轻对狗狗的残酷折磨。人们也把对罪犯的焦虑寄托于警犬的思维能力，希望经过特殊训练的狗警察能打击犯罪。此外，喜爱洁净的城市居民仍对狗排便留下的污垢感到厌恶。不断发展的中产阶级的情感也构建了狗狗的新生活。许多狗的行动都受到了限制，它们被人们套上了嘴套，有些则被人夺去了生命。少数被选中的狗成为训练有素的警犬，在 20 世纪 30 年代，一些有着负责任主人的狗开始学会在排水沟里排便。狗也构建了日常城市生活的情感体验：宠物狗可能会孕育出爱，警犬会赢得人们的感激，流浪狗也许会造成烦恼，咬人的狗或会激起焦虑，随地排便的狗时常让人厌恶，受到虐待的狗则有可能得到他人怜悯。[16]

　　城市狗带给城市人的情绪如此多元，这就加剧了中产阶级对于狗在城市中理想地位看法的分歧。狗狗都市也正是在这样不断的争论中发展起来的。置身城市的种种生活变迁中，一些中产阶级市民把狗狗带到身旁以慰藉自己。宠物狗给家庭送去了温暖，而警犬则有可能减轻人们对罪犯的忧惧。信奉达尔文主义的爱狗人士时常强调人类与狗的情感是一以贯之的，他们还用充满爱与忠诚的叙事佐证人犬之间的亲密关系，他们指出不论是在家中还是在训练场上，这种亲密关系一直存在。而那些为缓解自身对肮脏、混乱、危险与疾病忧虑的"反狗派"市民，则在极力减少走失、咬人和随地排便的犬类。在这些人看来，狗在情感上与人类相通这一说法纯属无稽之谈。相反，他们认为狗是危险的麻烦玩意儿，需要减少它们的数量以确保公共安全与福祉。无论是"爱狗"抑或是"反狗"情感都根植于更大范围的都市生活情感体验，也在人与狗的接触之中具体地有所展现。这些情感正是受到中产阶级情感规范的影响，并得到其支持。例如，"反狗粪运动"就起源于禁止污秽出现在现代化城市的禁令，在城市狗政的发展中，该禁令也得到了进一步加强。人们对犬只流浪、咬人、受虐、思考和排便行为产生了互相对立的感受，并由此改变了人与狗共享城市空间的方式。情感的碰撞推动了狗狗都市的建立。反过来，狗狗都市的出现也印证了女性主义学者萨拉·艾哈迈德

（Sara Ahmed）的精辟见解——"情感能干大事"。[17]

▶▷ 不同城市间的犬类文化交流

城市居民对狗的情感反应，有时是伦敦、纽约或巴黎特有的。但这些情感常常由跨国交流，或是三座城市间定期交流所产生的共有特征促成。之所以会出现这样的一致性，是因为这些城市间有着相似的社会经济条件，譬如数量迅速增多的人口与犬只、中产阶级跨国文化及情感标准的出现，还有关键人物的跨国流通。人们翻译了许多有关公共卫生政策、达尔文主义、细菌学说和犬只护理知识的专业书籍、学术文章等出版物，这些文献的跨国交流进一步加强了狗狗都市的相似性。19 世纪末的犬类专家已能十分自信地将不同的犬种定位至特定国家。西方现代都市犬种的形成其实植根于全球化背景，而全球化的现象也在 19 世纪末愈演愈烈。随着文化交流、交通方式、通信方式的改进，受逐渐增多的以公共卫生为主题的国际会议的激励，城市间的政治、经济和文化联系得到了进一步加强。这些变化促进了全球的动物流动，加强了人们对于动物饲养及管理的关注。接下来我们将介绍伦敦、纽约和巴黎间出现的相关流动，以及这些狗狗都市间的相似与不同。[18]

在 19 世纪末和 20 世纪早期，英美两国被狗咬伤的患者会被送往巴黎接受巴氏狂犬疫苗治疗；流浪狗收容所的管理者们曾交流过捕杀技术；纯种狗与训练有素的警犬穿过英吉利海峡，也漂过了浩瀚的大西洋；动物保护主义者们也在有关狗狗的国际会议上会面交流。有些人走得更远：美国动物保护主义者亨利·伯格（Henry Bergh）曾去往伦敦学习动物保护协会的组织管理方法；法国兽医亚历山大·利奥达（Alexandre Liautard）等人也曾定居美国，帮助他的美国同行熟悉细菌学说和巴氏狂犬疫苗。有关狂犬病和犬类健康的理论在伦敦、纽约与巴黎间广泛流传，人们翻译并出版了主流兽医学书籍。医生、兽医、警察还有记者们都密切关注着其他狗狗都市的发展，并常常利用他们所搜集到的证据来哀叹自己所在的城市光说不做。最终，通过这三座城市不断的交流联系，狗狗都市最终成为一种冉冉升起的世界文化新现象。[19]

　　然而，并非所有人都对"狗狗世界主义"喜闻乐见。一些英国评论家曾尖锐地批评外国品种的输入，他们认为这会对本土品种产生有害影响，并对此深感痛惜。弗兰克·皮尔斯（Frank Pearce）发表于《伦敦每日邮报》（*London Daily Mail*）的文章在提及"怪异的"阿尔萨斯犬以及"法国警犬"时，都采用了具有殖民主义和本土主义色彩的措辞，他在文中提到，英国人"没有外国物种也能过得很好……许多从地球上其他'黑暗'之地进口的怪物，同样适用此理"。这种对狗狗的"仇外情绪"也在某些法国饲养者心中引发了共鸣，他们将英国犬种和法国犬种进行了并不友好的比较，尽管他们的言辞不那么饱含殖民主义色彩，但面对英国犬种的天赋，法国评论家仍极为不愿表示赞扬。可以肯定的是，皮尔斯的"哀叹"在提醒人们，犬类跨国主义分歧与联系并存。纵使是伦敦、巴黎和纽约这三座城市，也有着很大区别。这三座城市中，伦敦在消灭狂犬病方面最为成功，英国当局所采取的收容措施也是一个国家控制犬只活动的知名典范。[20] 但总的来说，伦敦、巴黎、纽约这三座狗狗都市间的相似之处远比不同之处更引人注目。

▶▷　狗与西方城市的现代化

作为西方现代化城市的标志，伦敦、纽约和巴黎这三座大都市是重塑人犬关系的关键空间。在殖民扩张时期，这三座城市是国内及国际重要的经济、文化、政治、建筑、社会和技术创新中心，也因此成为现代城市生活的典范。这三座城市间共享的资源，远多于各自内部省会城市间共享的资源，它们也成为世界其他地方争相效仿的样板城市。虽然芝加哥、达喀尔、德里、曼彻斯特和维也纳等其他城市也是城市创新的场所，但就全球影响力而言，伦敦、纽约和巴黎这三座城市尤为关键。这三座城市也是狗狗都市这一现象出现的重要根据地。伦敦有着世界上第一个养狗俱乐部，此外还有巴特西流浪狗之家和英国防止虐待动物协会（Royal Society for the Prevention of Cruelty to

Animals，RSPCA）。巴黎有着世界上第一所巴斯德研究所，它和纽约一样，是最早用警犬进行治理试验的城市（其灵感来源于比利时和德国的先行试探）。纽约也举办了或许是世界上首届的"反狗粪运动"，和伦敦一样，它是最早引入防污法的城市之一。[21]

　　总而言之，西方城市的现代化促成了狗狗都市的出现，狗狗都市的发展也令西方城市更加现代化。下水道的修建和百货公司的成立都属于西方城市的现代化建设，人们给狗狗使用牵引绳、嘴套等，并用各种方式掌控狗的流浪、咬人、受虐、思考和排便等行为，这些受情绪主导的跨国尝试也成为西方城市现代化建设的一部分。大众消费主义的历史性发展、公共卫生管理的出现，以及诸如纽约摩天大楼等令人目不暇接的建筑的落成，都是现代化进程中十分突出的现象。但是，某种程度上讲，现代伦敦、纽约和巴黎的形成，也基于一些与犬只有关的运动：诸如限制与扣押流浪狗、驯服狗以避免其咬人、"人道地"捕杀数以百万的流浪狗，训练警犬，以及发起反对犬只随地排便的运动等。

　　狗与新兴城市现代化的方方面面都密不可分。狗狗们成为现代科技的"实施对象"，人们购买斯普拉特（Spratts）狗粮喂养狗狗的同时也滋养了现代消费主义，狗狗也被树立为现代公共卫生体系的一个标靶。因为人们对现代都市生活怀有深刻的矛盾情结，这就使得人们对在城市现代化景观里的狗狗也产生了一种矛盾情绪——

是该追求进步，还是保持传统？宠物狗和警犬被贴上了"现代"的标签，而流浪狗则被视为不受待见的传统城镇遗留物。与此同时，狗频繁地成为舆论焦点，这也加深了人们对有条不紊的都市生活理想与混乱的现实之间的紧张矛盾，加剧了城市居民对城市的复杂情感：绝望与希望并存，恐惧与骄傲同在。[22]

伦敦、纽约和巴黎的现代史上，报业迅速发展，与狗狗相关的新闻经常被选为头条，这也成了现代城市公共生活的一种标志。那些以狗为相关主题的新闻，试图在以白人、中产阶级为主的读者中培养出"公民责任感"，而这些读者也是出版商、报刊编辑和广告商们的目标受众。如此一来，狗狗也成为"公民对话"的一部分。读者们希望报纸可以帮助他们在每天不可预测的都市生活中辨明方向。爱狗人士和厌狗人士通过报纸展开辩论，商讨如何在现代城市里让狗（以及它们的主人）按照中产阶级的情感好恶与价值观行事。报纸还为普及狂犬病、寄生虫和比较心理学等相关学科知识提供了渠道，引起了人们对相关健康问题的恐惧。不论从哪个角度看，与狗狗相关的故事都十分扣人心弦，编辑和记者也不断地为读者献上人犬之间有趣的故事。此外，这些消遣文章还包含了一些人犬互动的真实事件，就像他们曾经试图塑造的那样。[23] 人类对狗矛盾的情感不断见诸报端，印刷媒体也成了狗狗都市"建设"的又一重要场域。

　　所有相关争论的核心其实都集中在狗是否能够（或者说应该）与不断发展的中产阶级现代城市生活理想相一致。甚至有些爱狗人士也认同部分"厌狗者"的观点，认为狗狗不适合现代西方城市。"世界上艾尔谷犬所能生活的最糟糕的地方就是黑人住宅区，"美国一位名叫威廉·海恩斯（William Haynes）的艾尔谷犬迷说道，"最好的城市也不是狗宜居之地。"而其他爱狗人士则在努力捍卫狗在都市生活的权利。詹姆斯·金尼（James R. Kinney）是埃林·普林斯·斯佩耶医院的主治兽医，他和他的合作者安·霍尼克特（Ann Honeycutt）联合指出，狗能在纽约和其他大城市"茁壮成长"，毕竟它们已经和人类一起在乡村、小镇和小型城市里朝夕相处了数千年，"狗狗们喜欢城市，因为他们喜欢和人类待在一起……它们想要的就是和人类的亲密联系，这是它们几个世纪以来安身立命的哲学，它们能从城市当中获得这种亲密联系。"从乘坐出租车，到在餐厅享受美食，都市狗狗们都十分如鱼得水。城市的宠物饲养者是"真正的宠物爱好者"，他们比农村宠物饲养者们更加关心他们的狗，这使得城市成了名副其实的"狗狗天堂"。[24]

　　正如那些分歧所示，建立一个狗狗都市绝非轻而易举之事。在接下来的章节里，本书将探索城市中产阶级最为关心的五大狗狗问题，即流浪、咬人、受虐、思考以及排便，尝试理解中产阶级市民对此表现出的情感反应及其冲突、融合。矛盾冲突重新塑造了人犬关系，新确定的这种关系十分符合中产阶级的情感诉求。本书第一章主要介绍的是，宠物狗和纯种狗如何被塑造为最能与人类建立亲密关系的犬类，以及它们如何成为犬中品行优良的典范，与此同时，流浪狗如何逐渐成为一个城市治理的大麻烦。对流浪狗的恐惧和厌恶，也构成了狗狗都市的基础。这种恐惧也正是第二章的分析重点。直到19世纪末，通过接种巴氏疫苗、推行犬用嘴套等措施，人们在一定范围内控制住了狂犬病的传播，这才减轻了狗咬人所引起的城市焦虑情绪。第三章将讨论中产阶级对犬类受虐所表达的人道主义担忧。来自中产阶级的动物保护主义者通过"人性化"的捕杀，把狗死亡时的痛苦减至最低，借此让持续进行的捕杀流浪狗行为合法化。消灭流浪狗与将未经驯服的狗驯化为对人类有益的动物，这两点成了狗狗都市的标志。如此背景下，第四章追溯了警犬被引进城市的全过程，其思考能力也可以缓解中产阶级对罪犯的恐惧心理。随着流浪狗和狗咬人现象的减少，在20世纪30年代，狗的排便问题逐渐成为人们厌狗心理和相关健康问题的根源。正如第五章所述，将狗驯化为"谨慎的排便犬"是建造狗狗都市的最后一个关键环节。在这整个过程中，人与狗的关系在不断变化，在充满复杂情感的城市化进程中历经蝶变，催生出耐人寻味的城市文明。

注 释

[1] George G. Vest, "Eulogy of the Dog," the Humane Society of New York, Eleventh Annual Report from January 1, 1914, to January 1, 1915; 16FA142, box 12, Rockefeller University Records, Special Events and Activities, Anti-Vivisection Activities, Rockefeller Archive Center. "Classic Senate Speeches: George Vest, Eulogy of the Dog," United States Senate, https://www.senate.gov/artandhistory/history/common/generic/Speeches_Vest_Dog.htm, accessed October 14, 2020.

[2] Frances Power Cobbe, "The Consciousness of Dogs," *Quarterly Review* 133 (1872): 434; Baron de Vaux, "Notre ami le chien" [Our friend the dog], *L'ami des chiens*, n. d., clipping in Cimetière animalier d'Asnières: Dossier documentaire, Bibliothèque Marguerite Durand, Paris. Baron de Vaux was presumably Charles-Maurice de Vaux, the author of *Notre amile chien: Races françaises et étrangères*. [*Our friend the dog: French and foreign breeds*] (Paris: J. Rothschild, 1897).

[3] 关于人犬间不同关系的更多讨论，详见附录。

[4] "动物都市"（Zoöpolis）这一概念由珍妮弗·沃尔琪（Jennifer Wolch）提出，笔者提出的"狗狗都市"（dogopolis）一词正是对这一概念的致敬。在此概念指导下，笔者尝试回答如下问题："城市居民对出现于他们生活中的动物作何反应，为什么他们会有此反应？随着新的城市化形式出现，为何他们的态度会发生转变，以及这对动物而言又意味着些什么？" Jennifer Wolch, "Zoöpolis," in *Historical Animal Geographies*, ed. Sharon Wilcox and Stephanie Rutherford (Abington: Routledge, 2018), 54. 丽莎·沃登（Lisa Warden）曾用"dogopolis"一词用以指代印度街头"已取得实际'居民'身份"的流浪狗，这对当代印度而言也许适用，但在本书所讨论的城市和时代背景中，情况却并非如此——彼时犬类在其他城市中取得地位

的时间要比印度短暂太多。而且，本书也没有采用有关宠物所有权的术语。Lisa Warden, "Street Dogs, Rights, and the Pursuit of Justice in India's Dogopolis," in *Dog's Best Friend?: Rethinking Canid-Human Relations*, ed. John Sorenson and Atsuko Mat-suoka (Montreal: McGill-Queen's University Press, 2019), 176.

［5］Jessica Wang, *Mad Dogs and Other New Yorkers: Rabies, Medicine, and Society in an American Metropolis*, 1840-1920 (Baltimore: Johns Hopkins University Press, 2019), 22.

［6］Peter Atkins, ed., *Animal Cities: Beastly Urban Histories* (Farnham: Ashgate, 2012); Dawn Biehler, *Pests in the City: Flies, Bedbugs, Cockroaches, and Rats* (Seattle: University of Washington Press, 2013); Olivier Faure, "Le bétail dans la ville au XIXe siècle: Exclusion ou enfermement?," *Cahiers d'histoire* 42, nos. 34 (1997): 55-73; Ann Norton Greene, *Horses at Work: Harnessing Power in Industrial America* (Cambridge, MA: Harvard University Press, 2008); Andrew A. Robichaud, *Animal City: The Domestication of America* (Cambridge, MA: Harvard University Press, 2019); Michael G. Vann and Liz Clarke, *The Great Hanoi Rat Hunt: Empire, Disease, and Modernity in French Colonial Vietnam* (New York: Oxford University Press, 2019). 关于动物保护主义者在加强居民对动物的同情心，以及利用这种情感诱发行动方面的举措，详见 Eric Baratay, "S'émouvoir des animaux," in *Histoire des émotions*, ed. Jean-Jacques Courtine, gen. eds. Alain Corbin, Jean-Jacques Courtine, and Georges Vigarello, vol. 3, *De la fin du XIXe siècle à nous jours* (Paris: Seuil, 2017), 178-98。

［7］关于城市区域排斥现象的精彩介绍，详见 Carl H. Nightingale, *Segregation: A Global History of Divided Cities* (Chicago: University of Chicago Press, 2012); Dorceta E. Taylor, *The Environment and the People in American Cities, 1600s-1900s: Disorder, Inequality, and Social*

Change (Durham, NC: Duke University Press, 2009)。有关动物和排斥现象的介绍，详见 Radhika Govindrajan, *Animal Intimacies: Interspecies Relatedness in India's Central Himalayas* (Chicago: University of Chicago Press, 2018), 4, 10; Eva Hafia Giraud, *What Comes after Entanglement?: Activism, Anthropocentrism, and an Ethics of Exclusion* (Durham, NC: Duke University Press, 2019)。吉拉德（Giraud）精辟指出："重要的是更加全面地完善关于排斥的道德理论，这一理论应注重实体与实践，以及当他者被卷入已发生现实时主体被排除在外的方式。"依照该思路，"狗狗都市"揭示了在宠物狗与人类更加亲密的同时，流浪狗被人类推得更远的逻辑。

[8] Frances Power Cobbe, "Zoophily," *Cornhill Magazine*, no. 45, January–June 1882, 279.

[9] G. Paramaswaran Pillai, *London and Paris through Indian Spectacles* (Madras: Vaijavanti Press, 1897), 82.

[10] Raymond Coppinger and Lorna Coppinger, *What Is a Dog?* (Chicago: University of Chicago Press, 2016), 20–21; Krithika Srinivasan, Tim Kurz, Pradeep Kuttava, and Chris Pearson, "Reorienting Rabies Research and Practice: Lessons from India," *Palgrave Communications* 5, no. 152 (2019): 4, https://doi.org/1.1057/s41599-019-0358-y; Sarah Cheang, "Women, Pets, and Imperialism: The British Pekingese Dog and Nostalgia for Old China," *Journal of British Studies* 45, no. 2 (2006): 359–87. 另请参阅 Sorenson and Matsuoka, *Dog's Best Friend?*; Dipesh Chakrabarty, *Provincializing Europe: Postcolonial Thought and Historical Difference* (Princeton, NJ: Princeton University Press, 2000)。西方人犬关系的模式在直接与间接的殖民主义中传播到他国，并从不同程度上为他国所接受。Alma Igra, "Mandate of Compassion: Prevention of Cruelty to Animals in Palestine, 1919–1939," *Journal of Imperial and Commonwealth History* 47, no. 4

（2019）：773-99；Shuk-Wah Poon, "Dogs and British Colonialism：The Contested Ban on Eating Dogs in Colonial Hong Kong," *Journal of Imperial and Commonwealth History* 42, no. 2（2014）：308-28；Aaron Herald Skabelund, *Empire of Dogs：Canines, Japan, and the Making of the Modern Imperial World*（Ithaca, NY：Cornell University Press, 2011）.

［11］Philip Howell, *At Home and Astray：The Domestic Dog in Victorian Britain*（Charlottesville：University of Virginia Press, 2015）, 2. 关于犬类品种的介绍，详见 Michael Worboys, Julie-Marie Strange, and Neil Pemberton, *The Invention of the Modern Dog：Breed and Blood in Victorian Britain*（Baltimore：Johns Hopkins University Press, 2018）；Edmund Russell, *Greyhound Nation：A Coevolutionary History of England*, 1200-1900（Cambridge：Cambridge University Press, 2018）。关于伦敦、纽约和巴黎中产阶级的产生与身份认同，详见 Sharon Marcus, *Apartment Stories：City and Home in Nineteenth Century Paris and London*（Berkeley：University of California Press, 1999）；Rachel Rich, *Bourgeois Consumption：Food, Space and Identity in London and Paris*, 1850-1914（Manchester：Manchester University Press, 2011）；Linda Young, *Middle-Class Culture in the Nineteenth Century：America, Australia and Britain*（Basingstoke：Palgrave Macmillan, 2003）。历史学家主要从宠物饲养及动物保护角度研究中产阶级与犬只的关系。Howell, *At Home and Astray*；Katherine C. Grier, *Pets in America：A History*（Chapel Hill：University of North Carolina Press, 2006）；Kathleen Kete, *Beast in the Boudoir：Petkeeping in Nineteenth-Century Paris*（Berkeley：University of California Press, 1994）；Scott Anthony Miltenberger, "Promiscuously Mixed Together：New Yorkers and Domestic Animals in the Nineteenth-Century"（PhD diss., University of California, Davis, 2006）, ProQuest Dissertations Publishing, 3250836. 本书的研究范围更为广泛，将警犬和反脏污运动都纳入了讨论的范畴，并持

续关注着流浪狗及其惨遭屠杀的经历，也考虑到了人犬关系历史中的跨国要素与情感要素。

[12] Nicolas Kenny, *The Feel of the City: Experiences of Urban Transformation* (Toronto: University of Toronto Press, 2014); Matteo Millan, "The Shadows of Social Fear: Emotions, Mentalities and Practices of the Propertied Classes in Italy, Spain and France (1900−1914)," *Journal of Social History* 50, no. 2 (2016): 336−61; Adam Mack, *Sensing Chicago: Noisemakers, Strikebreakers, and Muckrakers* (Urbana: University of Illinois Press, 2015); Joseph Ben Prestel, *Emotional Cities: Debates on Urban Change in Berlin and Cairo* (Oxford: Oxford University Press, 2017); Hannah Rose Woods, "Anxiety and Urban Life in late Victorian and Edwardian Culture" (PhD diss., University of Cambridge, 2018), https://doi.org/10.17863/CAM.22085.

[13] William M. Reddy, *The Navigation of Feeling: A Framework for the History of Emotions* (New York: Cambridge University Press, 2001); Barbara H. Rosenwein, *Emotional Communities in the Early Middle Ages* (Ithaca, NY: Cornell University Press, 2006); Peter N. Stearns and Carol Z. Stearns, "Emotionology: Clarifying the History of Emotions and Emotional Standards," *American Historical Review* 90, no. 4 (1985): 813−36; Peter N. Stearns, *American Cool: Constructing a Twentieth−Century Emotional Style* (New York: New York University Press, 1994).

[14] Christopher E. Forth and Elinor Accampo, eds., *Confronting Modernity in Fin−de−Siècle France: Bodies, Minds, Gender* (Basingstoke: Palgrave Macmillan, 2010); Karen Halttunen, "Humanitarianism, and the Pornography of Pain in Anglo−American Culture," *American Historical Review* 100, no. 2 (1995): 303−34; Suellen Hoy, *Chasing Dirt: The American Pursuit of Cleanliness* (New York: Oxford University Press, 1995); David Huyssen, *Progressive Inequality: Rich and Poor in New*

York, 1890-1920（Cambridge, MA：Harvard University Press, 2014）；Melanie A. Kiechle, *Smell Detectives：An Olfactory History of Nineteenth-Century America*（Seattle：University of Washington Press, 2017）；Stearns, *American Cool*, 42.

[15] Eric Baratay, "Chacun jette son chien：De la fin d'une vie au XIXe siècle," *Romantisme* 153（2011）：147；John K. Walton, "Mad Dogs and Englishmen：The Conflict over Rabies in Late Victorian England," *Journal of Social History* 13, no. 2（1979）：221；John L. Rice, *Health for 7, 500, 000 People*（New York：Department of Health, 1939）, 146. 有关精准计算犬只数量上的难点，详见 Wang, *Mad Dogs and Other New Yorkers*, 24。

[16] 此处并非指笔者可以直接感知中产阶级的情绪。正如研究情绪的历史学家所强调，情绪并非原始情感，相反，情绪是社会性的，并往往发生在受大范围大众情感影响的个体之间。Rosenwein, *Emotional Communities*, 27, 196；Reddy, *The Navigation of Feeling*, 128. 关于情感可"联结不同对象"的介绍，详见 Sara Ahmed, "Affective Economies," *Social Text* 22（2004）：119。有关人犬互相塑造彼此的介绍，详见 Donna Haraway, *When Species Meet*（Minneapolis：University of Minnesota Press, 2008）。

[17] Ahmed, "Affective Economies", 119. 笔者的研究方式参考了莫妮克·谢尔（Monique Scheer）提出的情绪实践相关的概念。谢尔将情绪实践定义为"帮助我们达到某种情绪状态的习惯、仪式与日常消遣，其中包括努力产生自己渴望的情绪以及改变自己不渴望的情绪"。正如谢尔所说，这些实践——"体验和表达的身体行为"——是一种情绪管理的方式，既是具象的，也是认知的。换言之，这些实践是个体为达到某种情绪状态而所说的话语和所做的行为，是在与其他"人、人工制品、审美约定与科技"的关系中产生的。动物也应纳入谢尔的这一理论之中，因为狗已经融入了中产阶

级情绪实践与情绪管理之中。Monique Scheer，"Are Emotions a Kind of Practice（And Is That What Makes Them Have a History）? A Bourdieuian Approach to Understanding Emotion，"*History and Theory* 51, no. 2（2012）：209.

［18］笔者采用了对比研究和跨国对比方法。正如尼古拉斯·肯尼（Nicolas Kenny）和丽贝卡·麦金（Rebecca Madgin）所说："城市是地方想象力与跨国流动的产物，当我们的研究不局限于城市间的相似与不同，而是考虑到不同地方间的流动所产生的影响时，城市间的发展、转变与社会文化意义将体现得更加充分。"Nicolas Kenny and Rebecca Madgin，"'Every Time I Describe a City'：Urban History as Comparative and Transnational Practice，"in *Cities Beyond Borders：Comparative and Transnational Approaches to Urban History*, ed. Nicolas Kenny and Rebecca Madgin（Abington：Routledge, 2016）, 6. Nicholas Daly, *The Demographic Imagination and the Nineteenth-Century City：Paris, London, New York*（Cambridge：Cambridge University Press, 2015）, 7-12; Nicolas Kenny and Rebecca Madgin, eds, *Cities beyond Borders：Comparative and Transnational Approaches to Urban History*（Abington：Routledge, 2016）; Daniel T. Rodgers, *Atlantic Crossings：Social Politics in a Progressive Age*（Cambridge, MA：Harvard University Press, 2000）; Pierre-Yves Saunier and Shane Ewen, eds., *Another Global City：Historical Explorations into the Transnational Municipal Moment*, 1850-2000（New York：Palgrave Macmillan, 2008）; Derek B. Scott, *Sounds of the Metropolis：The 19th Century Popular Music Revolution in London, New York, Paris and Vienna*（New York：Oxford University Press, 2008）. 绝大多数动物历史学家研究的是某一国家或某一城市的动物历史，而采取跨国研究方法的学者也往往从殖民主义视角出发，详见 Cornelia Knab, "Infectious Rats and Dangerous Cows：Transnational Perspectives on Animal Diseases in the First Half of the

Twentieth Century," *Contemporary European History* 20, no. 3 (2011): 281–306; Projit Bihari Mukharji, "Cat and Mouse: Animal Technologies, Trans–imperial Networks and Public Health from Below," *Social History of Medicine* 31, no. 3 (2018): 510–32; James F. Stark, "Anthrax and Australia in a Global Context: The International Exchange of Theories and Practices with Britain and France, c. 1850–1920," *Health and History* 14, no. 2 (2012): 1–25。

[19] 利奥达是《美国兽医评论》（American Veterinary Review）杂志的编辑。Susan D. Jones, *Valuing Animals: Veterinarians and Their Patients in Modern America* (Baltimore: Johns Hopkins University Press, 2003), 28. 关于法国对美国医学的更多影响，详见 John Harley Warner, *Against the Spirit of System: The French Impulse in Nineteenth–Century American Medicine* (Baltimore: Johns Hopkins University Press, 1998)。德沃克斯（De Vaux）的《我们的朋友——狗》（*Notre ami le chien*）一书中的绝大多数内容都参考了英国犬类专家戈登·斯泰普斯（Gordon Staples）的著作。

[20] Frank Pearce, "Women and Foreign Dogs," *Daily Mail* (London), January 21, 1921; Baron de Lage de Chaillou, *Du chien de chasse (chiens d'arrêt)* (Paris: Auguste Goin, 1867). 关于英国"仇视外来犬种"情况的介绍，详见 Philip Howell, "The Dog Fancy at War: Breeds, Breeding, and Britishness, 1914–1918," *Society and Animals* 21, no. 6 (2013): 546–67。2001 年，法国正式宣布，非飞行类哺乳动物染狂犬病的情况已彻底根除。在美国，犬类感染狂犬病的报道未曾终止，但数量比历史染病数少得多。"Is Rabies in Your State?," Centers for Disease Control and Prevention website, July 5, 2017, www.cdc.gov/rabies/location/usa/surveillance/index.html. 关于跨国流动的阻碍，详见 Nancy L. Green, *The Limits of Transnationalism* (Chicago: University of Chicago Press, 2019)。

［21］Thomas Bender, *The Unfinished City: New York and the Metropolitan Idea* (New York: New York University Press, 2007 ［2002］); Nicholas Daly, *The Demographic Imagination and the Nineteenth-Century City: Paris, London, New York* (Cambridge: Cambridge University Press, 2015), 7; Patrice Higonnet, *Paris: Capitale du monde* (Paris: Tallindier, 2005); Marc Matera, *Black London: The Imperial Metropolis and Decolonization in the Twentieth Century* (Oakland: University of California Press, 2015). For innovation in other cities, see Liora Bigon, *French Colonial Dakar: The Morphogenesis of an African Regional Capital* (Manchester: Manchester University Press, 2016); Stephen Legg, *Spaces of Colonialism: Delhi's Urban Governmentalities* (Oxford: Blackwell, 2007); Harald L. Platt, *Shock Cities: The Environmental Transformation and Reform of Manchester and Chicago* (Chicago: University of Chicago Press, 2005); Carl Emil Schorske, *Fin-de-Siècle Vienna: Politics and Culture* (New York: Vintage Books, 1981).

［22］介绍西方城市及其现代化进程的文献十分丰富，若想了解实用的干预性措施，详见 Marshall Berman, *All That Is Solid Melts into Air: The Experience of Modernity* (New York: Simon and Schuster, 1982); Christophe Charle, *Discordance des temps: Une brève histoire de la modernité* (Paris: Armand Colin, 2011); Richard Dennis, *Cities in Modernity: Representations and Productions of Metropolitan Space, 1840 – 1930* (Cambridge: Cambridge University Press, 2008); David Harvey, *Paris: Capital of Modernity* (London: Routledge, 2003); Max Page, *The Creative Destruction of Manhattan* (Chicago: University of Chicago Press, 1999)。有关矛盾情绪的资料，详见 Woods, "Anxiety and Urban Life"。

［23］正如艾蒂安·本森（ Etienne Benson）所说，"无论是在科学文献抑或是其他文献中，动物都很有'存在感'，而不仅仅只是

'表面存在'而已"。"Animal Writes: Historiography, Disciplinarity, and the Animal Trace," in *Making Animal Meaning*, ed. Linda Kaloff and Georgina M. Montgomery (East Lansing: Michigan State University Press, 2011), 5. 杰西卡·王（Jessica Wang）精准指出，报纸上的狂犬病报道为人们带来了"令人战栗的娱乐消遣"。*Mad Dogs and Other New Yorkers*, 28. 关于报纸及城市现代化的更多介绍，详见 Julia Guarneri, *Newsprint Metropolis: City Papers and the Making of Modern Americans* (Chicago: University of Chicago Press, 2017), 5-10。

[24] Williams Haynes, *The Airedale* (New York: Outing, 1911), 81; James R. Kinney with Ann Honeycutt, *How to Raise a Dog: In the City... in the Suburbs* (New York: Simon and Schuster, 1938), 259-60, 263. 另请参阅 Claude Sisley, "Dogs in London," *Saturday Review*, December 4, 1926, 677。关于将狗赶出城市的呼吁，详见 Nicolas Fétu, *Requête à mes concitoyens pour l'extinction de la race canine à Dijon* (Dijon: Imprimerie de Jobard, 1866)。

第一章

流浪

19 世纪，狗游荡在伦敦、纽约和巴黎的街头。不论有无主人，它们都在迅速变化的城市中觅食、游荡、交配和吠叫。早在此之前，市民就曾频频抱怨，同时也捕杀过许多流浪狗。当时间来到 19 世纪，流浪狗成为都市生活中日益严重的大问题。狗是当代城市中值得容忍和同情的对象吗？它们该得到严加管制，抑或是注定被赶出城市吗？它们是落后传统城镇的残余，还是先进都市文明的一种表现？于一些人而言，这些问题的答案清晰明了：流浪狗是现代的、文明的欧洲及北美城市里的"公敌"。《纽约每日时报》（*The New York Daily Times*）刊登的一篇文章提到："我们已经将长岛西部保护起来，在坚实地基上建立了一所优质的大学，也将中央公园（Central Park）修葺一新。因此，我们希望政府官员可以把他们的注意力放到制定管理犬只的相关法律上面。"[1]

出于对狂犬病的恐惧，遏制流浪狗的呼声有所增强，但这无法充分解释为何人们对流浪狗的谴责日益高涨。1872 年，英国知名狂犬病专家、兽医乔治·弗莱明（George Fleming）遗憾地表示："就算没有感染狂犬病，狗身上的寄生虫也是一件麻烦事，会导致人类死亡，至少是有损健康。"在弗莱明和其他许多人眼中，流浪狗是一种极有可能感染狂犬病、令人恼火的有害动物。狗本身就可能会引起一些人的反感和憎恶，再加上大都市政府借公共卫生之名让城市更加干净安全的理想，这些都让人们开始大声疾呼抓捕流浪狗。

与此同时，消灭流浪狗的相关舆论也带上了明显的阶级偏见，社会名流和中产阶级频频谴责穷人，称是他们导致了流浪狗泛滥。[2]

"反流浪狗运动"成为伦敦、纽约和巴黎公共卫生史的一部分，也让这些城市渐渐变为现代化城市的标杆。公共卫生学家希望消杀城市空间，建立社会卫生秩序，让人类远离诸如腐烂物、排泄物和尸体等有害物质，以保护自身健康。这些明智且合法的主张，都是反流浪狗措施的起源。上述卫生运动与经过更加深入研究的"反脏污"运动和反疾病运动有着许多相似之处——都基于阶级化的道德要求，均对城市脏污抱持厌恶的态度。当然，绝大多数运动都有着颇具争议和不完整的结局。与老鼠等其他不受欢迎的生物一样，流浪狗日益被视为有害生物，遭到了抵制和捕杀。[3]

越来越多的中产阶级评论家用厌恶和恐惧的目光看待流浪狗，当他们在街上碰到流浪狗，或者对城市生活的方方面面都感到焦虑时，这些情绪也跟着水涨船高。这些评论员试图抵制流浪狗，且往往会用上实实在在的语言暴力并在行动上也有所体现。与此同时，某些富有同情心的伦敦、纽约和巴黎居民则站出来为流浪狗辩护，称它们应得到保护而非虐待。他们把流浪狗形容为在大都市中迷失的感性生灵，可以通过人们毫无偏见的关怀和关注得到"救赎"。这些富有同情心的人试图建立一个没有暴力的"友好城市"，而流浪狗可以（或是可能）和谐地生活在其中。美国防止虐待动物协会

（American Society for the Prevention of Cruelty to Animals，ASPCA）主席亨利·伯格在协会成立二十周年之际表示，该协会采取的切实举措很大程度上改变了人们对待动物的态度，并指出"曾经看似抽象、感情用事的想法，如今已升华作人类最迷人的美德——仁慈"。[4] 但四处游荡的狗狗，尤其是无主犬只，却让动物保护主义者和富有同情心的评论员们越发苦恼。中产阶级居民的关心和爱护更多给予了纯种狗和宠物狗，他们希望借此在明显"恶化"的都市生活中重树人们对文明、纯粹以及家庭生活的热爱。对流浪狗敌意的加剧以及对动物的收留行为，这两种截然不同的做法共同构成了狗狗都市的坚实基础。

▶▷　"危险的阶级"与危险的狗

在 19 世纪初期，流浪狗在中产阶级评论家心目中，和迅速扩张的城市中惹人生厌的东西——疾病、脏污以及混乱画上了等号。有鉴于此，他们对狗的厌恶与日俱增。他们认为，这些犬只与"危险阶级"有着密切联系，在他们眼中，"危险阶级"是居无定所、脏乱不堪，且不守道德的下层阶级，这些下层人破坏了公共安全、健康和道德伦理。相似的社会境况和同样的排斥让流浪狗也成了伦敦、纽约和巴黎犬类中的"危险阶级"。流浪狗伤害了中产阶级的感情，引起了他们的反感和恐惧。

　　精英评论家们指责穷人社会生产出了一批不守规矩、极具危险性的狗狗。报刊主笔们声称这些狗威胁到了公共安全、秩序和行为准则。1813 年，陆军军官亚历山大·罗杰（Alexandre Roger）对八万多只横行在巴黎街头"毫无用武之地的狗和猫"发出了哀叹。显而易见，问题出在城市中的底层阶级——"下等人"（"canaille"这个词汇，意为"下等人"或"乌合之众"，源于意大利语"canaglia"，即"一群狗"之意）。正是这些"下等人"轻率地让动物繁殖。罗杰痛批流浪狗滋生的种种麻烦，尤其是在传播狂犬病这一点上，不论贫富都有可能感染这种疾病。罗杰认识的朋友中，有四人被狂犬病夺走生命，其中一人是他最要好的朋友。罗杰批评大量流浪狗出没于首都"最为贫困的地方"，给"公共和个人安全"带去了威胁。穷人和动物，这种不妥当的搭配是"一种令人恶心的奇特景观"。罗杰意识到，想要彻底清除巴黎的狗是不可能的，更不用说在全法国范围内这么做了。于是他提议，公民若想养宠物，必须得到警察许可，且不可依赖任何社会捐赠。都市中的穷人与流浪狗相配，形成了一种流动的、不断扩大的并且无法控制的"人-犬下层阶级"。罗杰将一大堆的社会问题，诸如疾病、过度拥挤、贫穷和社会崩溃，都归因于这一群体。[5] 不受欢迎的狗与不受欢迎的人之间颇具共性的那些问题暴露无遗：前者的道德品质如都市贫民那般令人怀疑，而后者则被彻底地动物化了。

在伦敦，流浪狗同样是危险、肮脏和混乱的象征。有关狂犬病的忧虑，再次助长了中产阶级对工人阶级养狗习惯的谴责。来自布鲁姆斯伯里波顿新月区的"M. R."先生，在写给伦敦《泰晤士报》（*Times*）的信中指出："我在一个街区目睹了恐怖景象——一只口吐白沫的狗在街上奔跑。"他哀叹人们缺乏有效阻止狂犬病传播的措施，并呼吁政府更加关注这方面的公共安全，"狗于人类而言已完全是种恐惧，其中90%都是由那些难以自保的人饲养的，政府应该控制街头那些数不胜数的流浪狗"。1825年，在另外一封写给《泰晤士报》的信中，作者"S. M."对伦敦"贫民区"中带着"肮脏寄生虫的恶狗"抱怨不止。他惊叹于伦敦人"对狗的品种的极度无知，导致街道上满是丑陋且无用的恶狗……这些肮脏的物种用最不得体的方式在各处的高速公路边交配繁衍，为'反罪恶协会'（Society for the Suppression of Vice，SSV）提供了大量丑闻"。这些狗的"邪恶"，进一步巩固了它们作为城市"危险阶级"一员的地位，它们堕落和不道德的性行为让中产阶级既好奇又警觉。自诩纯种狗饲养员的"S. M."表示，他偶遇过许多正在交配的狗。如果没有人为管制，它们便会在街头交配。这种生殖行为的场面和声音就极为不合道德，令绅士难以接受。"S. M."认为，人们应当围捕流浪狗，将它们的皮毛做成鞋子（"这是我们所能想象到的最为柔软、舒适的皮毛")。[6] 也许这只是一句玩笑话，但它暗含着反流浪狗情绪中潜在的"杀意"。"S. M."的信强调了一个要点：人们在颇为喜欢宠物狗和纯种狗的同时，也极度厌恶着流浪狗。

和伦敦人一样，富裕的纽约人也愤愤于流浪狗导致的各种混乱。但同罗杰以及致信《泰晤士报》者的忧虑不同，纽约人担忧的是流浪狗会玷污这座城市，令它无法与伦敦、巴黎比肩。他们指责移民和贫民饲养的动物扰乱了街头的日常秩序，却忽视了纽约富人的宠物也在增加街头流浪狗的数量。流浪狗和贫困之间的联系，反映了纽约移民的境遇，也激起了公众对该群体的关注。《纽约每日时报》的记者曾报道过哈德逊河沿岸，第 37 街和第 38 街之间破烂不堪的贫民窟。那里的住所如同"印度佬的窝棚"，那里的狗在爱尔兰人和德国人这些"非法占地者"的简陋小屋外徘徊。它们对这里的居民很友好，每当孩子们一回到家中，它们就会快乐地"汪汪叫"。但对"可敬的"纽约市民而言，这些"咆哮"的狗就是潜在的威胁。上文中《纽约每日时报》的这位记者，就对"破败小屋门口看起来凶狠的狗"尤为小心。[7] 这份报道一方面体现了纽约市民对于移民的优越感，也暗示了当时其实人与狗已经在共同生活的境况。另一方面，亦表明人犬之间逐渐增长的纽带关系，早已突破了"中产阶级饲养宠物"的阶层限制。

翻找垃圾，咆哮不断……可能携带狂犬病毒的流浪狗，与中产阶级喜好漫步、散步活动的习惯，形成了剧烈冲突。这些漫步的仪式旨在向公众展示他们的优雅、名望和创造力。这也进一步强化了19世纪伦敦、纽约和巴黎社会中的阶级区隔和等级制度。当然也有个别案例，比如诗人和散步爱好者夏尔·波德莱尔（Charles Baudelaire）就曾赞颂过热爱自由的流浪狗。然而，占主导地位的中产阶级，对流浪狗仍抱持着轻蔑态度。随着资产阶级的财富和成功越发依赖于个人和商品的流动，流浪狗与妓女、体力劳动者、乞丐和小贩一同成为富足都市生活的拦路者，受到中产阶级的排挤。流浪狗被塑成"流窜的、患病的、具有破坏性的"生物，完全背离了文明的人类社会。[8] 将它们驱逐出城市的各种运动，为"狗狗都市"的出现奠定了基础。

▶▷ 打击流浪狗

公众对流浪狗的敌意，促使政治家们开始采取相应行动。在收到 1347 名纽约市民签署的请愿书后，纽约市议会（Common Council）于 1811 年 6 月通过了管理犬只的章程。在这项法规的支持下，政府设置了犬只登记员、抓捕员（Dog Register and Collector）这两个职位，他们共同的任务就是围捕和处死流浪狗。警察局长艾布纳·柯蒂斯（Abner Curtis）是出任该岗位的第一人。每杀死一只狗，柯蒂斯和他的手下将得到 5 美分赏金。该法规同样鼓励纽约市民清除街头流浪狗，允许所有人在煤气灯街区中心捕杀流浪狗。[9]

巴黎人对流浪狗的恐惧蔓延到了对斗牛犬的恐惧。1840 年，德莱赛特（Delessert）警长命令他的手下清除本市所有斗牛犬及相关品种犬，理由是它们涉嫌危害人类且这种狗会保护罪犯。1845 年 5 月 27 日出台的一项法令，汇集了针对流浪狗和斗牛犬的相应措施。该法令把流浪狗和危险及犯罪之间的联系正式写入法条。这份法律扩大了禁止斗牛犬活动的范围，并强调街上所有其他种类的狗，不论是否拴有牵引绳，都应佩戴嘴套和项圈，否则会有被扣押和捕杀的风险。但是，这项法令的影响力很小，警察也表示狗主人对此都表现得不屑一顾。[10]

然而，从伦敦的情况来看，巴黎警察设立的条例似乎已经称得上严格且有效了。英国人对流浪狗和狂犬病的焦虑在 1830 年达到顶峰，内政大臣罗伯特·皮尔（Robert Peel）称其为"狂犬病的时代"；当时，记者们报道了"成千上万只穷人养的狗"在伦敦街头闲晃、骚扰或咬伤路人的乱象。[11] 我们无法确定流浪狗的数量是否真的如此巨大，或者它们是否均为伦敦的穷人所有。但是，无法控制且潜藏狂犬病的流浪狗形象，给城市中产阶级带来了感情方面的巨大冲击。市政当局也开始呼吁对流浪犬只施加暴力。伦敦市长称："如果你确信某只狗已经发疯了，那就请杀了它。我将对这些后果负责。我希望所有公民都能知晓这一点，并且不要在乎这些狗的主人是谁。"由于评论家们纷纷谴责早期政府试图打击"这些对人类无益的害虫"的拙劣措施，受到刺激的英国政府于 1830 年 6 月提出了一项防止狂犬病传播的法案，明确治安法官有权下令要求所有狗在规定时间内不得外出。不配合行动的狗主人将受到罚款处理。警察、教区执事及其他维护公共秩序的人，也都得到指令，可扣押流浪狗并处死那些无人认领的狗。但是，该法案最终没有获得通过，市议员马修·伍德（Mathew Wood）在 19 世纪 30 年代为引入类似法案所做出的努力，全都付诸东流。一些人认为，英国立法上的不足源于自由主义对英国政治的影响——狗主人的权利远大于公共安全。这与法国的情况有所不同，法国人更相信采取"积极的法律手段"可以有效地根除犬害。[12] 同样的犬害并没有促使英吉利海峡另一侧的英国采取什么有效措施。

经济措施可能是一种有效的解决方法。继 1796 年英国设立养狗税后，大部分舆论都围绕富人的狗狗展开，穷人家养的狗则逃过一劫。但到了 1830 年，兽医威廉·尤厄特（William Youatt）带头主张对穷人养狗行为采取相应的经济限制。与罗杰观点一致，尤厄特认为"只要养狗，那就不得享受任何形式的税收减免"。每一只"无用的"狗都应纳税，如果狗主人让他们的狗四处闲逛，则应被强制缴纳"双倍罚款"。但这种更严苛养狗税的支持者寥寥。与此同时，纽约的犬只登记员和抓捕员们也遭到了控诉，批评者称他们向狗主人征收 3 美元的税额，并从中抽取 20% 的"黑钱"。[13] 法国出台养狗税的时间则相对较晚。1855 年，法国政府恢复了 18 世纪提出的养狗税议案，希望借此阻止穷人养狗。他们希望通过税收，将犬只的保有量从 300 万只减少至 150 万只。狗主人如今仍需每年向当地市政厅申报，并根据他们饲养的狗是在享乐抑或服务工作，缴纳相应的税款。但养狗税却没有考虑到许多狗主人将他们的宠物看作一种宝贵的情感依托和家庭保护者。宠物狗不是轻浮的奢侈品，而是幸福家庭生活的一分子。[14]

在减少流浪狗数量上，养狗税并未发挥多大作用，人们轻而易举就能逃避养狗税。公众的反对也削弱了其他措施的执行力度，虽然厌恶流浪狗的城市居民有他们的诉求，包容且同情流浪狗的城市居民也有他们的诉求，市政当局居间协调，左右为难。

纽约的中产阶级和工人阶级中始终有关爱流浪狗的人士，在这些人中反流浪狗措施遭遇了激烈冲突。艾布纳·柯蒂斯热衷于推行捕杀犬只条例，最终导致 2 610 只狗惨死在 1811 年夏天。一些反对者对其残忍杀害城市狗的行为极度不满，指出狗是人类忠实的伙伴和追随者。有的人亲自上阵解决此类事件，他们和捕狗员当面对峙，口头侮辱并动手推搡这些捕狗员。其中，有群人追上捕狗员托马斯·卡洛克（Thomas Carlock），砸烂了他的马车并从中解救出了

53 只被捕犬只。[15] 此后，柯蒂斯减少了抓捕城市中狗的次数。但是，部分纽约人仍坚持采用暴力手段来反对柯蒂斯等人的捕狗行为。意识到横亘在爱狗人士和厌狗人士之间的巨大冲突，柯蒂斯于1818 年辞职避祸。不过柯蒂斯的接班人本杰明·沃森（Benjamin Watson），却不顾一切地增加了捕狗数量，导致捕狗员和护狗者之间产生了更多冲突、对抗。为维持秩序，纽约市方面将妨碍捕狗行动的罚款，从每人次 30 美元提高至 100 美元。但骚乱并未就此停止。[16] 流浪狗再难涉足街道，但抓捕者们也同样备感压力。

相关冲突败坏了捕狗员的名声。1838 年，纽约市议会在一场会议中宣读了官方针对捕狗员问题的调查报告。该报告指出，这些捕狗员已臭名昭著，不得不"在深夜执行捕杀任务，而这无疑是笨拙可笑的做法"。市议员们在打击流浪狗力度这一问题上也存在着分歧。坚决者如市议员威利斯（Willis），他表示，"宁愿看见所有信奉基督教的国家里的狗都被灭绝，也不愿再看到任何一个人被狗咬伤"。[17] 狗的随处流浪让政治家和公众中都存在意见分歧，打压和关心的立场间有着极大冲突。这些分歧令纽约、伦敦和巴黎当局难以减少流浪狗的数量，更不用谈什么根除街头上的流浪狗了。但是，捕捉及收容措施的发展，为相关问题提供了更好的解决可能。

►▷ 巴黎的流浪狗收容所

在三座城市中，巴黎官方设立流浪狗收容所的时间最长。法国政府希望通过 1850 年出台的《格拉蒙法案》（Grammont Law）消除公众对动物的暴力行为。受此影响，在相对僻静的市政流浪狗收容所中关押、屠杀流浪狗，就成了巴黎政府清除流浪狗的主要手段。关押和宰杀流浪狗主要是在市政收容所中进行，该收容所起初设立在山谷码头 55 号，随后在 1831 年搬迁至塞纳河左岸的盖内高街 31 号。据 1791 年 10 月 6 日的一项法令显示，该收容所用于关押"在路上发现"的动物，警察在这里收留、关押、杀害流浪狗及其他难以管制的动物。他们会对被关押的流浪狗进行估价，若 8 天内无人认领这些流浪狗，那么相关动物就会被挂牌出售。[18] 这些收容规定不仅试图减少警力消耗，也希望能将走失的宠物归还给其富有的主人。然后再处死那些无人认领或本就没有主人的犬只，借此高效处理街头流浪狗。纯种繁殖标志和毛发梳理过的痕迹，都是某些被收容犬只曾和人类有着亲密关系的有力证明。这些肉眼可见的证据，为部分流浪狗提供了一定程度的保护。

然而这些收容方法并非天衣无缝。警察们显然极不情愿将流浪狗带去收容所，不愿意靠近可能患有狂犬病的流浪狗，也不愿冒风险和爱狗人士起冲突。[19] 德莱赛特意识到这样似乎不足以激励他的手下，于是，他在 1842 年决定实行一项财务激励制度：每抓捕一只流浪狗到收容所，警察就能获得 1.5 法郎，抓捕两只狗就能获得 2 法郎。但这一激励制度在执行时也出现了问题——流浪狗泛滥片区的警察紧紧抓住这一机会，希望借此增加他们微薄的收入，这直接导致当地政府的财政预算大幅增加。随后，相关街区抓捕一只狗的奖金降至 50 生丁，抓捕多只狗也只能获得 1 法郎奖金，此类调整最终贯彻到了整个巴黎。[20] 不论具体数额多少，那些为流浪狗设立的奖金，在减少流浪狗数量方面并没有起到什么实效。

▶▷ 纽约的流浪狗收容所

和巴黎情况相同，纽约的流浪狗收容所也面临着抓捕、收容流浪狗过程中出现的种种问题。捕狗员的主要形象与其他警察截然不同，这也让流浪狗收容所声名狼藉。纽约建立流浪狗收容所的时间可以上溯至 1647 年 7 月。当时，市政府设立了一处收容所，用以扣押那些难以管制的动物。这一收容所的形式历经各种变化，直到 1851 年，市政府才正式建立起一个专门限期关押流浪狗的收容所。每年夏天来临之际，市长都会命令收容所投入使用。市政府则一如既往地贯彻了为官方和非官方捕狗员发放津贴的政策。因为收容所声誉不佳，市政府很难为它找到一个永久驻地。受此影响，收容所的地址每年都会沿着曼哈顿东河河畔，向上游或下游来回搬迁。[21]

当时许多记者披露了收容所中不卫生的情况，尤其是现场的噪音及异味。流浪狗收容所也就此成为大众关注的焦点。记者的到访和报道，意味着中产阶级出于慈善目的或为了寻求刺激而访问贫穷之地的强烈欲望，已经从贫民窟延伸到了流浪狗收容所之中。《森林与溪流》（Forest and Stream）杂志的一名撰稿人称，收容所是"狗的骷髅地"："这个地方发出的气味并不好闻。一切都叫人感到恶心，单是气味就足以令人作呕。"尽管如此，收容所中温馨的场景也显而易见——德国移民满心欢喜地与他们心爱的肮脏宠物重新团聚，一只狗用"淡褐色的眼睛充满感激地望着它的女主人"。其他德国移民就没有那么幸运了，当他们未能在收容所中找到自己的爱犬时，不禁潸然泪下。但是，流浪狗收容所的管理人员并没有因主人们流露的真情而心软动摇。[22] 在对待狗和狗主人面临的困境这一问题上，工作人员漠不关心的态度足以证实收容所中令人不悦的氛围。与神秘的巴黎流浪狗收容所相比，纽约收容所更像是一个多元情绪的公开展馆：充斥着厌恶、悲伤和欢欣。即便对待并不惹人喜爱的流浪狗，纽约收容所对其展现出的爱意也要更为明显。

在另外一些记者眼中，收容所是一个肮脏不堪的"非美国"之地，只有有着极强的忍受能力的人才可前往一探究竟。《哈泼斯周刊》（*Harper's Weekly*）的一名记者表示："前去收容所的路让人提不起兴趣。你需要穿过一条和水果市场相邻的街道……那里的小贩喋喋不休地叫卖着，他们的语言听起来像是乔克托语，但也有可能是含糊不清的意大利语。"[23]

《纽约时报》用一种模糊了流浪狗与流浪汉界线的语言讲述了意大利和其他移民背景的"青年暴徒"虐狗的故事。他们为了向收容所贩卖犬只而做出这样的事情："一个狗杂种带着三只可怜兮兮的狗……它们被捆在一起，但这些狗并没有安静地站着，这人就残忍地踢了其中一只狗。"报道显示，暴力也是收容所中的一大特点。被认为没有价值的狗将由"一位名为比尔（Bill）的健壮黑人照料，他会用鞭子把狗抽到乖乖听话"。比尔也倾向于杀死那些特别吵闹的狗。此类报道不仅揭示了收容所中残忍的氛围，也表明收容所得以让某些人将对狗的憎恨转化为日常暴行。这些报道也同样利用了人们对欧洲南部移民和非裔美国人的刻板印象，讽刺他们毫无教养且凶恶危险（不过这和那时人们对德国移民的印象有所不同，人们眼中的德国移民并不像前两者那样粗鄙）。[24]

收容所成功收容了成千上万只流浪狗。在1851—1856年，有超过22 000只狗曾被关进纽约收容所。此后，该数字每年都在增加。对一些评论家而言，这是一种进步的表现。《布鲁克林鹰报》（*Brooklyn Daily Eagle*）呼吁在纽约布鲁克林区建立流浪狗收容所以消除"犬类中的'危险种群'"。一名读者十分支持这一提议，因为他发现单在诺斯特兰大道和富顿码头之间，就有至少34只无主犬只："自从被狗咬过一次后，我快要被这种生物逼得发疯了。可是这种时候那些街头捕狗男孩和犬只收容所又去哪了呢?"《纽约每日时报》同样也认为布鲁克林区到处都是流浪狗："它们成群结队地出现在所有街道上，挤满人行道。此起彼伏的嚎叫声也让夜晚恐怖不已。"[25] 追捕流浪狗的街头捕狗男孩，再加上一处收容所，二者合力就有可能让布鲁克林区内危险的流浪狗销声匿迹。

关押流浪狗期间的残暴行为也引发了人们的不满与担忧。一些评论家担心这些行为会带坏纽约的"街头男孩"。《纽约每日时报》指出，流浪狗收留制度仍在"给衣衫褴褛的小伙子们提供就业机会"，他们尤为擅长引诱狗狗离开主人。许多从收容所中放出来的狗狗"往往会被他们再次偷走，然后重新售卖，因而这份好工作也能不断趟"，他们也可以从中赚到钱。截至1854年8月2日，纽约市政府已经向非官方捕狗员（或者用他们更为人所熟知的名称——"流浪儿"）发放了2 000美元奖金。[26] 记者和社会改革家们非常担心这些看似无家可归的街头少年帮派，他们认为这些流落街头的年轻成员会对家庭生活的神圣构成威胁，亦会助长犯罪。这些担忧的确困扰着青年捕狗员。而且，流浪狗收容所似乎也在一定程度上助长了这些年轻男孩的恶习，促成了贪婪、不诚实还有缺乏同理心等人格问题。《纽约观察纪事报》（*New York Observer and Chronicle*）哀叹流浪狗收容所让捕狗制度更加令人生厌：

> 这种制度正在让年轻人变得铁石心肠……许多男孩将会离开需要辛勤工作、来钱缓慢的行业，转而去抓捕流浪狗。他们会惨无人道地抓住狗狗的脖子，将它们送去收容所，以此换取微薄的赏金。今年夏天清查流浪狗的重要性不言而喻，但这对年轻人道德观所产生的影响，以及导致他们对残忍行为熟悉无比的后果，也应遭到我们正义人士的强烈谴责。[27]

盛夏季节的这次清查流浪狗运动也许令人们对狂犬病的恐惧有所减轻，但流浪狗收容所和抓捕流浪狗的制度却大大加深了人们的焦虑。人们担忧这座城市中的青年人会变得冷漠无情、道德败坏。一位纽约市民强烈谴责这一制度，称其为"基督教文明社会中的耻辱"，也是"我们城市的一大污点"，必须予以反对。[28]

当然，这些矛盾冲突正是狗狗都市形成的标志。市政当局面临重重压力，政府官员需要通过减少流浪狗的数量，让纽约成为一个正常运作、受人尊敬的大都会。但扣押流浪狗的过程中也出现了许多问题，这让政府背负上了鼓励暴力的骂名。为了应对此类批评，以及回应动物保护主义者的诉求，纽约市议会最终决定将抓捕每只狗的赏金降至 25 美分。自 1860 年起，流浪狗收容所不再接收街头青年抓捕来的狗。因为据报道，街头混混们已将狗视为"行走的金库"。不过，[29] 这一禁令却让流浪狗中间商赚足了资金，他们从街头混混那里收走流浪狗，紧接着把它们送去收容所。19 世纪 70 年代，纽约任命了新的捕狗员，但社会对他们涉嫌贪污的指控仍未停止，因为他们被卷进了坦慕尼协会（Tammany Hall）中，这一黑暗的政治机器从 19 世纪 50 年代到 20 世纪 30 年代一直在主导纽约市市政。收容所管理队队长马里奥特（Marriott）就曾对他手下受到的涉嫌贪污等"诽谤"进行过辩解，他称赞部属既工作高效，又很是勇敢。马里奥特表示，其手下约翰·赫里克（John Hurlick）独自一人抓捕了 2 500 只狗，且在抓捕过程中没少挨狗咬。[30]

捕狗员声名狼藉的形象贯穿了整个 19 世纪。同 1811 年和 1818 年捕狗员与爱狗人士之间发生的冲突相似，两个群体间的战争再次爆发了。1887 年，来自纽约下东区的肉贩卡尔·梅耶（Karl Meyer）对捕狗员阿尔伯特·纳格尔（Albert Nagel）和威廉·格里高利（William Gregory）发出指控，称他们企图抓捕他规范戴好嘴套、证件齐全的狗，并且自己在反抗时遭到殴打。纳格尔和格里高利拒不承认这些指控，二人表示"梅耶提着一把大刀走了出来，还有很多暴徒包围着我们"。[31] 1889 年，抓捕流浪狗的行动再一次激起了人们的愤怒。玛格丽塔·富勒（Margaretha Fuller）被布鲁克林捕狗员的行径彻底激怒，她甚至起诉了布鲁克林区，要求赔偿 10500 美元。富勒指控政府雇用了"不合适、不道德的捕狗员"，他们缺乏"科学捕狗所需的相关技能和娴熟技巧"。"暴力且残忍"的詹姆斯·斯坎隆（James Scanlon）和乔治·W. 威克斯（George W. Weeks）强行切断了狗和狗主人之间的联系，他们猛地夺走富勒怀中"忠心耿耿的狗"，让她在这一过程中受到了伤害和惊吓。捕狗员们否认了这些指控，但这起诉讼无疑是捕狗员和纽约爱狗人士之间发生冲突的又一典型案例。[32] 在狗和它们的主人之间，毫无道德的捕狗员是人犬关系纽带的破坏者，也是给他们带去情感伤害的肇事者。

和巴黎相同，纽约的收容所也成了爱狗者和厌狗者爆发冲突的空间。家境殷实的亨利·伯格下定决心要反对虐待狗及其他动物的行为。1866 年，由于在伦敦访问过程中受到了英国防止虐待动物协会的启发，并有感于自己的宗教信仰，伯格主导创立了美国防止虐待动物协会。除了提出一项创新性的反虐待动物法案，美国防止虐待动物协会还多次对曼哈顿收容所进行抨击。严厉批评了收容所让"街上出现残忍和不道德"的捕狗行为，这不仅是对公众情感的侮辱，也是对美国防止虐待动物协会人道主义价值观的冒犯。尽管遭受到新闻界部分成员的嘲笑，伯格与其领导的协会还是在 1867 年 4 月 12 日成功劝说纽约州通过了一项法案。该法案允许协会代理人检查被关押的狗是否得到了充足的水和食物，并且可在必要时，对收容所的具体安排插手干预。[33]

赞同美国防止虐待动物协会理念的记者，也加入了该组织。媒体人将纽约收容所描述成一个无情监禁流浪狗的场所，那里的狗狗"被链条绑在钩子上"并面临着长达48小时的"监禁"。一位记者写道，在这所"狗狗监狱"中，"被俘虏的狗狗们在监禁期间伤心欲绝"，有些狗"发狂似的试图逃跑"。绑住狗的细链"紧紧勒着这些可怜困兽的脖子，直到它们的脖子变得红肿疼痛"。尽管许多人对其环境表示担心，收容所仍然成了"哥谭市的'慈善机构'之一"。[34]

▶▷ 伦敦的流浪狗之家

纽约和巴黎的流浪狗收容所饱受爱狗人士的批评，在反对者眼中，收容所是残忍无情之地。19世纪中叶，伦敦城内忠实的动物爱好者们建立起了一所慈善机构，他们表示会怀着怜悯之心带走街头流浪狗。1860年10月，英国防止虐待动物协会的支持者、动物福祉的忠诚拥护者玛丽·替勒比（Mary Tealby）在伦敦北部霍洛威的霍林沃斯街上开设了一处"走失与饥饿犬类临时之家"，将之打造成流浪狗的避难所。媒体对替勒比及其开设的收容所发出了嘲笑。

《泰晤士报》中的一篇社论表示不知她和她的支持者是否"抛弃了清醒的头脑"。大西洋彼岸的美国也传来了批评声。总部位于纽约的《哈泼斯周刊》评论道："如今伦敦街头还满是饥肠辘辘的人，这种机构的设立似乎是对基督教慈善事业的嘲弄……他们应该设立一个更大的避难所，去收留、去保护那些一贫如洗的'穷狗'！"为了反驳这些批评声，查尔斯·狄更斯（Charles Dickens）站出来表示流浪狗之家和为无家可归的人设立的慈善机构之间，并不存在什么冲突。狄更斯随后还表示，即便"伦敦的生活艰难痛苦"，但流浪狗之家向我们证明"有某些温暖情感仍藏在部分人心底"。[35]

和纽约、伦敦收容所有所不同，临时之家将自己打造为汇聚对流浪狗的同情之心的灯塔。基于关心流浪狗的立场，它给了流浪狗一个真真正正的避难所，让它们不必在伦敦冷漠无情的街道上游荡。1871 年，这一临时照护点搬迁至伦敦南部，成了闻名全球的巴特西流浪狗之家。该机构是一个不存在歧视的"收容所"，收留"每一只无家可归的狗"，不论他们的"品种和情况"。付清喂养费后，狗主人可以重新领回他们走失的宠物，而无人认领和无主的"流浪狗"也可能会在这里找到新主人、觅得一处新家。[36]

为流浪狗找新家变成了一个富有同情心、有助于恢复流浪狗健康的善举。一位"有爱的"女士，在拜访替勒比的流浪狗之家时，亲眼见证了温暖人心的一幕。她发现机构中来了一只"可怜的小苏格兰梗，它的脚上流了很多血。为了努力找到自己的家，它磨坏了自己的脚"。它脚上的血迹正是流浪狗渴望回家的证明，也说明了狗狗并不适合在街头生活。它和一位来自卡农贝利的女士重新组成了一个新家，这是"我们可以做的善事之一，也是我们可以减轻它们痛苦的地方。狗是上帝创造的最为聪明、最为长情的生物之一——它们是如此依赖人类，如果没有我们的帮助，它们将无法在大城市中生存"。[37] 走失与饥饿犬类临时之家弥合了因现代都市生活而一度紧张的人犬关系。这种情感联系也渐渐成为都市中人犬关系的核心。

临时之家强调女性和宗教的特点，凸显了它和纽约、巴黎收容所中残酷、腐败、暴力和冷漠的男性氛围之间的区别。甚至连曾经嘲笑过该机构的作家哈罗德·金（Harold King）也认为，临时之家是"一个具有实际作用且富有人道主义的机构。我们大多数人都喜欢狗，我们欠它们一些回报，因为它们给我们带来了欢乐"。他鼓励读者去参观"一年一度的（筹款）义卖活动"，去"看看在这家充满爱意的机构的影响下，那些美丽的爱狗女士用那样熟练而灵巧的双手，创造出那么美好的事物。她们减轻了那只叫小迪尔米德（Diarmid）的狗和它同伴的痛苦"。[38] 从那以后，爱狗人士便可以采取积极措施支持流浪狗。

义卖活动提升了临时之家中的整体"家庭气氛"。记者也将临时之家和纽约流浪狗收容所进行了一番比对。伦敦的流浪狗面临的不是狭隘的生存空间和暴力，而是"宽敞的围栏""大面积的运动场"，以及必要时可以就医的医院。流浪狗身上的肮脏和乖戾不再是与生俱来的本性，而是通过精心照料和爱护就能消失无踪的暂时特征。人们开始在流浪狗与无家可归的孩童之间画上等号。孩童仍旧保留着他们的天真，若能接触到"中产阶级的道德引领、教导"，以及慈善机构的赈济，一切不良性格皆可得到纠正、弥补。[39] 流浪狗从危险、肮脏和患病的动物，变成了都市生活的受害者。正如伦敦受到欺压的人们一样，它们也值得一定的同情和支持。它们的流浪也成为一种孤注一掷且高尚不已的寻家行为，不再被看作会引发混乱的活动。

人们对狗痛苦情绪的描述，也进一步证明了临时之家成立的合理与必要。威廉·基德（William Kidd）写道，我们可以从流浪狗"耷拉的尾巴"上看出"显而易见的沮丧情绪"。《伦敦读者》（London Reader）杂志也提到，没有比"流浪狗"更为令人"忧伤悲痛的场景"了。这一范围甚至延伸到了"许多可怜的杂交狗"，它们"可能从未有过一个家"，而"它们艰辛痛苦的生活"也通常终结在"酿酒商的车轮下……或是了结于社会底层流民，这些人模仿狗吠引来它们后，用力抢起砖块"。[40] 人们不再把流浪狗看作危害人类的动物，反而是那些城市的工人和如动物般的流浪汉们在迫害流浪狗。

　　玛丽·替勒比的狗狗避难所和纽约、巴黎的流浪狗收容所之间也有相似处。尽管临时之家无须为领狗上门的人发放奖金，但一股腐败和经营不当的气息，也笼罩着这一机构。一些评论家提出了批评，称他们将狗售卖给新主人，但从法律上来讲，这些狗并不属于该机构，因此这侵犯了其原主人的财产权。还有更尖锐的批评者称其为"监狱"，这和用以形容那些流浪狗收容所的语言相似。这些批评家还驳斥了该机构的家庭氛围，称这是他们用来拘留和残害流浪狗的障眼法。这些批评声也并非毫无道理。即便临时之家的支持者们对伦敦的流浪狗深表同情，但这些人和运营流浪狗收容所的政府官员有着同样的底层逻辑：狗应待在主人身边。狗是家养动物，因此需要回归家庭生活。为了它们自己和其他城市居民的幸福，它们理应离开街道。[41] 爱和同情的柔软背后，是铁铮铮的决绝。

　　就连对其运作基本持赞同态度的评论家们也指出，"走失与饥饿犬类临时之家"的使命模棱两可。在哈罗德·金的描述中，这些狗步入了"临时天堂"，在这里"受到人们的接待和欢迎，这里的人们也完全秉持平等和博爱的原则——这正是一个和谐社会的样本，会让诗人柯林斯（Collins）、共和党人骚塞（Southey）以及他专注形而上学的文友柯勒律治（Coleridge）感到兴奋"。18 世纪末期的浪漫主义政治乌托邦，可能会将临时之家看作一个让狗狗获得自由和幸福的地方。但是金很快就发现，这一犬类和谐社会的想象不过是南柯一梦。"具有贵族特征、训练有素的狗"和"资产阶级的狗"很快就能回到主人的怀抱，或是找到新的主人。一如亚历山大·罗杰于 1813 年提出的看法，金点明了这些"贵族狗"和"贱犬"，即"最低等的杂种狗"之间的差异。这些"贱犬"实际上"毫无用处，对其他人也是如此。如果让它们再次走丢，它们只会重新过上街头流浪汉般忍饥挨饿的生活，被人们踢打、捕杀，令居民忧心忡忡，末了在阴沟里咽下最后一口气。其尸体也会在皮克福德货车的车轮下被无情碾碎"。[42] 他对狗做出了区分，一种是和人类之间的联系带有目的性的犬，如宠物狗或工作狗；另外一种则是毫无价值和用处的狗，它们过着毫无意义、艰辛困苦的生活，且注定会在现代资本主义经济中被彻底碾碎。

实际上，临时之家也将街上的狗分成了两大类别。一类是从主人那里走失的宠物和有价值的狗，它们将会还于主人或是被出售。另一类则是没有主人的普通狗，它们往往会在 14 天后被安乐死。该机构的支持者们对这一点也毫无隐瞒。基德敬告读者，让它们不要"幻想所有肮脏的小流浪狗可以在这里被无条件接受，并享受奢华的待遇。不！病态的同情在这个机构中没有立足之地"。[43] 人们如此充满同情心地对待狗，这一善举并不是没有前提条件的，它建立在狗与人类之间的亲密关系之上，也应和中产阶级得体、重视家庭及力求洁净的价值观吻合。

临时之家区分有价值的狗和无价值的狗这一点，令人们将它重新和收容所对标。在巴黎收容所中，人们认为可能是宠物的狗会比那些"一看就是无主的犬只"享受到更好的待遇：前者共有 8 天的认领时间，而后者只有短短 3 天。一位评论家在 1873 年表示，巴黎公社忘记在收容所入口处打上自由、平等、博爱的宣传语了。将狗区分成"贵族"和"平民"的现象仍旧存在。一些评论家们发现，在纽约流浪狗收容所中也存在着此类现象，"外表优越的狗，或是血统纯正的狗往往被安排在围栏中最为显眼的地方"，被投喂"新鲜的生肉"，和他肮脏同类享受到的待遇截然不同。而它们也终将被归还至对此类善举感激不已的主人的怀中（见图 1.1）。[44]

和纽约、伦敦的流浪狗收容所相同，临时之家也会关押和处死犬只。这也对应了伦敦政府为限制流浪狗数量而采取的措施。1867 年颁布的《大都会街道法案》（Metropolitan Streets Act）规定，政府官员有权抓捕可能无主的狗，并在 3 天内无人认领的前提下，对其作安乐死处理［1871 年《犬类法案》（Dogs Act）颁布后，这些措施也普及到了全国］。在这些法案中，流浪狗成了街道上的障碍物，和牛群、擦鞋匠及出租马车相同，都需要加以管制才能确保在交通堵塞的城市街道上实现货物与人群的畅通。但警察局局长理查德·梅恩（Richard Mayne）与他的手下很快就发现，即便他们抓捕和杀害了成千上万只狗，但狗的数量似乎从未减少。用来减少流浪狗的各种倡议也都以失败告终。比如，切尔西市的警察们曾拍卖过他们抓捕的狗，却难以找到买家。临时之家为这一问题提供了解决方法。1870 年 7 月 6 日的一项警方指令确认，警察有权抓捕"所有在街上游走，无人看管的流浪狗，不论它们是否戴有嘴套"，并将它们送去临时之家。这样的合作给双方都带来了好处。警察无须在警局内关押、处死流浪狗，从而避免了对周边居民造成"干扰"。与此同时，每只寄养在临时之家的狗都会由政府方面支付 3 便士费用，这在一定程度上为该机构的经济运转提供了保障。[45]

图 1.1　W. A. 罗杰斯（W. A. Rogers），《流浪狗收容所——拯救一只宠物狗》（*At the Dog Pound—the Rescue of a Pet*），《哈泼斯周刊》，　1883 年 6 月 16 日，美国国会图书馆（Library of Congress）藏品，编号 93512104

即便走失与饥饿犬类临时之家有着平静家庭生活般的温馨氛围，但和纽约、巴黎的流浪狗收容所相同，它也激起了人们的不满。"临时之家"确实体现了对狗狗的关心、爱护，但实际上，它的成立也满足了那些希望街上流浪狗消失的厌狗者的期待。这正是新兴狗狗都市的体现：它体现了人们对走失宠物的关爱，对街头流浪狗的厌恶。在狗狗都市里，流浪犬只应消失在街道上，因为它们和中产阶级的情感并不相符，但让它们消失的方式必须符合中产阶级善良、富有同情心的情感标准。

▶▷ 对流浪狗的辩护

在与警方合力清除街道上流浪狗的同时，临时之家的出现也强化了一种观点，即流浪狗游走于街头，是 19 世纪都市生活的一种倒退。但中产阶级中也出现了一种为流浪狗辩护的声音，称它们的流浪是一个正常、有益的犬类活动，这种论调在法国的舆论场里尤为多见。

一些颇具影响力的法国动物保护主义者宣称，流浪狗要比家养宠物更为健康。在细菌学说被清晰阐释给世人并得到广泛传播前，人们普遍认为狂犬病是一种在部分狗身上自然发生，并经咬伤的伤口传播的疾病。对于赞同这些观点的人而言，最紧迫的任务是找到最有可能感染这种疾病的犬类。坚信狂犬病为自发病的人们对流浪狗是狂犬病源头的假说提出了质疑。作为动物保护协会（Société protectrice des animaux，成立于 1845 年）成员、作家和律师的阿马布勒-费利克斯·库蒂里耶·德维埃纳（Amable-Félix Couturier de Vienne）宣称，在"粗俗闲晃"的流浪狗里患狂犬病的狗，可比那些过于肥胖、受到过度保护和被迫禁欲的家养狗中的要少得多。[46]

　　之所以会产生上述观点，是因为一些人了解到奥斯曼帝国中的狗狗自由无比。法国作家对君士坦丁堡（Constantinople，现为伊斯坦布尔，Istanbul）的狗流露出了迷恋和敬佩之情。这些狗保卫着此地的人民、防止敌人入侵，平常还会帮助人们吃掉街道上的垃圾。艺术展览沙龙的策展人和管理助理朱尔斯·马雷特-勒里奇（Jules Maret-Leriche），强调了生活在奥斯曼帝国首都的狗，其数量远超信徒人数，并且在其自由不受丝毫"限制"的情况下过得"几近野蛮残暴"。尽管这座城市酷热难当，但很少有狗患上狂犬病。[47]

　　这些狗为何能幸免于狂犬病？根据埃及与土耳其方面的医学报告记载，动物保护协会副主席、公共卫生学家及慈善家亨利·布拉廷（Henry Blatin）博士指出，那些可以自由服从天性的狗往往不容易感染上狂犬病。这些"没有主人、到处流浪的狗"似乎要比那些法国宠物狗更为健康；从表面上看，"自由"似乎是一种有效的狂犬病预防措施。人们赞扬流浪狗的无拘无束。在用于歌颂自由的同时，相同的叙事逻辑也被用来批判他们眼中扼杀男性气概、充满过度宠爱的资产阶级家庭生活，以及拿破仑三世（Napoleon Ⅲ）统治下被压抑的政治氛围笼罩的法国。布拉廷对狗的自由所发出的崇拜之情，不仅和共和党人希望人类享有法兰西第二帝国时那种更大自由的期许相呼应，更进一步强化了这种期许。[48]

一些法国人担心家养宠物糟糕的健康情况，恰如 18 世纪的人们曾一度谴责沉闷的室内环境会给身心健康造成不良影响，和这些法国人相同，一些英国评论家也担心家庭对狗的圈养会给狗带来更多伤害。《伦敦新闻画报》（London Illustrated News）甚至将流浪形容成犬类一个正常且必要的趋势："每只狗天生就渴望每天出去奔跑一两次，去看看它们熟悉的街角发生了什么。它们带着警惕的好奇心游荡，这是犬类的典型天性。如果一只狗只能百无聊赖地在室内闲晃，那么它就极易患病。"心理学家詹姆斯·萨利（James Sully）也认为，犬类对人类产生"依恋"情绪的时间相对较晚："狗生来就爱独立与自由。"一部分狗也的确是屡教不改的"流浪者"。乔治·弗莱明并不提倡继续让狗游走于街头，但他也有着同样的担忧，担心把狗的活动范围限制在家庭中会违背它们的"天性"。实际上，缺乏自由活动确实可能会导致狂犬病发生。在大西洋彼岸，美国人在性别上大做文章，赞扬英勇的男性气概的同时批评女性的奢侈无度。美国男性评论家们批判女主人们用茶话会、丰富的食物和舒适的家庭生活来溺爱她们的宠物。他们宣称，此类行为会导致狂犬病，令犬只痛苦，令文明衰败。[49] 而自由，恰恰可以让狗保持健康、快乐的状态，减少它们感染狂犬病的几率。

甚至连流浪狗的血统普遍不纯正的现象，也得到了人们的赞美。1860 年，《余暇时光》（Leisure Hour）杂志的一位撰稿人称赞"杂交犬"是"最为聪明的动物，比纯种狗更适合在城市中生活"。此外，"我们英国人也正是混血种族……因而我们也更为积极、进取、睿智，且更具效率"。混血流浪狗也有着许多相同的品质，撰稿人佐证这一观点时，描述了"Prowler" "Snap" "Ponto" 还有 "Smut" 这四只无主混血狗的"流浪乞讨生活"——它们十分机灵，游荡在伦敦的街头四处觅食。其他流浪狗则颇具领地意识，往往在特定的市场、医院、工厂、作坊或街道周边活动。人们浪漫化地描述流浪狗的流浪生活，与人们对流浪汉的伤感描述两相呼应。[50] 给狗起名字的做法，也让狗成为带有自己个性、喜好的独立个体，而不再是令人害怕的流浪狗群体中难以分辨的某只无名犬。

彼时的部分人对流浪狗确实有着些许好感，但是在狗狗都市形成的过程中，人们对流浪狗的谴责声最终还是淹没了温暖的叙述。家养宠物行为的兴起，也给人们将伦敦、纽约和巴黎的流浪狗赶出街头的行为提供了又一正当理由。

▶▷ 纯种狗与流浪狗之间的较量

19 世纪，随着养狗人数量和影响力的持续增长，流浪狗就变成了饲养纯种狗这一基本准则的破坏者。专业养犬户们举办的犬展越来越受欢迎，成立的养犬协会也越来越多，这些协会最后都由国家养犬俱乐部统一管理。1873 年，贵族出身的养狗人西沃利斯·E. 雪莉（Sewallis E. Shirley），担任了英国养犬协会（British Kennel Club）的创会主席；1876 年，美国也成立了相似的美国国家养犬俱乐部（National American Kennel Club）；1882 年，法国跟进创设了法国犬种改良中心协会（Société centrale pour l'amélioration des races de chiens en France）。显著区别于人们心中排斥的那些可能患有疾病、危险且堕落的流浪狗，养狗俱乐部和养狗人们将饲养纯种狗的行为宣传成人类驯化动物的顶峰，并认为，这证明了人类具备的专业知识可以"控制自然"。最显而易见的是那些即将成为狗主人的人受到了积极鼓动，开始只选择"最好的品种"。[51]

和流浪狗不同，纯种狗的交配繁殖有着严格控制，每只纯种狗的祖先都会被记录在血统登记簿上。此外，人们还会根据该品种的相关标准，对狗的外观做出评价。纯种培育的历史和标准绝大部分是由人类创造的，这种情况在 19 世纪 60 年代以后尤为盛行，这也改变了人们对狗的理解。纯种狗之所以备受推崇，是因为展示、出售纯种狗可以获得不菲的经济收入，而这些"高贵"的狗，也能增加主人的威望。对于美国富人而言，寻血猎犬和牧羊犬就象征着欧洲文明。而麦迪逊广场花园中举办的西敏寺犬展（Westminster Dog Show），正是纽约精英们欣赏这些精致动物的场所。[52]

在城市化和工业化的社会中，纯种狗象征着人们理想中那种已然远去的乡村生活。对于养狗人而言，猎狐犬（及其他乡村特色品种）代表着英国在工业革命后所失去的稳定和平静。与之相类似，法国贵族养狗人则赞颂那些残留着大革命前时代遗痕的狩猎犬。即便这些品种可以象征国家的过去，可它们实际上却是通过跨国合作与竞争——犬展以及育狗出版物——孕育而生的。女性狗主人在育种售狗工作中，和男性一样扮演了重要角色（见图1.2）。格温多林·布鲁克（Gwendoline Brook）将西班牙猎犬进口到她靠近纽约的农场中，希望可以售卖给美国的富人。还有一些人则和英国移民詹宁斯先生相同——他在自己位于曼哈顿布隆街的家中售卖狗和其他动物，以满足那些并非上流阶级群体的"普通"需求。[53]

图 1.2 《瓦克拉姆礼堂，犬展，蕊丝夫人的狗狗们（吉娃娃）》［*Salle Wagram*, *Dog Show*, *Dogs*（*Chihuahuas*）*Belong to Mme Reiss*］，罗尔通信社（Agence Rol），摄于 1923 年 12 月 14 日，法国国家图书馆（Bibliothèque nationale de France）藏

狗的繁育和进化论——种族的等级、进化以及差异密切相关。英国外科医生乔纳森·哈钦森（Jonathan Hutchinson）指出，将狼驯化成狗的行为令这些动物取得了极大的进步，它们变得"文明、半人类化"。正如当代欧洲人要比"斐济人"更为优越，"犬类粗蛮祖先的道德和智力"远不如其"高贵无比的后代"。[54] 驯化后的狗证明了它们从野蛮到优雅的蝶变，也证明了欧洲人的优越性。这一观点持续的时间比 19 世纪有关达尔文主义的争辩还久。1932 年，一位自诩为犬类心理学家的美国人克拉伦斯·E. 哈比森（Clarence E. Harbison）评论道："动物中的任一物种若不加以节制、全凭本能地繁殖生育，那就会导致该物种退化，回归至原始状态。"[55]

饲养员对犬只选择性繁殖、纯种及遗传特性的注重，和人类强调自身种族存在等级和差异的种族主义观点相吻合。区分犬的品种和人的种族，有助于人们理解大自然和人类的多样性。犬类繁殖也证明了自然是有序的、可研究的。人们可以通过了解一只狗的品种来了解这只狗本身，也同样可以通过了解一个人的种族，来了解他本人。用以观察和展示动物品种、人类种族的方式也通俗易懂，如伦敦南部的水晶宫中，就曾在同一展厅中举办人类种族展和犬只品种展。同时，优生学家认为，专业养狗户具备的有关选种及遗传特征的知识，也同样适用于人类繁殖领域；纽约的一些医生则宣称纯种狗的繁殖证明了保证种族纯度的必要性及混血生育的危险性。例如，L. L. 多尔（L. L. Dorr）就曾指出，非同种繁殖会导致人类社会出现问题，也会诱发犬类的狂犬病。科学的种族主义观与犬类繁殖观互相依存，有人借此劝告人们不要跨种族通婚，也不要让犬类杂交。[56]

人们认为受过良好训练的狗在调节情感方面，要远胜过流浪狗。达尔文的得意门生乔治·罗曼斯（Georges Romanes）宣称："'地位低下的杂种狗'缺乏'高贵'犬只所拥有的'道德修养'和'自尊自爱'，它们可能会因为和人类之间的'连续交集'而感到巨大的痛苦。而这种联系正可赋予它们更高的智商及'情感品质'。"[57] 人们强调流浪狗的情感麻木，这为在活体解剖实验室、"无痛屠宰室"里杀害流浪狗的行为铺平了道路（详见第三章），同时也使得流浪狗远远不能达到中产阶级对情感道德崇拜的要求。

纯种狗的繁殖培育象征着人犬关系的顶峰，而流浪狗则意味着人犬关系的谷底。流浪狗、杂种狗、恶狗，成为可以相互替代的词语。在维多利亚女王时代初期，英文单词"cur"的意思是"拥有多种血统的杂种狗"，可以履行诸如看家护院等保卫家园的任务。可在19世纪末期，这一单词就成为堕落、危险、无法驯服的生物的代名词。流浪狗繁殖育种的困难、其展现出的"难以控制的多变性情"，以及其对养狗人合理控制的逃脱，这些都令人们认为，流浪狗是对 19 世纪备受推崇的划分等级、培育纯种和改良品种观念的挑战。[58]

将狗分为流浪狗和纯种狗的做法，不仅和 19 世纪人种退化的叙事相呼应，也进一步巩固了人们对此的执念。内科医生、精神科医生及其他很多民众，均担心都市生活环境等因素会让个人和国家退化。即便每个人都可能面临退化的情况，但那些人种退化理论家却断言，当代大都市中底层贫民、移民的"堕落、流浪、疏离"让他们最容易退化，最终导致他们出现精神疾病、不道德行为或是实施犯罪。上述行为全都会对社会秩序构成威胁。据种族理论学家称，不同种族和阶级间发生性关系，会削弱白人血统的纯正与高贵，人类混血或动物杂交都是危险的行为。[59] 正如穷人数量往往很大，人们将流浪狗毫无节制的繁殖视为对纯种狗的潜在威胁。查尔斯·达尔文曾对此发表过看法，他认为，糟糕的法律及各种救济形式使得"文明社会中的弱势群体得以继续繁衍后代"。任何研究过"家畜繁育"的人都不会怀疑"这将对人类种族造成巨大伤害"。[60] 在当时的多数人看来，退化却数量庞大的流浪狗很有可能会玷污、减少富有教养、血统纯正的纯种狗。

"走失与饥饿犬类临时之家"，以及流浪狗收容所的成立，也加强了人们心中预设的流浪狗和纯种狗之间的差异，人们对前者的观察和描述更为详细。参观临时之家的访客们，往往惊讶于流浪狗的种类之繁多，及其和纯种狗之间的巨大生理差异。街头流浪狗看起来要更为强壮、吵闹和凶狠。莱尼·奥姆（Lennie Orme）报道称，临时之家的管理人员都"知道十几只肥头大耳、四肢粗壮、嘴巴大张、步履蹒跚，领着'退休金'的老狗，人们称它们为'狼群'"，它们"组成了避难所中的'危险阶级'"。这种将流浪狗和人类危险阶级相联系的修辞手法，就这样成为这所收容机构的日常语言之一。奥姆描述"狼群"的语句，也令人们把流浪狗与缺乏管教、野蛮的特点联系在一起。纽约流浪狗收容所中也可见相似的观察结果。一位来自芝加哥《洋际报》（*Inter Ocean*）的记者，对一只母狗用舌头舔舐幼崽的行为作出了如下评价："它毫无力量，也毫无美感，更没有品种可言……它是犬中贱民，是狗中流浪汉，一文不值。"[61] 与之相似，另一位访问此地的记者也写道：

　　犬类之间的确有所区别……有些狗接受过良好的教育，拥有充足的食物。而那些鬼鬼祟祟的恶犬，却和拾荒者争夺下水沟里的残羹剩饭，这些差异显而易见。后者……毫无自尊可言，且有着强烈的羞耻感和自责感以逃避人类的审视；反观在围栏中经过精心驯养的犬只，它们展现出了这一生物特有的高贵品质：睿智、勇敢和忠贞。[62]

尽管在流浪狗收容所中，这些纯种狗也曾被人冷眼相待，但人们还是相信它们身上有着积极的品质，并保持着和人类之间的亲密；但对那些未经驯化、没有主人的狗，人们的看法则被负面情绪支配，因此，流浪狗难以被人理解，也对人类的接近保持警惕。

即便是那些富有同情心、关爱流浪狗的来访者们，也难以见证那些无主狗、杂种狗被赎出，随后被安置到新家的美好结局。这些来访者的品格有时也为人不齿，《森林与溪流》杂志的一位记者曾被派去纽约流浪狗收容所完成一项"慈善使命"，帮助一位来自波士顿的读者收养一只流浪狗——该读者难以从"一群如此不幸和可怜的狗"中挑出一只领养。尽管受委托的记者感受到了"一种怜悯之情"，也陷入了"染上疥癣"的狗那"充满好奇、深邃、溢出渴求的眼神中……那些眼神好像在说'请可怜可怜我们，别让我们去死！'"[63] 但在这个过程中，记者恶心的情绪还是远远多于同情心，最终他也没有帮那名读者从收容所中挑选出一只狗来。关爱流浪狗的理想正在变得难上加难。

对纯种狗的推崇更加败坏了流浪狗的名声，流浪狗与身体和情感的退化联系在了一起，这进一步强化了西方人对流浪狗充满敌意的情感立场。在被人们视为西方现代化都市的灯塔，以及殖民帝国大都市中心的伦敦、纽约、巴黎，人们将狗的繁殖培育和种族主义理论相结合，将流浪狗塑造成了这三座城市共同蔑视的"落后生物"。

▶▷ 其他地区的流浪狗

　　科学育种的热潮，将生活在欧洲和北美以外的其他地区的街头流浪狗从热爱自由、免于狂犬病的动物，转化成了文化倒退和种族低劣活脱脱的证明。A. G. 博马雷（A. G. Beaumarié）曾在发表于1874年的一篇文章中表示，流浪狗是一种"堕落的生物"，是"该物种中的低贱者"。博马雷对法国流浪狗和生活在印度居民区里的狗进行了一番分析，强调这些狗理应被逐出现代西方大都市。博马雷还指出，在缅甸、秘鲁等相对不发达地区，那些"贱犬"也会时常出没，攻击"文明世界"来的游客。[64]

　　君士坦丁堡又一次被西方人当作观察流浪狗的样本。据一位《泰晤士报》特约记者的报道称，君士坦丁堡的流浪狗是"没有主人"的"拾荒者"，它们白天在街头乱晃，阻碍路上行人走动，而夜晚又开始捣乱和吵闹。它们忠于自己的群体和街道居民，并且因敌视宠物狗和外来的欧洲人而闻名。当地居民喂养且包容这些流浪狗，但也从未试着养它们作宠物或是彻底清除它们。这种人犬关系起初是源自异域东方的一种奇特现象，最终却被贬斥作对自然秩序的颠倒。这种人犬之间难以界定的关系，显然也令这位记者苦恼不已："我们英国人和狗狗这最富同情心的物种间的疏离……确实令人痛苦不已。"[65]

美国作家、剧作家阿尔伯特·比格娄·佩恩（Albert Bigelow Paine）将君士坦丁堡这些街头流浪狗的半野蛮化形容为"返祖"了。他认为这些狗已经"回到了最原始的那种状态——它们是狼狗"。尽管他也提及了它们的情感和品质（它们是"狗狗家族中最为善良、最为温顺的品种……也是最聪明的"），但这些"贱犬"还是有别于宠物狗和纯种狗。佩恩将印度和土耳其的流浪狗合称为"劣民"（pariah），并认为这些狗的身体状况正是土耳其"病态"社会的直观反映。这些狗往往"患有疥癣，染上寄生虫，毛发打结"，"土耳其人本身也差不多如此，那这些狗又怎会变成其他模样呢"，佩恩如此写道。[66] 这些狗体现了土耳其的堕落，并让君士坦丁堡成了一个奇异、肮脏之城，令其与欧洲、北美的都市区形成了鲜明对照。

伦敦、纽约和巴黎的流浪狗，破坏了这些城市作为"文明领先城市"的形象。1878 年，英国议员威廉·佛赛（William Forsyth）表示，"在城市里到处都是无用的流浪狗这一点上，伦敦已经变得和君士坦丁堡如出一辙"。佩恩还曾写道："在美国，两只或三只流浪狗就能让街道居民时刻保持清醒。请想象一下，在一座巨大城市中，街区中四五十只狗在同一刻狂吠不已，这又是一番什么样的场景。"这些狗也许能承担一种社会功能，即清除腐食与其他散落在街头的恶臭之物。但也只有缺乏"盎格鲁-撒克逊文明中优秀的排水系统"的城市，才需要它们这点"帮助"。[67] 在城建技术先进的西方城市中，流浪狗被完全看作一样"多余的"东西。

　　将流浪狗和人们口中落后、不文明的城市相联系，这强化了伦敦、纽约和巴黎市民认为"流浪狗在街头闲晃是种堕落行为"的公共观点。因此，狗狗都市的形成也是建立于"白人至上"的欧洲中心主义观点上。如果说这三座城市代表着现代化的顶峰，那么流浪狗就应属于人们心中并不先进的其他都市社会，生活在那些文化和种族都"低劣一等"的人群之中。流浪狗成了当代人都市中堕落、倒退的文化象征，也引起了精英群体对西方都市文明的担忧——它脆弱、不完整且容易堕落。西方都市里，从属于工人阶级的流浪狗，被打上了肮脏、患病和堕落的烙印。它们也是都市贫民容易出现野蛮性的进一步证明，这些贫民与被殖民者之间有着相似之处，让中产阶级远离象征着都市贫困、文化倒退的流浪、狂叫的犬类，以保护其阶级身份，同时也巩固伦敦、纽约和巴黎相较于非西方城市的优势。如此看来，消除流浪狗似乎可以改善这三座城市中资产阶级的生活。这些人对流浪狗充满排斥，反之，他们将爱意倾注到了经过精心梳洗的家养宠物身上。[68]

▶▷ 对宠物狗的爱

和流浪狗有所不同，宠物狗在狗狗都市中大受欢迎。英文单词"pet"出现在中世纪，源自法语中有"娇小"之意的词汇"petit"，指的是往往由女性饲养的小型犬只。回望人类饲养宠物的过程，我们可以了解到许多有关情感演变的信息：在18世纪的英国，人们对狗的同情心已经上升到了人类德性情感的高度，这为饲养宠物提供了丰沃的土壤。和没有主人的流浪狗不同，宠物狗生活在家庭里，受到人们的精心呵护。[69]

饲养宠物在19世纪日益流行。这一热潮之所以形成，部分原因是人们生活水平明显提高。宠物完美契合了中产阶级的家庭氛围——崇尚隐私及舒适，宠物也就在新风格建筑中找到了容身之地。奥斯曼（Haussmann）建筑风格的巴黎公寓，便是这方面的一个典型案例。据称，宠物狗可以提高那些照顾它的人们的情感敏锐度。而且，作为一种具有情感的动物，宠物也值得人类家庭的善待。在家庭这一相对封闭的环境中，人类饱含爱意的情感表达和情绪氛围，围绕着宠物狗。[70] 那时不少书籍、绘画、照片及报纸文章，都对宠物狗赞叹不已，称它们是忠诚无比的家庭成员，令人舒心，还能保卫家园免受外人入侵。英国狩猎杂志《乡野》（*Field*）

编辑约翰·亨利·沃尔什（John Henry Walsh）表示，圣伯纳犬之所以能成为优秀无比的守门犬，是因为它们对"流浪汉和行乞者发自肺腑的厌恶"。[71]

虽然流浪狗生活在家庭之外，它们的存在却困扰着中产阶级——破坏了家庭氛围，以及与此相关的安全、友爱、洁净、舒适的氛围。流浪狗也暴露出了这些情感标准的局限性，它们的存在证明它们可以在资产阶级"小天地"以外的许多地方生存，甚至是茁壮成长。随着宠物狗逐渐融入中产阶级家庭及情感观念，没有生活在人类家庭中的流浪狗，越来越被人们看作对理想化和充满爱之家庭的公然挑战。在人们看来，缺乏与人类接触的流浪狗，会变得"好争吵""好打斗"，它们会突然袭击宠物狗。无奈的是，宠物狗已经在人类的陪伴下变得十分"温顺"，往往会在这些街头打斗中败北。[72]此外，一些评论家担心让宠物狗在街头闲逛的行为也许会破坏家庭和谐，也会动摇那些养狗家庭里关爱与控制的平衡。一位法国权威人士敬告读者，"闲逛"会令宠物狗偷尝到所谓"独立的滋味"，让它们变得不再那么唯命是从。一两只任性的狗显然不可能冲破中产阶级的藩篱——远离公众世界、重视隐私、毫无摩擦的家庭生活。[73]但毋庸置疑，闲逛行为破坏了家庭内外的健康秩序。

到了19世纪，人们喜爱、关心狗的行为发生了变化。随着宠物成为当代消费文化的一部分，中产阶级在宠物狗的健康、外表上所付出的真金白银，也进一步拉大了宠物狗和无主流浪狗之间的差距。除了提供治疗外，兽医也在为迎合日益兴起的宠物狗热潮，不断提升自己的其他能力。经过精心梳洗的宠物狗，不论是在外观还是气味上，都和流浪狗有着很明显区别。法国《小报》（Le petit journal）的一位读者表示，在有主狗和无主狗之间作出区分是小菜一碟。恰如医学界部分人士认为呆小症等已知的退化性病症可凭肉眼分辨，这位读者认为，人们确实可以"乍一看"就认出"一直过着流浪生活"的狗。与此同时，英国中产阶级宠物狗主人则看不起那些饲养宠物的工人阶级，因为他们花费在宠物狗身上的资金要更少，也给了宠物狗更多出去闲逛的自由。这些被富主人和穷主人饲养的宠物狗，就连死后的命运也有所不同。前者可以被埋葬在海德公园、塞纳河畔阿涅勒及哈茨戴尔等地的新兴宠物公墓，而后者只会被丢弃在街道上或是河水中（见图 1.3）。[74]

在 19 世纪末 20 世纪初，育狗专家以及相关商业化宠物用品的出现，让为狗狗梳洗打扮成为加强宠物和主人联系的一种途径。1992 年，"Q-W 实验室"向美国狗主人推销了狗狗梳子、刷子、肥皂、去跳蚤洗剂等产品。该公司的产品目录写道："如果你真心关爱你的狗，你就会好好照顾它，让它保持健康和快乐……体面地对待它，树立起它的自尊。它将会证明给你看，狗不仅仅'只是一只狗'，而是能带给你其他东西的生灵。没人能说得清那所谓的其

图 1.3 位于巴黎市郊的塞纳河畔阿涅勒宠物公墓入口，作者摄于 2008 年 8 月

他东西到底是什么，但每一个真切爱狗的人都能很清楚地理解我的
意思。所以，我们应该定期给狗狗梳洗。"[75] 给狗洗澡、剪毛和梳
毛向世人证明了狗主人对他们犬类伙伴的爱意，尽管有时候这些都

是仆人的差使，这是让中产阶级家庭保持绝对整洁的无数任务中的一项。梳洗清洁对犬类健康至关重要。兽医莫里斯·杜维尔（Maurice Douville）教授强调，这将保证狗的"卫生、耐力、价值还有健康"。作家保罗·格里尼翁（Paul de Grignon）则特别指出，狗主人应该只给狗狗用马赛皂清洗，而另一些人士则推荐了其他品牌或类型的狗狗专用肥皂。19世纪的人们极力推崇香皂，认为它是纯洁、道德、健康和秩序的有力保证。香皂的生产、销售也蓬勃发展起来，供人与犬只使用。与此同时，在20世纪初，英国开展的家政科学运动（domestic science movement）则从科学的角度强调了女性成员在照顾宠物狗方面的作用。[76]

给狗梳洗的行为让狗符合了中产阶级文化对卫生的要求。但是，清洁之事也需要克制。纽约兽医詹姆斯·金尼与他的合作者安·霍尼卡特建议狗主人不要给狗频繁洗澡，因为这会破坏它们皮肤的自洁能力，从而诱发皮肤病。专家建议最好使用玉米粉、酒精或月桂酒给狗梳毛或曰"干洗"。[77] 当然，不是所有的狗主人都会严格遵循这些精细的清洁说明。让狗保持特别干净的状态，也需要耗费大量的时间、金钱。但模范宠物狗总归是干净整洁的。随着中产阶级对卫生的日益重视，人们认为宠爱一只干净的狗，要比关爱一只浑身爬满跳蚤的脏狗要好得多。多数人也并不情愿让经过精心梳洗的宠物狗在街上游荡一天，因为它们会在肮脏处打滚——如此就要再次花费时间、精力，还有大笔资金为它们梳洗。

在现代宠物饲养中，狗绳同样串联起了主人与宠物狗。育狗专家开始提醒狗主人不要让狗在无人陪伴的情况下游荡街头。若放纵其游荡街头，宠物狗可能会和无主流浪狗打斗、交配，或是染上疾病，包括那可怕的狂犬病。汽车的问世也给自由走动的宠物狗带来了更大的风险。兽医及其他专家，由此亦鼓励狗主人将宠物狗留在家中，或是给它们拴上狗绳。相关的法律制定也同样推动了狗绳的使用。1867 年伦敦颁布的《大都市街道法案》就授权警察捕捉未戴嘴套、走失的狗，不过同时该法案也规定拴好狗绳的狗可以免戴嘴套。从那以后，一根狗绳就这样保护了伦敦的狗狗，使之免受戴嘴套、被关押的痛苦，更规避了死亡的风险。1892 年 5 月 30 日，针对可能扩散的狂犬疫情，巴黎的一项警察法令要求所有的遛狗者都应给狗拴好狗绳、戴好嘴套。[78] 狗绳也有助于公共安全，并让人们挚爱、珍视的狗免遭关押。在 20 世纪初期的纽约，拴好狗绳的犬只在街上活动时无须佩戴嘴套。因此，美国防止虐待动物协会也敦促狗主人在街上遛狗时应给狗拴好狗绳，这样就免去了嘴套的麻烦。[79]

现在很多狗主人和动物保护主义者都认为，狗绳带来的压迫性比嘴套的更小，而且也是保护宠物狗的一种方式。不过也有部分人坚持认为，拴狗绳侵犯了狗的自由。但总的来说，狗主人已经将拴狗绳看作让现代社会接受狗狗的一种前提。和给狗狗梳洗一样，给狗拴绳也成为宠物狗主人有责任心的体现。但是，人和狗之间的这般联系，进一步加大了宠物和流浪狗之间的区隔。[80]

宠物狗同样面临着一些负面报道。有评论家指出，中上层阶级那养尊处优、自私自利、娇生惯养的宠物狗，不仅被人类投喂了太多食物，还在传播疾病，甚至咬伤无辜路人。1872年，一位英国医生表示："富人阶级家中欢乐的宠物狗，几乎没有（比穷人家中的狗）降低多少危险性，它们似乎也非常容易染上狂犬病。"[81] 厌狗人士对狗主人过度溺爱宠物的行为大加嘲讽。批评家还特别批评了那些溺爱宠物狗的资产阶级女主人，批评她们给狗过度喂食且疏于管教。那些在曼哈顿地区"雪莉"等高档餐厅用餐的富有女性，以及她们怀中那些娇生惯养、养尊处优的宠物狗，都是男性记者与评论员愤愤不平的对象。这些男性认为，女性对狗过度倾注情感会让她们像对待婴儿或孩童那样对待那些狗。更为糟糕的是，她们对宠物专制的爱，也导致她们无法高效地训练宠物狗。部分女性爱狗人士亦有着同样的担忧。目睹过那些情感过度丰富的女性如何溺爱其宠物狗后，一位女性爱狗人士大受震惊。为此，她特地撰写了一本著作去纠正这些行为。当时的批评主要针对那些多愁善感、有情感缺陷的宠物狗女主人，这也揭示了在家庭生活崇拜之下的性别不平等现象与分歧。中产阶级女性负责关爱、照顾宠物（以及其他家庭成员），但当她们倾注的关爱似乎太多，并不合适或是引发其他问题时，她们就应受到谴责。人们将女性饲养宠物狗的行为作为公众议论、干涉的对象，堆积在女性身上的重重审判，也暴露出了家庭私人领域的脆弱不堪。男性也可能因为女主人和狗之间的亲密关系而感到心绪不宁。在维多利亚时代，狗和男子气概有着紧密联系。狩猎、野外活动、男士伴侣，这些都是普遍存在于人们心中的宠物狗标签。狗狗们还和男主人有着许多相同的情感品质，譬如骑士精神、忠诚、勇敢、坚毅还有英雄主义气概。但在部分时人看来，女性饲养宠物狗的行为，破坏了这一切。[82]

饲养宠物这一行为最终沦为了笑柄。尽管如此，毛茸茸的宠物狗已经为现代城市人犬关系所接受。它们也同样是值得人们去关注、爱护和同情的"小可爱"。鉴于此，人们对流浪狗的敌意又有所增加，这般敌视也体现在人们对流浪汉与日俱增的谴责声中。

▶▷ 流浪汉与流浪狗

19 世纪末，人们抵制流浪狗和流浪汉的舆论愈发严苛。这背后的原因是彼时美、英、法三国经济陷入困境，失业人数陡增，社会不公现象也有所加剧。19 世纪 80 年代，法国农业面临的农产品价格下跌及其他经济困境，促使农村家庭前往城市以寻求更好的生活。然而，城市中大量存在的失业情况，却增加了乞讨者的人数。1865—1895 年，英国失业人口数量也翻了一番。即便流浪汉的遭遇也博得了一些同情，但在人们心中，他们是不宜雇佣的乞丐，而且增加了不值得社会援助的穷人数量。在纽约，移民人数日益增长，人们对此的担忧也加剧了大众对流浪汉的谴责。改革家、慈善官员、记者等将流浪汉归入了不值得救助的穷人之列。[83] 那些"塞满"并"蜂拥至"城市街道的少年流浪汉是"文明社会中的可怕顽童"，记者爱德华·克拉普西（Edward Crapsey）如是写道。他表示，那些"残忍的父母"每天都把他们的孩子从"那些狗窝，也就是他们的家中"放出，放任这些顽童在街头游荡。据报道，这些流浪儿童可怜至极，他们吃的食物就连流浪狗也不愿张嘴。克拉普西这一并不怎么讨巧的描述——将人类流浪汉"动物化"，也更加强调了流浪汉与体面社会相脱节的观点。[84]

流浪汉与流浪狗身上显而易见的脏污、粗蛮和无止境的流浪，反映了同时也加剧了 19 世纪末期都市生活中的各种社会问题。于那些斥责他们的评论家而言，这两类"社会弃子"无所事事，无法带来任何经济效益。正如《纽约时报》所言："流浪狗已经发现，所有通往忠诚犬类的大门都已紧闭……也没有任何可以让它们体面生存的路径，它们由此养成了乞讨的陋习。"和人类流浪汉相同，"这些可怜的狗狗流浪汉……拦住街头的路人，或是偷偷绕到郊区小屋的后门，只为讨到一块面包皮"。这篇报道运用拟人化的语言嘲讽流浪狗毫无"羞耻心"可言。这些"行乞的狗"甚至比人类乞丐更能"激发我们的同情心"。据称，这些流浪狗诡计多端，可以假装跛脚或失明以欺骗路人给它们食物。为了与公众在减少乞丐方面的努力相呼应，《纽约时报》还呼吁建立一个"犬类就业协会"（Canine Employment Society），该协会将"给每只流浪狗一个机会，让它们蜕变为正直诚实、自立自强、有道德的动物"。而远在大西洋彼岸的英国对此也持一致态度。这些"活在臭水沟里的不折不扣的恶犬"如此狡猾和独立。在英国记者詹姆斯·格林伍德（James Greenwood）眼中，从肉贩子那里偷肉，欺骗无关路人让它们留宿，再将人们丢弃的食物一扫而空后趁着拂晓匆匆逃跑，正是那些流浪狗幸存的"招数"。[85]

人们对流浪汉的谴责，也加剧了人们对无主流浪狗的厌恶之情。失去了人类喜爱的流浪狗也就失去了它们的价值。在博马雷看来，流浪狗就是一颗"与引力（人类）和进化这一中心遥遥相隔的卫星"。流浪狗根本不可能成为其物种的代表，正如人类"流浪汉"也无法"代表人类"。没有了人类的"约束"和指导，流浪狗就会屈服于它们的本能冲动。阿尔弗雷德·巴布（Alfred Barbou）谴责了流浪狗的"糟糕行径"，如在小餐馆乞讨食物以及"在夜间狂欢喧闹"。他将流浪狗（见图 1.4）比作那些"远离社会生存，对法律仅有些微敬畏之心"的底层之人。似乎是为了证明流浪汉和流浪狗之间的相似性，巴布表示流浪狗的种种诡计以及"避罪天赋"都是师从流浪汉的。[86] 和人类乞丐相似，流浪狗是不可信任的对象。和不断维系人犬关系的宠物狗恰恰相反，流浪狗利用了人犬关系，却反手又破坏了它。

图 1.4 《怪狗》(*The Irregulars*)，阿尔弗雷德·巴布（Alfred Barbou）绘，《小狗》(*Le Chien*, 1883)

尽管如此，在人们对流浪狗的严苛反对声中，还是有几分怜悯之心。美国乡村野外活动杂志《森林与溪流》指出，若狗最终

"无家可归，无主可依"，它也无须为此负责，在它主人是个穷人的前提下尤其如此。但这种同情也有其局限性——该杂志将流浪狗的存在归因于穷人，借此再一次将流浪狗和贫穷联系在一起。一旦任何犬只走失在街头，那么它都会陷入"流浪和非法"的处境。而"此类流浪动物在大城市中的数量不断增长"，严重威胁着"公众健康、安宁平静和福祉利益"。[87]

在法国，人们也对流浪狗有着同样的担忧。动物保护主义者阿德里安·内拉特（Adrienne Neyrat）表示有些流浪汉会对流浪狗怀有敌意。她愤怒地批评了这一幕乱象——有群残忍的穷人小孩在巴黎街头闲晃，以恐吓流浪狗为乐。其他爱狗人士则表示，那些无家可归的人之所以在夜晚追捕这些流浪狗，目的是向市政当局索要奖金。[88] 这些报道的真实性有待商榷，但即便如此，这也象征着人类对流浪狗所怀有的一丝怜悯之心，尽管这是以贬低人类流浪汉为代价的。

总的来说，19 世纪大西洋两岸对流浪狗的主流态度，都是将流浪狗看作行为堕落、恶习难改的流浪动物，社会中的其他成员在遇到流浪狗时需要积极自卫。人们对流浪狗敌意的加剧，也反映出西方社会内部的流浪现象，以及其他不受监管的流浪问题的扩大化。在人们心中，这些流浪现象会对当代城市定居人口的福祉构成威胁。流浪汉会面临警察的盘问缉拿、公共救济的撤销、强制驱逐出境，流浪狗也注定要面临被关押甚至走向被处死的结局。纽约地区颇受关注的郊游及赛马项目杂志《草地、田野和农场》（*Turf, Field and Farm*）对上述观点表达了赞同：因为这些"懒惰的恶犬"已经"堕落得不能再堕落"了，所以它们理应被淘汰。宠物狗也需要这些措施的实行以获取保护。"对高尚且忠诚的动物所秉持的责任感，"主笔继续补充道，"应该引导我们抹去这些耻辱的存在，让狗狗们的血统保持纯正。"一位英国评论家也发表了相似的论调："流浪狗和流浪汉相同，在我们可以容忍它们的地方顽强生长，但同时也带来了不少麻烦……现如今，我们已不再需要这些四足食腐动物，每位主人都应该找到属于他的狗，抑或是让每一只狗为它自己寻得一位主人。孤苦伶仃的流浪狗则是最为悲惨的弃儿。"[89]

从这一角度看，流浪狗确实应该被消灭。它们缺乏那种与人类亲近的、积极的情感联系。记者和社会调查员常常使用"恶臭""窝点""恶行""阴暗"等煽动人们情绪的词语来形容或描述贫民窟，促使读者相信城市改革的必要性。与其做法相同，评论家们也总将流浪狗蔑称为"乞丐"和"叫花子"，这更加恶化了它们遭人唾弃的名声，也合理化了将它们驱逐出伦敦、纽约和巴黎的诉求。和街头肆意游荡的猪、牛等其他动物一样，狗也被纳入了行动须受管制的动物之列，人类以此创建出了一座符合中产阶级都市文明愿景的、秩序井然的城市。[90]

▶▷　小结

人们对流浪狗日益增加的厌恶，是狗狗都市成立的一个基础。流浪狗，尤其是无主流浪狗，是犬类和都市生活中不受待见的对象。越来越多的中产阶级市民想把流浪狗从街上赶走，以减轻他们对脏污、无序、疾病和衰退的焦虑。对流浪狗的恐惧和厌弃之心，致使人们开始捕捉流浪狗，也令政府与普通民众对其施加暴力。在一些爱狗人士心中，我们尚能发现他们对流浪狗困境的关心。然而，他们往往只对走失的宠物狗报以关切，却对形单影只地失落在街头的流浪狗不闻不问。动物保护主义者试图将流浪狗的身份转变成需要人类保护的都市生活受害者，但他们还是对走失宠物狗和街头流浪狗有所区别对待。于很多爱狗人士而言，他们对流浪狗怀有的怜爱之情，最终都会转化为忧惧。在这一点上，他们和厌狗人士的观点趋近，在狗狗都市的形成过程中，人们对狗的喜爱、关怀逐渐集中到宠物狗与纯种狗身上。这些"优质"狗与中产阶级标准相吻合，也是人们心中最有能力同人类建立起深厚情感的。它们也就因此走入中产阶级家庭之中，更前所未有地融入中产家庭的日常生活。

19世纪，流浪狗的街头生活发生了变化。各个城市中的流浪狗情况有所不同，在伦敦和巴黎的流浪狗常年面临被捕捉的风险，而纽约发生的暴力事件更是数不胜数，在中央公园枪杀流浪狗、19世纪90年代科尼岛屠杀流浪狗行动，都是血淋淋的惨剧。[91] 而且这三座城市的环境都变得不再适合流浪狗生存。即便如此，针对流浪狗而实行的，更为严苛的法律、关押措施及敌视态度，并没有减少流浪狗的流浪。巴黎警方则采取了创新性的关押措施。为使捕捉、关押流浪狗的行动"更为迅速、更不费力"，巴黎捕犬者于1904年用上了马车，又在1912年引进了机动车，借此高效地从首都各警察局收集抓捕来的流浪狗。囚车（panier à salade，警车的一种非正式称呼）的使用，也帮助警察和收容所人员更便捷地展开抓捕流浪狗工作。这一新型汽车投入使用，显然对警察在街区内清理流浪狗有所帮助（见图1.5）。巴黎杂志《世界画报》（Le Monde illustré）曾在1912年指出，"警察对流浪狗的打压已使巴黎从狂犬病的困扰中'完美解脱'"，后来证明这一说法为时尚早。尤其是在第一次世界大战期间，许多狗主人都抛弃了他们宠物狗，这更表明乐观主义情绪并不契合历史态势。[92] 犬类的流浪仍在继续。城市中的流浪狗现象在延续着，这也表明要限制这一时刻流动、数量庞大的种群是极为困难的，毕竟流浪狗在一定程度上牵涉着部分爱狗人士的恻隐之心。

图 1.5 《收容所：一辆装载狗的车辆到达》（*The Pound：Arrival of a Vehicle Containing Dogs*），梅里斯通信社（Agence Meurisse），摄于 1919 年，法国国家图书馆（Bibliothèque nationale de France）藏

注　释

[1] Andrew Wells, "Antisocial Animals in the British Atlantic World: Liminality and Nuisance in Glasgow and New York City, 1660-1760," in *Animal History in the Modern City: Exploring Liminality*, ed. Clemens Wischermann, Aline Steinbrecher, and Philip Howell (London: Bloomsbury Academic, 2019), 55-74; Mark S. R. Jenner, "The Great Dog Massacre," in *Fear in Early Modern Society*, ed. Bill Naphy and Penny Roberts (Manchester: Manchester University Press, 1997), 44-60; "Dogs Rampant: To the Rescue," *New York Daily Times*, July 11, 1856. 在本章笔者将使用"stray dog"一词，而非"street dog"一词，因为"stray"（法语 chien errant）是当代最常用的词（译者注：两个单词的意思皆为"街头流浪狗"）。不过我意识到，"stray dog"这个名词还有另一层意味，暗指犬只离开了它们的合法居所——家。与之相反，印度则用"street dog"指代合法归属于家以外地方的犬只。Krithika Srinivasan, "The Biopolitics of Animal Being and Welfare: Dog Control and Care in the UK and India," *Transactions of the Institute of British Geographers* 38, no. 1 (2012): 110.

[2] George Fleming, *Rabies and Hydrophobia: Their History, Nature, Causes, Symptoms, and Prevention* (London: Chapman and Hall, 1872), 354. 研究表明，精英群体对城市生活的焦虑和恐惧是他们镇压流浪狗的原因。Kirsten McKenzie, "Dogs and the Public Sphere: The Ordering of Social Space in the Early Nineteenth-Century Cape Town," in *Canis africanis: A Dog History of Southern Africa*, ed. Sandra Swart and Lance van Sittert (Leiden: Brill, 2008) 91-110; Jesse S. Palsetia, "Mad Dogs and Parsis: The Bombay Dog Riots of 1832," *Journal of the Royal Asiatic Society of Great Britain and Ireland* 11 (2001): 13-30.

[3] 探讨 19 世纪城市公共卫生运动的文献十分丰富。关于巴黎的公共卫生运动，详见 Ann La Berge, *Mission and Method: The Early Nineteenth-Century French Public Health Movement* (Cambridge: University of Cambridge Press, 1992); Sabine Barles, *La ville délétère: Médecins et ingénieurs dans l'espace urbain XVIIIe-XIXe siècle* (Seyssel: Champ Vallon, 1999); David S. Barnes, *The Making of a Social Disease: Tuberculosis in Nineteenth - Century France* (Berkeley: University of California Press, 1995); Fabienne Chevallier, *Le Paris moderne: Histoire des politiques d'hygiène* (1855-1898) (Rennes: Presses universitaires de Rennes, 2010)。关于谴责与打击"不受欢迎"的动物，详见 Dawn Biehler, *Pests in the City: Flies, Bedbugs, Cockroaches, and Rats* (Seattle: University of Washington Press, 2013); Christos Lynteris, ed., *Framing Animals as Epidemic Villains: Histories of Non - Human Disease Vectors* (Cham, Switzerland: Palgrave Macmillan/ Springer Nature, 2019)。

[4] Henry Bergh, "The Twentieth Year of the Official Existence of This Society Terminates Today!" in ASPCA, *Twentieth Annual Report for* 1885 (1886), 6.

[5] Alexandre Roger, *Les chiens, les chats, la vaccine et la canaille, philippique* (Paris: Germain Mathiot 1813), 7-9, 15-16, 19, 24. Roger foreshadowed H. -A. Frégier's *Des classes dangereuses de la population dans les grandes villes* (Paris: J. -B. Baillière, 1840). 关于"canaille"一词的更多信息，详见 Centre national de ressources textuelles et lexicales, Ortolang website, www. cnrtl. fr/lexicographie/canaille, accessed October 15, 2020。当土生土长的纽约人开始用"canaille"一词来形容欧洲移民时，这就证明这一名词已经横跨了大西洋。Lisa Keller, *Triumph of Order: Democracy and Public Space in New York and London* (New York: Columbia University Press, 2008), 154.

[6] M. R., "Hydrophobia," *Times* (London), October 5, 1825;

S. M. , "Dogs," *Times*（London）, July 13, 1825.

［7］ C. L. B. , "Walks among the New‐York Poor," *New York Daily Times*, April 19, 1854. 另请参阅 Catherine McNeur, *Taming Manhattan: Environmental Battles in the Antebellum City*（Cambridge, MA: Harvard University Press, 2014）, 8-12; Lisa Merrill, "Amalgamation, Moral Geography, and 'Slum Tourism': Irish and African Americans Sharing Space on the Streets and Stages of Antebellum New York," *Slavery and Abolition* 37, no. 3（2016）: 638-60; Scott Anthony Miltenberger, "Promiscuously Mixed Together: New Yorkers and Domestic Animals in the Nineteenth-Century"（PhD diss. , University of California, Davis, 2006）, 80-84; ProQuest Dissertations Publishing, 3250836。鉴于德国的拾荒者利用犬只来拉他们的推车，这些犬只很可能是工作犬。Andrew A. Robichaud, *Animal City: The Domestication of America*（Cambridge, MA: Harvard University Press, 2019）, 167-68.

［8］ Susan McHugh, *Dog*（London: Reaktion, 2004）, 133; Estelle Murail, "A Body Passes By: The Flaneur and the Senses in Nineteenth-Century London and Paris," *Senses and Society* 12, no. 2（2017）: 162-76; David Scobey, "Anatomy of the Promenade: The Politics of Bourgeois Sociability in Nineteenth-Century New York," *Social History* 17, no. 2（1992）: 203-27; Victoria E. Thompson, "Telling 'Spatial Stories': Urban Space and Bourgeois Identity in Early Nineteenth-Century Paris," *Journal of Modern History* 75, no. 3（2003）: 523-56.

［9］ McNeur, *Taming Manhattan*, 13.

［10］ Préfet de police, "Instruction concernant les chiens, instruction des boules dogues," August 19, 1840, DB 229, APP; Préfecture de police, "Ordonnance concernant les chiens et les chiens boule-dogues," May 27, 1845, DB 229, APP; Préfecture de police, "Rapport," May 17, 1845, DA 44, APP.

［11］引自 Neil Pemberton and Michael Worboys, *Rabies in Britain*: *Dogs*, *Disease and Culture*, 1830–2000 (Basingstoke: Palgrave Macmillan, 2013［2007］), 9。

［12］A Lady, "To the Editor of *The Times*," *Times* (London), June 3, 1830; "Police," *Times* (London), June 10, 1830; British Parliamentary Papers 1830［519］, "A Bill to Prevent the Spreading of Canine Madness," June 10, 1830; Pemberton and Worboys, *Rabies in Britain*, 34; Awake, "To the Editor of *The Times*," *Times* (London), September 7, 1853.

［13］Ingrid H. Tague, "Eighteenth–Century English Debates on a Dog Tax," *Historical Journal* 51, no. 4 (2008): 901–20; William Youatt, *On Canine Madness* (London: Longman, 1830), 31; Awake, "To the Editor"; McNeur, *Taming Manhattan*, 13.

［14］Bibliothèque municipale, *Code–formulaire du possesseur de chiens et d'animaux domestiques nuisibles ou incommodes* (Grenoble: Prudhomme 1855), 1; "Dogs of Luxury," *London Review*, September 20, 1862; Kathleen Kete, *Beast in the Boudoir*: *Petkeeping in Nineteenth–Century Paris* (Berkeley: University of California Press, 1994), 42–46.

［15］Paul A. Gilje, *The Road to Mobocracy*: *Popular Disorder in New York City*, 1763–1834 (Chapel Hill: University of North Carolina Press, 1987), 226–27.

［16］McNeur, *Taming Manhattan*, 17–18.

［17］"Common Council Proceedings," *Morning Herald* (New York), September 7, 1838.

［18］Damien Baldin, *Histoire des animaux domestiques*, *XIXe–XXe siècle* (Paris: Seuil, 2014), 232; Préfecture de police, "Arrêté relatif à la mise en fourrière des animaux saisis ou abandonnés sur la voie publique," March 25, 1831, DB 226, APP.

[19] Préfet de police to Commissaires de la police, April 30, 1841, DB 226, APP; Préfet de police to Commissaires de la police, June 25, 1841, DB 229, APP; Préfet de police, "Circulaire," June 10, 1842, DB 229, APP.

[20] Préfet de police, "Circulaire"; Préfet de police, "Salaire pour la conduite des chiens à la fourrière," October 31, 1842 DB 229, APP; Préfecture de police, "Exécution de l'ordre de police concernant les chiens et les boule-dogues," July 4, 1853, DB 226, APP.

[21] I. N. Phelps Stokes, *The Iconography of Manhattan Island* 1848-1909 (New York: Arno Press, 1967 [1922]), 4: 110, 5: 1490; Benjamin Brady, "The Politics of the Pound: Controlling Loose Dogs in Nineteenth-Century New York City," *Jefferson Journal of Science and Culture* 2 (2012): 11.

[22] "In the New York Dog Pound," *Forest and Stream*, September 19, 1878. 另请参阅 Robert M. Dowling, *Slumming in New York: From the Waterfront to Mythic Harlem* (Urbana: University of Illinois Press, 2007); Seth Koven, *Slumming: Sexual and Social Politics in Victorian London* (Princeton, NJ: Princeton University Press, 2004)。菲利普·豪威尔（Philip Howell）对巴特西流浪狗之家进行了采访，"beastly slumming." "Between Wild and Domestic, Animal and Human, Life and Death: The Problem of the Stray in the Victorian City," in Wischermann, Steinbrecher, and Howell, *Animal History*, 150。

[23] "The Dog Pound," *Harper's Weekly*, April 21, 1894.

[24] "The Dog Pound," *NYT*, June 19, 1874; "The New York Dog-Pound," *Daily National Intelligencer* (Washington, DC), August 15, 1854; Susan J. Pearson, *The Rights of the Defenseless: Protecting Animals and Children in Gilded Age America* (Chicago: University of Chicago Press, 2011), 70.

［25］ "City Dogs," *New York Daily Times*, June 26, 1857; "Concerning Dogs," *BDE*, June 27, 1859; G. H. C. , "Mr. Editor," *BDE*, July 28, 1857; "Dogs Rampant," *New York Daily Times*.

［26］ "Reforms and the Pound," *New York Daily Times*, June 30, 1854; "The Slaughter of the Dogs," *New York Daily Times*, August 2, 1854; "The Dog Pound, and the Fate of Its Inhabitants," *New York Daily Times*, September 9, 1857.

［27］ 引自 Brady, "The Politics of the Pound," 12。

［28］ W. S. , "The Dog Stealing Grievance," *New York Herald*, July 10, 1859. 另请参阅 Miltenberger, "Promiscuously Mixed Together," 106; Gilfoyle, "Street Rats"。

［29］ "The Dog Pound," *New York Daily Times*, June 2, 1855.

［30］ "The Dog Law," *New York Herald*, May 31, 1860; Jessica Wang, "Dogs and the Making of the American State: Voluntary Association, State Power, and the Politics of Animal Control in New York City, 1850–1920," *Journal of American History* 98, no. 4 (2012): 1006–7; Brady, "The Politics of the Pound"; Marriott's account given in "Scenes in the New York Dog Pound," *Inter Ocean* (Chicago), October 31, 1874, 7.

［31］ Mayor's Office, "Karl Meyer of 111 Ridge Street against Dog Catchers Driving Wagon no. 2156," May 24, 1887, Hewitt box 1339, 034–035, roll 3, NYCMA.

［32］ City Court of Brooklyn, "Margaretha Fuller against the City of Brooklyn," n. d. ［October 1899?］, 2013. 015 box 6, folder 20, Case Files, Fuller, Margaretha—Dog Catchers Injury 1889–90, Corporation Counsel Records, ser. 1, Department of Law, Brooklyn Historical Society.

［33］ "Dog Pound," in *ASPCA Fourth Annual Report* (1870), 19; Diane L. Beers, *For the Prevention of Cruelty: The History and Legacy of Animal Rights Activism in the United States* (Athens, OH: Swallow Press of Ohio University Press, 2006), 43-44, 58; "Laws of 1867," in *ASP-CA First Annual Report* (1867), 63; "Act for the More Effectual Prevention of Cruelty to Animals," https：//www. animallaw. info/statute / new-york-revised-statutes-1867-chapter-375-sections-1-10, accessed October 19, 2020.

[34] "The Dog Pound," *NYT*, June 14, 1874; "Local Miscellany," *NYT*, June 24, 1874; "Dog-Catching," *Once a Week*, September 22, 1891.

[35] "What a Wonderful Period of the World's History," *Times* (London), October 18, 1860; "Home for Lost Dogs," *Harper's Weekly*, January 20, 1872; Charles Dickens, "Two Dog – Shows," *All the Year Round*, August 2, 1862, 497. 另请参阅 Philip Howell, *At Home and A-stray: The Domestic Dog in Victorian Britain* (Charlottesville: University of Virginia Press, 2015), 25-49, 74-75。

[36] *An Appeal for the Home for Lost and Starving Dogs by a Member of the Society* (London: W. H. Dalton, 1861), 10; "Lost and Starving Dogs," *London Reader*, December 16, 1876. 另请参阅 Garry Jenkins, *A Home of Their Own: The Heart- Warming 150-Year History of Battersea Dogs and Cats Home* (London: Bantam Press, 2010), 20-81。

[37] 引自 William Kidd, "The Home for Lost Dogs," *Leisure Hour*, September 5, 1876, 566。

[38] Harold King, "A Home for Homeless Dogs," *Once a Week*, November 4, 1865, 546.

[39] "A Home for Lost Dogs in London," *Albion: A Journal of News, Politics and Literature*, April 25, 1874; "Home for Lost Dogs," *Harper's Weekly*; Hilda Kean, *Animal Rights: Political and Social Change in Britain since* 1900 (London: Reaktion, 2000), 88 – 89; Julie-Marie Strange, "Tramp: Sentiment and the Homeless Man in the Late-Victorian

and Edwardian City," *Journal of Victorian Culture* 16, no. 2（2011）: 249.

［40］Kidd, "The Home for Lost Dogs," 565; "Lost and Starving Dogs," *London Reader*.

［41］Howell, *At Home and Astray*, 91; J. Keri Cronin, *Art for Animals: Visual Culture and Animal Advocacy* 1870-1914（University Park: Pennsylvania State University Press, 2018）, 185-87.

［42］King, "A Home for Homeless Dogs," 545. 罗伯特·骚塞（Robert Southey）与塞缪尔·泰勒·柯勒律治（Samuel Taylor Coleridge）希望在宾夕法尼亚州的萨斯奎哈纳河畔建立一个平等、民主、反殖民主义、无财产的理想社会。Tim Fulford, *Romantic Indians: Native Americans, British Literature and Transatlantic Culture* 1756-1830（Oxford: Oxford University Press, 2006）, 120-23.

［43］Charles Dickens, "Pincher Astray," *All the Year Round*, January 30, 1864, 540; Kidd, "The Home for Lost Dogs," 566. 关于关爱与杀戮之间的紧张关系，详见 Eva Giraud and Gregory Hollin, "Care, Laboratory Beagles and Affective Utopia," *Theory, Culture and Society* 33, no. 4（2016）: 27-49。

［44］O. S., "La fourrière de Paris," *Revue britannique* 5（1873）: 352; "The New York Dog-Pound," *Daily National Intelligencer*.

［45］*An Act for Regulating the Traffic in the Metropolis, and for Making Provision for the Greater Security of Persons Passing through the Streets; and for Other Purposes*（House of Commons, March 27, 1867）, 11; "Police Sale of Stray Dogs at Chelsea," *Illustrated London News*, November 14, 1868; *Report of the Commissioner of Police of the Metropolis*（London: HMSO, 1871）, 38; Howell, *At Home and Astray*, 85-87.

［46］Amable-Félix Couturier de Vienne, "La fourrière," *Bulletin de la Société protectrice des animaux* 9（1863）: 447.

［47］Jules Maret-Leriche, *à bas la muselière: Pétition de messieurs les chiens et leurs ma？ tres, adressée à M. le Préfet de police*（Paris: Librairie théatrale, 1861）, 4. 另请参阅 Catherine Pinguet, *Les chiens d' Istanbul: Des rapports entre l' homme et l' animaldel' antiquité à nos jours*（Saint-Pourçain-sur-Sioule: Bleu Autour, 2008）; Ian Coller, "East of Enlightenment: Regulating Cosmopolitanism between Istanbul and Paris in the Eighteenth Century," *Journal of World History* 21, no. 3（2010）: 447-70。

［48］Henry Blatin, *De la rage chez le chien et des mesures préservatrices*（Paris: E. Dentu, 1863）, 27-29.

［49］ "The Dogs of London," *London Illustrated News*, January 2, 1886; J. Sully, "The Decay of Canine Fidelity," *Longman' s Magazine*, December 1890, 148-49; Fleming, *Rabies and Hydrophobia*, 353; Vladimir Jankovi？, *Confronting the Climate: British Airs and the Making of Environmental Medicine*（Basingstoke: Palgrave Macmillan, 2010）, 2, 6-7; Jessica Wang, *Mad Dogs and Other New Yorkers: Rabies, Medicine, and Society in an American Metropolis, 1840 - 1920*（Baltimore: Johns Hopkins University Press, 2019）, 46-47.

［50］ "London Dogs," *Leisure Hour*, August 23, 1860; Strange, "Tramp," 246-51. 另请参阅 "Concerning Pedigrees," *Harper' s Weekly*, June 29, 1895; Idstone, "Mongrels," *Gentleman' s Magazine*, December 1870, 31-37。"艾斯通"（Idstone）是犬只饲养员托马斯·皮尔斯（Thomas Pearce）的笔名。

［51］Charles Henry Lane, All about Dogs: A Book for Doggy People（London: John Lane, 1900）, vi. 另请参阅 J. Maxtee, Popular Dog-Keeping（London: L. Upcott Gill, 1898）, 85。

［52］ "Dog Days at the Garden," *NYT*, February 22, 1893; Margaret E. Derry, *Bred for Perfection: Shorthorn Cattle, Collies, and Arabian*

Horses since 1800 (Baltimore: Johns Hopkins University Press, 2003);
Neil Pemberton, "The Bloodhound's Nose Knows? Dogs and Detection in
Anglo-American Culture," *Endeavour* 37, no. 4 (2013): 196-208;
Worboys, Strange, and Pemberton, *The Invention of the Modern Dog*;
Miltenberger, "Promiscuously Mixed Together," 244, 250; "Dog Days
at the Garden," *NYT*, February 22, 1893.

[53] A. -C. -E. Bellier de Villiers, *Le chien au chenil* (Paris: Pair-
ault, 1901); Martin Wallen, "Foxhounds, Curs, and the Dawn of
Breeding: The Discourse of Modern Human-Canine Relations," *Cultural
Critique* 79 (2011): 141; Katherine C. Grier, *Pets in America: A History*
(Chapel Hill: University of North Carolina Press, 2006), 237-39.

[54] Jonathan Hutchinson, "On Cruelty to Animals," *Fortnightly Re-
view* 26 (1876): 310.

[55] Clarence E. Harbison, *Our Dogs: What We Should Know about
Them* (New York: Orange Judd, 1932), 2. 另请参阅 Wallen, "Fox-
hounds, Curs, and the Dawn of Breeding"; Sujit Sivasundaram, "Impe-
rial Transgressions: The Animal and Human in the Idea of Race," *Com-
parative Studies of South Asia, Africa and the Middle East* 35, no. 1
(2015): 156-72; James Warbasse, *The Conquest of Disease through Ani-
mal Experimentation* (New York: Appleton, 1910), 46-47。

[56] Cynthia Huff, "Victorian Exhibitionism and Eugenics: The Case of
Francis Galton and the 1899 Crystal Palace Dog Show," *Victorian Review*
28, no. 2 (2002): 15; Wang, *Mad Dogs and Other New Yorkers*, 45-
46. 种族与品种之间的联系延续至今,详见 Meisha Rosenberg,
"Golden Retrievers Are White, Pit Bulls Are Black, and Chihuahuas Are
Hispanic: Representations of Breeds of Dog and Issues of Race in Popular
Culture," in *Making Animal Meaning*, ed. Linda Kalof and Georgina M.
Montgomery (East Lansing: Michigan State University Press, 2011),

113-25。将动物育种意识形态及实践活动与种族"科学"相结合的不止犬类饲养员而已，详见 Brian Tyrrell, "Bred for the Race: Thoroughbred Breeding and Racial Science in the United States, 1900 – 1940," *Historical Studies in the Natural Sciences* 45, no. 4 (2015): 549-76。

[57] George J. Romanes, *Animal Intelligence* (London: Kegan Paul, Trench, 1882), 439.

[58] Michael Worboys, Julie-Marie Strange, and Neil Pemberton, *The Invention of the Modern Dog: Breed and Blood in Victorian Britain* (Baltimore: Johns Hopkins University Press, 2018), 50-52; Wallen, "Foxhounds, Curs, and the Dawn of Breeding," 147.

[59] "The 'Dangerous Classes' of New York and Efforts to Improve Them: VI," *Apple- ton's Journal of Literature, Science and Art*, June 4, 1870, 631; Daniel Pick, *Faces of Degeneration: A European Disorder c. 1848-1918* (Cambridge: Cambridge University Press, 1989), 52-54; E. Ray Lankester, *Degeneration: A Chapter in Darwinism* (London: MacMillan, 1880); Bill Luckin, "Revisiting the Idea of Degeneration in Urban Britain, 1830-1900," *Urban History* 33, no. 2 (2006): 234-52; Emma J. Teng, "'A Problem for Which There Is No Solution': Eurasians and the Specter of Degeneration in New York's Chinatown," *Journal of Asian American Studies* 15, no. 3 (2012): 271-98.

[60] 引自 Diane B. Paul, "Darwin, Social Darwinism and Eugenics," in *The Cambridge Companion to Darwin*, ed. Jonathan Hodge and Gregory Radick (Cambridge: Cambridge University Press, 2009), 224. 另请参阅 John Marriott, *The Other Empire: Metropolis, India and Progress in the Colonial Imagination* (Manchester: Manchester University Press, 2009), 166-68。

[61] Lennie Orme, "Humanity to the Dogs," *Good Words*, December

1861，486；"Vagrant Canines，" *Inter Ocean*（Chicago），June 17,1874.

［62］ "The New York Dog-Pound，" *Daily National Intelligencer*（Washington City［DC］）.

［63］ "In the New York Dog-Pound，" *Forest and Stream*, September 19, 1878, 134.

［64］ A.-G. Beaumarié, *Le chien：étude*（Paris：E. Dentu, 1874），14-15；"Burmah，" *Times*（London），November 24, 1890；"The Disaster in Manipur，" *Times*（London），April 13, 1891；"Peculiarities of Peru，" *NYT*, July 19, 1868；Vanja Hamzić, "The（Un）Conscious Pariah：Canine and Gender Outcasts of the British Raj，" *Australian Feminist Law Journal* 40, no. 2（2015）：185-98.

［65］ Our Special Correspondent, "The Dogs of Constantinople，" *Times*（London），January 7, 1876.

［66］ Albert Bigelow Paine, "Some Phases of the Turk，" *Harper's Weekly*, December 25, 1909.

［67］ *Hansard Parliamentary Debates*, 3rd ser., vol. 239（1878），col. 1328；Paine, "Some Phases of the Turk"；Lucius A. Childress, "The Wrong of Dog License，" *Forest and Stream*, October 14, 1899.

［68］ Marriott, *The Other Empire*, 160-66. 关于挑战以欧洲为中心的城市生活愿景与欣赏非西方形式城市主义创新的重要性，详见 Jyoti Hosagrahar, *Indigenous Modernities：Negotiating Architecture and Urbanism*（Abingdon：Routledge, 2005）；Joseph Ben Prestel, *Emotional Cities：Debates on Urban Change in Berlin and Cairo*（Oxford：Oxford University Press, 2017）；Jennifer Robinson, *Ordinary Cities：Between Modernity and Development*（London：Routledge, 2006）。

［69］ Christophe Tra？ni, *The Animal Rights Struggle：An Essay in Historical Sociology*, trans. Richard Jemmett（Amsterdam：Amsterdam University Press, 2016），104；Ingrid H. Tague, *Animal Companions：Pets and Social Change in Eighteenth － Century Britain*（University Park：Pennsylvania State University Press，2015），184－228. 关于宠物饲养的多重情感维度，详见 Erica Fudge, *Pets*（London：Routledge，2014 [2008]）。

[70] Kete, *Beast in the Boudoir*; Sharon Marcus, *Apartment Stories：City and Home in Nineteenth Century Paris and London*（Berkeley：University of California Press，1999）; Millette Shamir, *Inexpressible Privacy：The Interior Life of Antebellum American Literature*（Philadelphia：University of Pennsylvania Press，2008）.

[71] Stonehenge [J. H. Walsh], *The Dogs of the British Islands*, 4th ed.（London：Horace Cox，1882），187; 另请参阅 Diana Donald, *Women against Cruelty：Protection of Animals in Nineteenth－Century Britain*（Manchester：Manchester University Press，2020），225－26。

[72] Howell, *At Home and Astray*, 22－23; Grier, *Pets in America*; Kete, *Beast in the Boudoir*; H. Laligant, *De la rage chez le chien et de sa police sanitaire*（Dijon：Eugène Jobard，1874），30. 另请参阅 Fleming, *Rabies and Hydrophobia*, 352; Jean Robert, *Le chien d' appartement et d' utilité*（Paris：Librairie Pairault，1888），29; Peter N. Stearns, *American Cool：Constructing a Twentieth－Century Emotional Style*（New York：New York University Press，1994），20－21。

[73] Bellier de Villiers, *Le chien au chenil*, 42（*flanerie* quotation）; Yi－Fu Tuan, *Dominance and Affection：The Making of Pets*（New Haven, CT：Yale University Press，1984），102－13; Shamir, *Inexpressible Privacy*, 5.

[74] "Un lecteur assidu," *Le petit journal*（Paris），March, 24 1870; Pick, *Faces of Degeneration*, 51－52; Susan D. Jones, *Valuing Animals：Veterinarians and Their Patients in Modern America*（Baltimore：Johns Hopkins University Press，2003），116; Alison Skipper, "The 'Dog

Doctors' of Edwardian London: Elite Canine Veterinary Care in the Early Twentieth Century," *Social History of Medicine* (2019): 1–26, https: // doi. org/10. 1093/shm/hkz049; Sarah Amato, *Beastly Possessions: Animals in Victorian Consumer Culture* (Toronto: University of Toronto Press, 2015), 21–55; Eric Baratay, "Chacun jette son chien: De la fin d'une vie au XIXe siècle," *Romantisme* 153 (2011); Howell, *At Home and Astray*, 125–49; Hilda Kean, "Human and Animal Space in Historic 'Pet' Cemeteries in London, New York, and Paris," in *Animal Death*, ed. Jay Johnston and Fiona Probyn–Rapsey (Sydney: Sydney University Press, 2013), 21–42; Kete, *Beast in the Boudoir*, 33–35.

[75] *Q–W Dog Remedies and Supplies* (Bound Brook, NJ: Q–W Laboratories, 1922), 3, box 4, Trade Catalogs of Veterinary and Pet Supplies, American Kennel Club Library, New York.

[76] Maurice Douville, *Traité pratique d'hygiène, d'élevage et des maladies du chien* (Paris: Librairie Garnier frères, 1922), 74–75; Anne McClintock, *Imperial Leather: Race, Gender and Sexuality in the Colonial Contest* (New York: Routledge, 1995), 170, 211; Tom Quick, "Puppy Love: Domestic Science, 'Women's Work,' and Canine Care," *Journal of British Studies* 58, no. 2 (2019): 289–314.

[77] Kinney with Honeycutt, *How to Raise a Dog*, 120–21, 128. 另请参阅 Suellen Hoy, *Chasing Dirt: The American Pursuit of Cleanliness* (New York: Oxford University Press, 1995)。

[78] Howell, At Home and Astray, 158–60; Louis Lépine, "Loi du 21 juillet 1881 et Décret du 22 juin 1882: Mesures contre la rage," 1 July 1897, DB 229, APP; "Mesures contre la rage," Revue municipale, 1902, 3493–94, DB 229, APP.

[79] John P. Haines, "Notice to the Owner of Dogs," OAF, June1904.

[80] Howell, At Home and Astray, 151–73.

[81] Worboys, Strange, and Pemberton, *The Invention of the Modern Dog*, 184–96; Thomas Dolan, *The Nature and Treatment of Rabies or Hydrophobia Being the Report of the Special Commission Appointed by the Medical Press and Circular* (London: Baillière, Tindall and Cox, 1878), 201–2.

[82] "Pet Dogs of Society Women," *NYT*, June 12, 1904; Miguel Zamacoïs, *Articles de Paris* (Paris: H. Simonis Empis, 1900), 64; "Dog Days at the Garden," *NYT*, February 22, 1893; Robert, *Le chien d'appartement et d'utilité*, 152; "Social Nuisances: The Lap-Dog," *New Monthly Magazine and Humorist*, April 1844, 511–13; André-Valdès [Mme Charles Boeswilwald], *Le chiens de luxe* (Paris: Librairie Nilsson, 1907), 25; Shamir, *Inexpressible Privacy*, 25–26; Stearns, *American Cool*, 35; David Vincent, *I Hope I Don't Intrude: Privacy and Its Dilemmas in Nineteenth-Century Britain* (Oxford: Oxford University Press, 2015); Amato, *Beastly Possessions*, 73–77.

[83] Timothy B. Smith, "Assistance and Repression: Rural Exodus, Vagabondage and Social Crisis in France, 1880–1914," *Journal of Social History*, 32, no. 4 (1999): 821–46; Strange, "Tramp," 244; "New York Street Characters," *Ballou's Dollar Monthly Magazine*, June 1860, 505; Jacob A. Riis, *How the Other Half Lives: Studies among the Tenements of New York*, ed. Sam Bass Warner Jr. (New York: Charles Scribner's Sons, 1890), 55–57; Hidetaka Hirota, *Expelling the Poor: Atlantic Seaboard States and the Nineteenth-Century Origins of American Immigration Policy* (Oxford: Oxford University Press, 2017), 129–55; Eric H. Monkkonen, *Police in Urban America*, 1860–1920 (Cambridge: Cambridge University Press, 1981), 88–89.

[84] Edward Crapsey, "The Nether Side of New York: Outcast Children," *Galaxy*, September 1871.

[85] "Canine Mendicancy," *NYT*, October 26, 1881; James Green-wood, *The Wilds of London* (London: Chatto and Windus, 1874), 178–79.

[86] Beaumarié, *Le chien*, 14–15; Alfred Barbou, *Le chien: Son histoire, ses exploits, ses aventures* (Paris: Librairie Furne, 1883), 215–16, 256.

[87] "Cities and Vagrant Dogs," *Forest and Stream*, August 1, 1896.

[88] Adrienne Neyrat, "La fourièrre," *L'ami des bêtes*, December 1899, 115; Adrienne Neyrat, "Nouvelles et informations," *L'ami des bêtes*, September 1900, 98; Bellier de Villiers, *Le chien au chenil*, 41.

[89] Tim Cresswell, *On the Move: Mobility in the Modern Western World* (New York: Routledge, 2006), 39–42; "The Dog Nuisance," *Turf, Field and Farm*, May 11, 1867; A Casual Visitor, "Vagabond Dogs," *Manchester Guardian*, April 24, 1902.

[90] Miltenberger, "Promiscuously Mixed Together"; McNeur, *Taming Manhattan*, 6–44; Alan Mayne, "Representing the Slum," *Urban History Yearbook* 17 (1990): 72–74.

[91] "Dogs Meet Sudden Deaths," *NYT*, June 22, 1896; "War on Dogs in the Park," *NYT*, December 22, 1899.

[92] Préfet de police, "Circulaire no. 13: Transport en fourrière par voitures spéciales, des animaux vivants, des cadavres d'animaux et des objets matériels," n. d., DB 226, APP; Préfet de police, "Circulaire no. 16: Transport à la fourrière par voitures automobiles des chiens vivants, des objets et cadavres de chiens, chats et autres petits animaux," August 1, 1912, 187, 247, DB 226, APP; G. Cerbelaud, "La rage à Paris et dans le département de la Seine," *Le Monde illustré*, July 20, 1912, 54; "Les toutous," *La presse* (Paris), May 1, 1903; Préfet de police to Messieurs les Maires des Communes du Département de la Seine, "Circulaire no.

20，" September 26, 1914, DB 229, APP. The Société protectrice des ani-
maux struggled to keep up with the number of dogs entering its refuges and
killed hundreds of abandoned dogs: "Procès-verbaux des réunions du con-
seil d'administration: Séance du 9 octobre 1914," *Bulletin de la Société
protectrice des animaux* 10 (1914): 545–46.

1878 年 8 月，一起发生在约克维尔的可怕致命事件登上了《纽约时报》的新闻版面。死者约翰·克拉克（John Clark）年仅 6 岁，是个很受当地居民欢迎的可爱小孩。报道里详尽讲述了每一个细节。小约翰常常和当地的一只德国牧羊犬一起玩耍，这只牧羊犬愿意让住在街区中的孩子们骑在它身上，也愿意让孩子们把握紧的小拳头探进它嘴里。但在出事那天，这只狗却一反常态，恶狠狠地咬伤了小约翰的脸。小约翰的脸部伤口经清洗后，又在硝酸银作用下"出现黑色烧灼斑"。有关这一攻击事件的消息逐渐在当地传播开来，部分本地居民说服警察局负责人下令处死了这只狗，小约翰的生活也渐渐回归了平静。然而几天后，小约翰突然发病，对所有液体感到恐惧排斥。一位医生给小约翰注射了一剂强力镇静剂，以此放松他紧张的神经，但这对他出现的痉挛、口吐白沫症状根本起不到什么作用。意识到回天无力，医生为小约翰注射了氯仿，好让这个男孩可以平静地死去。恐水症（hydrophobia）是小约翰的疑似死因。但当时也有人争论称可能是狗的袭击令小约翰心智大受影响，从而导致了疾病的加剧。[1]

在报道 19 世纪纽约、伦敦和巴黎狂犬病（又名"恐水症"）泛滥的新闻汪洋里，这篇详尽的报道不过是"冰山一角"。这篇报道也揭露了有关狂犬病的各类情感：牧羊犬一口咬断了男孩与它之间的亲密关系、小约翰和他家人的悲痛，以及可能诱发该疾病的情感因素。从小约翰个人的痛苦不堪再到群众的愤怒惊恐，这些情绪出现于个体心中，也浮现在集体之内。我们同样也能感受到医生的无助——彼时巴斯德疫苗尚未问世，治疗狂犬病的手段让人痛苦不堪（腐蚀或切除伤口），或者干脆毫无成效（譬如用盐水浸泡、行骗医术、使用"狂犬病石"或"用咬伤你的狗的毛发"进行治疗）。[2]

人们对狗咬人，以及狂犬病的恐惧长达数百年，这构成了人类对这一疾病备感焦虑的漫长历史。在 19 世纪的伦敦、纽约和巴黎，"恐惧狗咬"的情绪大大加深。如果媒体报道是可信的话，那么或许一只"疯狗"的几声吠叫，就足以让许多胆小的路人躲进室内谋求保命，也可能会让那些勇敢的旁观者试图对那些吠叫的犬只主动发起攻击（见图 2.1）。在时人印象中，疑似发疯的狗几乎无一例外地口吐白沫。这也引起了人们的好奇和兴奋，觉得它足以"掌控"一大群人的命运。当然，很多时候人们最终证实那些所谓的"疯狗"其实只是饥饿过度而已。尽管部分评论家认为对狗咬人的焦虑，是人们害怕感染狂犬病的正常反应，但仍有部分分析者指出这是过度焦虑，并谴责、嘲笑那些向人群过度传播恐惧情绪，最终触发暴力事件、引发不快后果的人。[3]

图2.1 《在伦敦奔跑的一只疯狗》（*A mad dog on the run in London*），彩色蚀刻画，作者 T. L. 巴斯比（T. L. Busby），绘于 1826 年，现由惠康基金（Wellcome Collection）收藏

　　和霍乱等其他疾病相比，死于狂犬病的人数并不多，其对经济的冲击也相对较小。但与其他出现在 19 世纪都市中的传染病一样，狂犬病引起了人们对快速城市化、身心苦痛、社会动荡，以及惨死于此的重重担忧。狂犬病之所以臭名昭著，是因为染病患者会饱受痛苦却根本无法治愈。公共卫生学家、医生、记者和兽医们曾反复谈及这种疾病引发的"恐惧"。两位法国医生表示："还有什么比知道自己注定会死更令人痛苦？这只会带来极度折磨！"对时人来说，感染上狂犬病就意味着一个健康人将很快面对理智、情感的双

重破灭。[4]

狂犬病对身体、情绪和精神的影响令人们忧心忡忡。这种焦虑也笼罩着伦敦、纽约和巴黎。为限制这类疾病，各个城市的兽医和公共卫生学家，都密切关注着其他城市的发展。学者们将那些关键研究文献自法语翻译成英语，或是由英语翻译成法语。美国的医生和兽医则时常向他们的欧洲同行寻求指导。[5] 1885 年，路易斯·巴斯德（Louis Pasteur）研发的狂犬疫苗宣告成功，这个革命性变化轰动一时，也宣告了一场了解狂犬病及其治疗方法的跨国交流合作的到来。伦敦和纽约的相关专家对巴氏治疗方案进行了广泛讨论、实践应用。作为医学进步的一大象征，支持巴斯德的评论家们赞美巴氏疫苗是减轻人们对狂犬病焦虑的法宝。然而，实际上巴斯德的突破并没有完全平息狂犬病引起的强烈社会情绪，人们对狗咬人的恐惧之情仍旧存在。

在此期间，人们围绕狗嘴套是否有效、是否有悖道德的话题展开了激烈争吵。支持犬只佩戴狗嘴套的人士认为，给狗佩戴嘴套是遏制狂犬病传播，减轻大众焦虑的合理措施。而反对者则坚持谴责嘴套残酷的一面及其非必要性，指责这是一种斩断人犬联系的危险做法，会让狗狗遭受更大的痛苦，最终反而"扩大狂犬病的传播"。狗咬人的乱象，令人类产生了各种情绪。而彼时的人们，也在积极寻求遏制狂犬病潜在致命威胁，消弭其情感影响的可行方法。这一点对狗狗都市的出现至关重要。

在继续讨论前，还需特别指出一点问题。那个时代的人们在讨论动物或人类感染狂犬病这一疾病时，会交替地使用"狂犬病"和"恐水症"这两个词汇。总体而言，他们在讨论犬类疾病时，更倾向于使用"狂犬病"这一名词，而在讨论人类感染的疾病时，多用"恐水症"。随着 19 世纪末细菌学说的兴起，"狂犬病"逐渐取代了"恐水症"并成为描述该病的惯用词。为简便起见，除直接引用自历史文献的语段外，笔者将在后文中用"狂犬病"指代人类和动物感染的疾病。[6]

▶▷ 对咬伤的恐惧

"狗咬人"是对"狗爱人"的一种侮辱。狗对人的攻击性行为，亦是对人类已驯服犬类粗暴本性这一假设的挑战。这种心态或许会引起人类对狼和其他野生动物的恐慌。几千年来，犬只帮助人类狩猎，它们的满嘴利牙在狩猎中发挥着尤为关键的辅助作用。美国兽医托马斯·布拉奇福德（Thomas Blatchford）指出，这一遗传特征也让狗成为最佳"传染源"——狗和狼的牙齿"非常适合捕捉猎物，再撕碎它们的肉"，由此被狗咬伤的人会有撕裂性的伤口，遭到毁容，受到精神创伤，而伤口一旦接触到病犬唾液，就容易导致狂犬病的传播。兽医威廉·尤亚特认为，狂犬病"主要由犬类传播，因为它们的牙齿就是与生俱来的进攻武器"。一旦感染上狂犬病，染病狗就会"变得稀奇古怪，控制不住想去咬人"。这就令具有"致命性"的"病毒"到处传播开来。[7]

一些狂犬病研究专家自己也曾被狗咬过或目击过狗咬人事件。临床医学教授路易斯-弗朗索瓦·特罗利特（Louis-François Trolliet）的父亲，就曾被一只疑似患有狂犬病的狗咬伤。遭袭的特罗利特之父食欲不振，无法入眠，还渐渐表现出了神志不清的异常状态。[8] 咬伤带来的后果可能严重，也可能微乎其微，因为不是每一个被狗咬伤的患者都会死于狂犬病。人们穿着的衣物可能会蹭掉狗牙上的残留唾液，从而减少感染狂犬病毒的风险。咬伤的位置若在足部或小腿，那么染病的风险也要比伤口在头部，或接近头部的位置要小得多。但即便科学家将这些事实摆在人们眼前，大众的恐惧也难以平息。

狗咬人并非狂犬病传播的唯一途径。疾病可能随时会通过一处伤口、一点溃疡或其他难以察觉的创面入侵皮肤，造成侵害。尤亚特就曾记述过一起因狗狗舔舐人类嘴部而导致人罹患狂犬病的案例。某日，一位贵族的宠物狗舔了舔他的脸颊，而后狗狗的"舌头缓慢地"伸向了他的嘴巴，可正是这只小犬在随后一天表现出了狂犬病的相关症状。病狗用舌头舔人的行为和咬人的举动殊途同归，都给触碰它们的人类带去了极为痛苦的治疗体验。尤亚特力荐这位贵族接受了他的救治——在舌头、嘴唇及上颚使用了"腐蚀性极强"的腐蚀剂。此外，很多男性医生都注意到，女性对狗过度的情感表达，往往会导致她们非常容易因为狗舔人、吻人的亲密接触而罹患狂犬病。英国外科医生亨利·萨利（Henry Sully）曾经讲述过一则病例，一位名叫达芙夫人（Mrs. Duff）的"优雅才女"，因她心爱的法国贵宾犬舔了舔她长在下巴的某颗痘痘，而引发了狂犬病传播，并最终致其死亡。某美国医生也记录称，有一只苏格兰梗在它的主人产下死胎后，竟然吮吸她的乳汁，并且咬伤了她的手。最终，这位女主人饱受狂犬病折磨，痛苦地死去。不论上述病例是真是假，这些记录都表明，因女性有着不宜在公众面前抛头露面的文化背景局限，她们在家中被狗咬伤的几率要比在街头高出许多。这同样也是针对女性的一条警示：即便"母爱"深厚无比，也需尽力保持克制。当女性"表达过度情感的渴望"跨越了物种界限，危险就会随即降临。人类对犬只的过度关爱也可能会造成极其危险的局面。[9]

和街头游走的狗狗不同，生活在家里的狗，对人类健康构成了特殊威胁。法国兽医及狂犬病专家亨利·布利（Henri Bouley）曾敬告世人，一只可能患有狂犬病的宠物狗，会常常走到主人身边，以求情感上的慰藉。如果狗主人的身上有伤口的话，那么狂犬病就有可能通过狗舔人的行为传播开来。布利提醒读者，要小心这般"有毒的亲吻"。即便专家和媒体都认为流浪狗才是狂犬病传播的主要原因，但大家也一致认为，宠物狗和其主人的亲密接触也可能是致命的。患有狂犬病的宠物狗将疾病带回家中，对主人一家的生命健康构成威胁，破坏了中产阶级对家庭的迷恋情绪，也消减了饲养宠物的情感积累。[10]

不论患者是怎样染上狂犬病的，他们都会表现出极为可怕的症状。医生和兽医们记录了大量的发病细节，其发病时的可怕、病人遭受的痛苦，以及往往漫长的潜伏时间都让人毛骨悚然。狂犬病会同时给人的身体与心灵带去极端痛苦。"恐水"是狂犬病最令人闻风丧胆的一个症状。医生和兽医曾报道了诸多狂犬病患者无法饮水的惨状，以及患者在尝试这一简单动作时所出现的痉挛与疼痛。狂犬病患者精神失常的症状也同样值得注意。在 19 世纪 30 年代的"狂犬病大恐慌"时期，伦敦《泰晤士报》的读者可以通过该报了解到狂犬病相关的一些描述，患者的"神经系统处于极度兴奋状态"，病程中"患者的大脑会被成千幻象包围"。在那时推崇"男性气概"的文化气氛里，中产阶级男性必须控制他们的身体、思想、情感和性欲。而狂犬病的出现，破坏了他们的理性，对这个阶层的存在基础构成了威胁。[11]

狂犬病引发的其他情绪症状也曾引起过公众恐慌。患者的"精神面貌"有所改变，常常变得"抑郁、孤独、静默和无精打采"。有一些患者对撕咬这个动作惊恐不已，更多患者则变得"易怒、脾气暴躁"。他们开始疏远家人和朋友，显得咄咄逼人。在"大发雷霆"的时候，有些患者甚至还会扑上去咬他们的亲人、护工。在这种情况下，疾病似乎摧残了一位患者的"文明自我"，让他沦为一头凶狠恶毒的野兽。纽约医生 J. H. 格里斯科姆（J. H. Griscom）曾记录过一位狂犬病患者的"恐怖和痛苦"。当一位护士给他递来一杯水、一粒镇定神经的麻醉类药丸时，他"突然愤怒地向护士的喉咙扑去，恶狠狠地冲她吐痰。其声音、动作都显得很凶残"。[12]

那时，很多医生都强调称医治狂犬病的关键，在于对患者采取体贴、细心的情绪疗愈。特罗利特认为，由于狂犬病是一种侵损神经系统的疾病，患者应避免暴露在烈日下、强风中，也应避免饮用含酒精的饮品，不可摄入带刺激性气味的食物。照顾患者的看护应避免任何可能会令患者"情绪波动"（vive affection d'ame）的事物。法国兽医和动物保护主义者 M. E. 德克鲁瓦（M. E. Decroix）认为，治疗狂犬病的最佳方法，是让患者远离所有的"亢奋源"，并且要给患者的"本性一些时间，去对抗，有时甚至是击败"这种恶疾。在此类治疗过程中，"想象力起到了非常关键的作用"。医生的主要职责是让"恐水症"患者保持镇静，并避免使用含"狗""咬""水"等字眼的词语，以免激起病人内心的痛苦。狂犬病专家乔治·弗莱明也同样十分重视医生在缓解"病患焦虑"时所起到的重要"精神影响",他指出,"心理情绪"会影响狂犬病病程的发展。[13]

对狂犬病的恐惧之情,也是过度治疗频发的一大原因。布利提倡采用对身体无实际作用,但可缓解患者精神"极度恐慌"的治疗方案。霍雷肖·毕格罗(Horatio Bigelow)也适时地重复了这一建议:"没有人会因为给病人服用安慰剂而被指责为'骗子'……这可以让患者的精神回归平静。"不过,这种治疗方法需要考虑患者性格,以及他本人是否敏感。戈登·斯特布尔斯(Gordon Stables)建议给"神经紧张的患者"安排一次"并不常用的'短期水银疗程',随后再跟进服用补药、户外运动、土耳其浴等康复治疗手段"。[14]照顾狂犬病患者时,也应时刻关注、警惕由此病引起的躁动情绪。

疼痛和发疯,是狂犬病患者注定经历的可怖死亡前兆。《泰晤士报》收到的一封来信写道:"比起饱受'恐水症'折磨,人们更愿意因犯罪而被判处绞刑。"写信人敦促媒体多登出记载病患死亡"所有骇人细节"的报道,以此刺激医生们更加积极地寻找治疗方法。《泰晤士报》在收到此信后确实尽到了责任,发表了不少记载狂犬病例的文章。但有些评论家却对媒体记述狂犬病的冗长文章提出了批评。反对者称这些文字引起了公众对狂犬病的进一步恐慌,也普遍导致读者，尤其工人阶级读者在读完文章后，出现了不健康情绪。[15]

"狗咬人"令爱狗人士心神不宁，这一行为威胁到了人犬之间的联系。对于兽医及人类医生来说，"狗咬人"会导致一种难以治疗、需要加大观察力度、悉心予以管理的疾病。但对厌狗人士而言，"狗咬人"恰恰证明，即便不能在当代都市中根除犬类，那么也应该对犬只严加管制。"咬伤"和"狂犬病"是充满强烈情感色彩的话题，也总能引起人们对人犬脆弱情感关系的讨论。

▶▷ 因狂犬病而起的情绪

狂犬病自然发生论和狂犬病经毒素或病毒传播理论的观点相冲突。在 19 世纪，围绕此问题展开的争论持续了很长一段时间。狂犬病自然发生论强调人犬情感间的共性：两类物种情绪上的敏感性令二者都极易感染此病。一些医生也坚称狂犬病就是单纯的"心病"，这个观点引起了不少争议。1802 年，著名法国医生博斯基永（édouard-François-Marie Bosquillon）自信地表示"人类感染狂犬病完全是因为恐惧造成的"。该言论为此派对狂犬病成因的解释奠定了基调。博斯基永观察发现，人在看见一只疯狗时也会出现狂犬病症状，譬如"失去理智"还有"痉挛发作"。这足以证明他的观点——大人们给孩子从小就灌输恐惧感，这在他们长大后会诱发狂犬病。此说法为狂犬病"情感病因论"的发展，提供了肥沃的土壤。作者指出，这一理论对那些"易上当受骗、胆小怕事和忧郁"的小孩而言，更是尤其适用。一个世纪间，加斯帕德·吉拉德（Gaspard Girard）、罗伯特·怀特（Robert White）、威廉·迪克（William Dick）、J. G. A. 福格曼－杜堡（J. G. A. Faugére-Dubourg）以及查尔斯·K. 米尔斯（Charles K. Mills）等数位专家进一步发展了该观点。[16]

19世纪70年代，精神病学家（alienists，又名"psychia-trists"）的研究工作，从"心智"角度提高了狂犬病"情感病因论"的可信程度。他们强调情感、思维方式对个体有着强大的影响。在都市生活条件下降的前提下，该现象表现得尤为突出。丹尼尔·H. 杜克（Daniel H. Tuke）医生是一位英国精神疾病专家，其学术专著曾在美国出版。他指出，确实有部分病例是通过"狗咬人"和接触"含病菌唾液"而染上狂犬病的。但他强调了他的观点，即不安的情绪和想象，会让易染病的那些人士出现狂犬病症状。他以法国调查结果为例，称"这些病例足以证明大众熟悉的'想象力'对身体的影响是多么巨大"。即便某只狗没有感染狂犬病，被其咬伤的后果和"因疾病而引发的恐惧感"也足以导致一些人出现"恐水症"。[17]

杜克认为在部分病例中，兴奋状态及精神、情绪和感官受到的其他形式的过度刺激，也会在患者被患病犬咬伤后的几年内重新激活病毒。他援引了 1872 年《伦敦每日电讯报》（*London Daily Telegraph*）报道的，颇具震撼力的一起美国病例。据这则新闻记载，某农场主的女儿在挑鸡时，被农场里的一只狗咬伤。在她举办婚礼的前两个月里，这一伤口已经愈合，也没有出现任何疑似感染狂犬病的征兆。但在新婚当天，这一改变人生的"兴奋状态"却忽然间令她对水产生了恐惧。婚礼过后，她很快痉挛发作，随后就"死在新婚丈夫的怀中"。杜克主要针对"女性情感脆弱"这一预设，支持并重申了《伦敦每日电讯报》的观点——这种"紧张的兴奋感"对这一"优雅的"性别具有深刻影响。毫无疑问，即将到来的新婚之夜加重了她的紧张情绪。因为在文化传统里，新婚之夜往往会给女性带来充满甜蜜的体验。[18]

英国精神病学家将狂犬病/"恐水症"，看作一种主要由情感紊乱引起的疾病。这一观点在大西洋彼岸也多有呼应。19 世纪 70 年代中期，纽约神经科学协会（New York Neurological Society）主席、美国精神疾病专家威廉·A. 哈蒙德（William A. Hammond）博士表示，发生在欧洲的一些病例证明，情绪波动会导致人类狂犬病发作。纽约的内科医生、精神病学家曾就部分患者"究竟死于狂犬病，还是死于对该疾病的恐惧"这一问题展开辩论，也对恐惧是如何将一个被健康动物咬伤的事件，转变成一次致命事故的内在过程进行了探究。这些理论进一步巩固了"狂犬病是受忧虑情感影响而产生的"这一观点，并强化了"狗咬人"的危险性：即便是被一只健康犬只咬伤，也可能会在人数不断增长、充满焦虑的都市居民中引起致命性的神经病理反应。[19] 但对爱狗人士而言，这些理论可能非常有用。因为在这些理论中，人类对"狗咬人"的恐惧而非犬只本身，才是真正要解决的问题关键——人类过度活跃的"想象力"和神经系统，才是主要矛盾所在。

与此同时，部分医生和兽医也将狂犬病看作犬类身上的"情感疾病"，将这一疾病和犬类的情感、性格与经历联系在了一起。狂犬病自然发生论的支持者认为，过度的情感和不安的情绪也会加重犬只身上的狂犬病。兽医爱德华·梅休（Edward Mayhew）在他广为世人传阅的著作中指出，狗的"无常性情"就是"过度愤怒"的一种体现。犬类的行动受高度发达的神经系统支配，它们的大脑也一直很活跃，"没有什么动物能比它们更容易受到想象力的驱使了"。狂犬病是"神经兴奋"的犬类最典型的一种疾病，和人类病患相同，感染狂犬病的狗也会遭受精神错乱及臆测幻想的折磨。[20]

托马斯·布拉奇福德"摘抄"了梅休的观点，他将梅休的论点介绍给了美国读者。布拉奇福德指出，狂犬病是犬类"过度愤怒"的"性情"引发的。犬只敏锐的感觉、活跃的大脑、高度发育的神经系统，以及易怒的倾向，都意味着狂犬病毒将在它们的脏器里持续扩散。一些狗的愤怒"强烈至极，以至于最微不足道的小事都能令它们生气，因而它们会一直处于近乎癫狂的状态中"。[21] 在他看来，部分狗确实情绪激动，因此容易染上狂犬病。

与愤怒、恐惧等情绪冲动相似，性挫败也成为狂犬病的一大病因。法国医生朱利安·约瑟夫·维利（Julien Joseph Virey）用动物作为人体的解释模型，强调了 19 世纪初独身女性存在的"危险"。他提议，对出现歇斯底里症或性欲亢进的未婚女性，可将阉割作为一种治疗手段来予以应对。法国医生弗朗索瓦-约瑟夫·巴切莱特（François-Joseph Bachelet）和卡西米尔·弗罗斯特（Casimir Froussart）将这一与性别相关的观点，应用在了狂犬病成因的解读上。他认为性器官具有破坏性威力，当性欲未得到充分满足时，人类便有可能出现"狂犬病"的危险状况。持相关论调者认为，性节制会导致人类出现性障碍及情感障碍，同样也会出现类似狂犬病的症状，如"悲伤、沮丧、恐水、口吐白沫、磨牙乃至有咬人冲动"。更令人担心的是，犬只的禁欲亦有可能会诱发狂犬病。概言之，犬类体内自然发生的狂犬病"完全是因为生殖功能的缺乏"。M. 勒布朗（M. Leblanc）一份颇具争议的报告为该观点提供了一则案例支撑：有只不幸的小狗，在向它发情的母亲求爱并受挫后，不幸患上了狂犬病。[22]

这一将狂犬病和性压抑相联系的理论，也给治理者提供了一条思路。1878 年，法国警方出具的一份报告指出，犬类的"不满足感"，尤其是其生殖部位的"不满足感"，会"刺激大脑"，从而加剧狂犬病。该报告还写道："睾丸和卵巢只会导致令人担忧的后果，强烈的欲望、不满足、狂躁、极度愤怒、暴力及与之相伴的痛苦等。"生理和心理之间的冲突，最容易令聪明、敏感的狗狗罹患狂犬病。该报告还建议，为防止狂犬病扩散，需将母狗养在相对高温环境中，也应对公狗和母狗同时进行节育处理。巴切莱特和弗罗斯特也非常赞成阉割犬类。如果在狗幼年时期就对其进行阉割处理，那么这就不会给狗带来过多痛苦，或是带来过度的悲伤，也许这会降低它们的体力，但绝不会削弱它们的"勇气"。英国狂犬病专家对法国专家提出的"性兴奋会导致狂犬病"的观点表示赞同，但他们并不赞成法国方面的阉割倡议。[23]

在爱狗人士看来，狗并非是天生情绪不稳定的动物。他们认为狗的情绪较为稳定，对人言听计从。他们还担心阉割这一残忍行为，会让情绪健康的狗变得精神错乱。是人类对狗的挑衅令它们暴露出残暴易怒的一面，从而导致了人们对其患有狂犬病的控诉，暴力措施也就因此施展开来。许多爱狗人士坚信"狗狗知道人类对它发出嘲笑的时刻"。有些狗可能会"气呼呼地离开房间"，但有些狗可能会选择咬人报复。人类对狗的虐待，令狗从"人类的朋友变成了人类的敌人"。伦敦《培尔美尔报》（*Pall Mall Gazette*）曾敬告富人，要避免让狗狗被淘气的小孩和粗心的仆人伤害，要保护其善良天性以及人犬之间的安全。英国动物保护主义者针对狗拉小车、斗狗等流弊发起了反虐待运动，批评工人阶级虐待犬只的行为，称其会导致狂犬病的出现。[24]

爱狗人士坚信，情感问题是引发狂犬病的主要原因。这就证明人们应将狗看作情感动物，并慷慨给予它们同情照护。善良地对待狗狗，可以稳定它们的情绪，从而避免狂犬病传播。除了第一章中讨论过的达尔文动物情感理论，以及人们对饲养宠物的喜爱之外，有关狂犬病的此类认识，似乎再次证明狗的确是情感深邃的生灵。同样，医生、兽医及当局也对狗的各种情感有着细致的认识，他们基于此设计了抵御疾病的防线、缓解公众焦虑的途径。

▶▷ 辨别染病狗

报纸、医学通报、育狗指南，乃至警察条例中都有详细说明如何判断一只狗是否患有狂犬病。纽约市卫生部（New York Health Department）曾给出过官方建议，鼓励市民留意身边患病狗的不良情绪反应，如"躁动不安""欲行道德败坏之事……（和）感官出现幻觉"等情况。聪明的路人则已然主动习得了狂犬具体的身体特征。他们知道无论如何，都要避开那些两眼发红、尾巴夹在后腿之间，且伴随吐舌流涎、焦躁不安、行走蹒跚、见人就咬、痉挛发作、狂叫乱吠等症状的疯狗。[25]

提高对犬类情感变化的认识，有助于狗主人及其他城市居民对安静型、狂躁型这两类狂犬病都保持警惕。1830 年，威廉·尤亚特向防范狂犬病扩散法案委员会（Committee on the Bill to Prevent the Spreading of Canine Madness）作证，称人们很容易鉴别出一只"狂躁愤怒"的狗，因为它们的情绪总是越来越激烈。极为明显的"坏脾气"充斥在病狗身上："它们的眼睛会变得发亮——这种目光在其他疾病发作时无法被看见，但它出现在一只大狗身上时，却令人胆战心惊。"尤亚特就患病犬类的心理变化，发表了自己的观点：患病狗会"在精神错乱下行动，看向想象出来的物体，作势欲撕咬它们，随后朝目标飞奔而去"。这种强烈的攻击情绪，完全占领了病狗的心理。法国知名兽医亨利·布利对阿尔夫尔兽医学校（Alfort veterinary school）狗笼中的患病狗进行了仔细观察。他也提出了对病犬心理的研究观点：这些疯狗在冷静和兴奋这两种精神状态中迅速切换。兴奋状态下，它们会朝"想象出的生物"飞奔而去，撕咬目标，并企图攻击他的同伴。布利表示，它们的同伴往往会害怕这些疯狗并尝试逃跑。在布利、尤亚特及其他专家的带领下，媒体注意到了感染狂犬病的疯狗在情绪方面的紊乱，这些狗"变得阴郁易怒""激动发狂"且"野蛮"。乔治·弗莱明给读者提供了染病疯狗的具体情况的照片。从中可见它们神情野蛮，白沫从牙缝中滴落，这种狗正是人类应当躲避的病狗（见图 2.2）。[26]

图 2.2 乔治·弗莱明绘制的狂躁型狂犬病狗，《狂犬病与恐水症》（*Rabies and Hydrophobia*），惠康基金藏品（Wellcome Collection）

染病狗的行为感受和其他健康狗完全不同。据英国户外运动作家约翰·沃尔什（Henry Walsh）介绍，"第一个出现在病狗身上的变化，也是最为显著的变化，就是性格和脾气上的转变。这些天性善良可亲的狗，会变得阴郁暴躁。而那些脾气温顺的狗，往往变得害羞且腼腆"。他曾经目睹过他的纽芬兰犬在感染狂犬病后所发生的改变。狗主人对宠物狗的"情感熟悉"有可能会避免它们染上狂犬病。狗主人应密切观察狗狗的性情变化，并时刻警惕狗狗身上与狂犬病症状相似的情绪。这一建议和法国官方指导中给出的参考大体相同。[27]

要判断一只狗是否染病并非易事，特别是很少有人会去研究那些确患狂犬病的狗。很多医生和兽医都从未见过真正患有狂犬病的狗，即便是那些要求解剖验尸以验证猜想的医生、兽医亦如是。[28]辨别犬只是否患有狂犬病的困难，加上游荡在伦敦、纽约和巴黎街头的众多流浪狗，大大加剧了人们对狂犬病和"狗咬人"的恐惧。每座城市的政府都采取了相应措施，力求缓解市民的焦虑情绪，并预防"狗咬人"事故的发生。

▶▷ **磨平狗牙，佩戴嘴套**

为降低被狗咬伤的风险，人们提出的第一个对策是磨平狗牙。在19世纪70年代，法国兽医、公共卫生学家及动物保护主义者 J. 布雷尔（J. Bourrel）医生曾建议将犬只可以撕碎生肉的尖牙磨平。他认为将狗狗可以食肉的牙齿转变成食草的牙齿，或可消除狂犬病的威胁。布雷尔认为，磨平狗牙是一种快速无痛的方法，且没有任何长期的副作用。对那些认为这一做法残忍的人，布雷尔反驳称这比直接捕杀犬只的做法要好得多。即便获得了法国动物保护协会颁发的奖章，布雷尔却仍需努力争取巴黎警察、阿尔夫尔兽医学校专家等方面的支持。令他十分气恼的是，他的部分法国兽医界同事径直批评了他的建议。反对方指出，磨平成千上万只狗的牙齿是一件绝不可能实现的巨量工程。[29]

不过，布雷尔的想法还是传播到了别国。纽约卫生监察员查尔斯·P. 罗素（Charles P. Russel）认为布雷尔的方法是一份"有用的建议"。纽约神经科学协会方面也对此表示赞同。该协会曾在一次大会上展示过一只磨平牙齿的"样犬"。弗莱明也认为，只要犬类不再需要用尖牙去完成诸如打猎等任务，那么磨平狗牙可能是有益处的。[30] 尽管布雷尔的方法得到了不同国家专业人士的认可，但是大范围采取磨平狗牙的措施，这一想法根本难以实现。由此，狗嘴套反而成为遏制"狗咬人"及减轻公众对狂犬病恐惧的主要办法。

▶▷ 对嘴套的支持

支持推行佩戴嘴套的人士非常坚信一点——皮革和金属组件能控制犬类的咬合力。信奉这一观点的人认为，嘴套可以减轻人们对"狗咬人"的恐惧，并抑制狂犬病扩散。但嘴套的首次推行却显得并不那么顺利。此外，推行嘴套之举和 19 世纪中期英国精神病院限制措施是否有悖伦理，以及是否有效的争论遥相呼应。嘴套引起了人们的关注。我们无法判定这一举措是否符合中产阶级反对虐狗行为的人道主义关怀。[31]

首先，人们在何时施用嘴套这一问题上并未达成共识。尽管很多医生对狂犬病在炎热气候下更易传播这一流行假说深表怀疑，然而市政当局还是倾向于在夏季要求遛狗者给爱犬佩戴嘴套。19 世纪20 年代，巴黎警方反复印发早在 1813 年 5 月 3 日就已颁布的法令，这项法令规定，狗必须"受到控制，佩戴嘴套或是有人牵引"，否则将进行"人道毁灭"处理。尽管这些法令全年适用，但警方还是选择在夏季重点推行。1845 年 5 月 27 日颁布的法令（详见第一章）更加严苛。该法令规定，在街上活动的所有犬类，不论是否拴有狗绳，都应佩戴嘴套和项圈，否则会有被捕杀的风险。咬伤人类或其他狗的犬只，将被送去阿尔夫尔兽医学校进行观察。如果确有必要，将对其作"人道毁灭"处理。此后直至 1878 年，每年夏季警察局长都会命令下属重新印发这些法令。在寄给警察局长的相关信件中，有人对推行嘴套以保护巴黎市民健康的举措表示支持，也有部分来信者提议改良嘴套。他们指出，除了传播狂犬病，大型犬只可能会"凶狠地撕咬"路人，这危及每一个人，尤其是儿童，需要嘴套予以阻拦、预防。[32]

早自 19 世纪 30 年代起，纽约市政当局就通过了要求犬只必须佩戴嘴套的法令。和巴黎不同，纽约的这些法令明文规定其只在夏季适用。1848 年 7 月，纽约市长威廉·弗雷德里克·哈维迈尔（William Frederick Havemeyer）批准警察在第四十二街处死未佩戴嘴套的流浪狗。由于警察每往警局带回一只死狗就能获得一定奖励，市长的命令旋即触发了一场"人犬大战"。《纽约先驱报》（The New York Herald）表示，成群结队的捕狗男孩在街上肆无忌惮地闯荡，摘下犬只嘴套并击杀之，以此骗取赏金。每年夏季开放流浪狗收容所时，未佩戴嘴套的犬只就极易被扣押。每年 5 月或 6 月，纽约市长都会循环般地推行"反流浪狗与强制佩戴嘴套"的相关法令。1866 年，纽约市卫生局（New York's Board of Health）的成立，为管制妨碍公共秩序的动物这一事业注入了新鲜动力。1867 年颁布的一项法令禁止未佩戴嘴套的犬只在街上活动。而在 1869 年颁布的一项法令中，警察有权击杀任何疑似患有狂犬病的犬只。[33] 因此，当时的警察需要判断一只狗是否患有狂犬病，继而采取相应行动。但识别染病疯狗的困难，还有在街头发现疯狗时的混乱场景，极易导致警察判断失误。

而在伦敦，1839 年颁布的《大都会警察法案》（Metropolitan Police Act）明确规定，"纵容未佩戴嘴套恶犬逍遥法外，以及唆使、怂恿任何狗或其他动物去袭击、撕咬人、马等其他动物，抑或令被袭击对象陷入恐慌者，应当接受惩罚"。警察会对违反条例者处以罚金。因此，给犬只佩戴嘴套的目的，是防止人类和犬类的身心受到伤害。佩戴嘴套的规定也让狗主人面临着罚款压力。1867年，伦敦苏豪区波兰街的莫比（Moreby）先生，就曾因他未佩戴嘴套的狗咬伤约翰·克拉克（John Clarke）而被处以罚款。莫比声称他的狗向来都很冷静，但这一说辞并未让地方法官产生丝毫动摇。不过，狗的性情往往温顺乖巧，也有其令人信服的一面。在上述案件发生的同一年，其他地方也发生过类似事件。约翰·佩尔曼（John Pelman）是来自美国沃尔沃思县的一位金箔匠，他未佩戴嘴套的纽芬兰犬严重咬伤了威廉·凯比尔（William Kebill）的左耳。威廉时年仅 14 岁，可负责此事的地方法官却取消了对佩尔曼的传唤。"咬成这样也没比少只胳膊断条腿要好多少"——威廉的母亲对儿子的心疼并不难理解，因为这只狗差一点就咬掉了她儿子的耳朵。可是佩尔曼对此并未怀有多少愧疚之心。他的狗被带到当地法庭上，向法官证明了它平日里多么温顺安静。随后，相关指控也都由此而被撤回。当然，社会舆论对这一法律漏洞的批评也接踵而至。[34]

伦敦方面，出台于 1867 年 8 月 20 日的《大都会街道法案》大力推广了嘴套。正如警察局长理查德·梅恩爵士向下议院解释的那样，按照 1839 年颁布的法案，警方很难找到未佩戴嘴套的恶犬的主人并对其课以罚金。在新的法律规定下，警方可以发布一则通令——当发现狗狗没有主人牵拉时，警察可以给街头的犬只戴上嘴套。这一措施也考虑到了狗的舒适度和感受。因为在佩戴该类嘴套时，犬只也能相对自由地呼吸、饮水。未佩戴嘴套犬只以及那些流浪狗将由警察扣留，等主人携带嘴套前来认领，并支付扣留费用后方可带离。如果一只狗咬伤人类或企图咬人，那么地方法官有权作"人道毁灭"处理。尽管部分中产阶级狗主人担心他们的狗会因为未佩戴嘴套而被捕，但大部分人还是对这一法案表示了支持。[35]

有专家建议将佩戴嘴套这一举措合法化。居住在英国约克郡哈利法克斯的托马斯·多兰（Thomas Dolan），是一名医疗法务职员，也是一名医生。1878 年，多兰组建并领导了一个主张在狂犬病暴发期间给犬只佩戴嘴套的委员会。他极力推行经过改良的，可以让犬只顺畅呼吸的法国"格劳汉式"嘴套。弗莱明仔细思考并认真评估了柏林、布鲁塞尔、巴黎和图卢兹等地报道的前期案例后，对在狂犬病暴发期间使用精心设计、装配的嘴套，给予了肯定、支持。多兰还大量引用了布利的观点（见图 2.3）以证明此措施的有效性。[36] 和纽约、巴黎的情况相同，在英国，嘴套的推行确保了人类对"狗咬人"的有效管制，从而减轻了人们对狂犬病的恐惧。但是，佩戴嘴套的相关法令，也招致了许多批评。这些法规不但没有平息人们的情绪，反而激起了人们更复杂的不满情绪。

图 2.3 设计精良的嘴套。乔治·弗莱明,《狂犬病与恐水症》(*Rabies and Hydrophobia*, 1972),惠康基金藏品(Wellcome Collection)

▶▷ 反对狗嘴套的声音

嘴套反对者批评这些械具既残忍又危险。当梅恩根据 1867 年的法案发布佩戴嘴套的规定时,数不胜数的指控一边倒地向他压下来。媒体猜测,公众会强烈反对捕捉未佩戴嘴套犬只的政策,或许一场冲突已然在所难免。英国知名犬类专家戈登·斯特布尔斯称嘴套"毁坏了狗的容貌且显得残忍无比"，同时它令犬只难以呼吸。《每日电讯报》（*Daily Telegraph*）收到的读者来信称新法规好比一种"外观精致的酷刑"。写信人哀叹道，在他外出时，家门口的纽芬兰犬似乎因未佩戴嘴套，而被警察当成"摇钱树"给抓走了。作为富裕的纯种狗主人，这位化名为"Snarleyow"的来信者，认为警方对佩卡姆街的"流浪恶犬"不闻不问，却紧盯他那已上了税的宠物狗，他对此感到惊讶、害怕。"Snarleyow"谈道，嘴套会令犬只深感痛苦，从而导致狂犬病自然发生。这类观点很快就成为人们批评嘴套政策的一条理由。乔治·杰西（George Jesse）基于废除给狗佩戴嘴套之政令的考量，主导成立了保护犬只和预防狂犬病协会（the Association for the Protection of Dogs and Prevention of Hydrophobia）。梅恩也对嘴套政策表露出了些许担心，他批判了巴黎人给狗狗戴锡嘴套的习惯，并提醒称很多人都确信这种奇怪的装置，会使狗发疯。[37]

法、美两国对犬只佩戴嘴套持反对意见的人士，大多将戴嘴套看作虐狗行为，这是他们这派的核心观点。布雷尔观察到，如果想让嘴套发挥作用，那么就需要将嘴套紧紧地绑在犬只面颊，这将会令犬只蒙受巨大痛苦，从而"厌弃我们的文明社会"。佩戴嘴套会令狗狗深感痛苦确实不假，它们扭曲的面部、痛苦的"表情"即为其证。罗素援引法国狂犬病专家布利的观点，抨击纽约市强制要求犬只佩戴嘴套的法令过于残忍，并指明相关政策会让已经携带病毒的狗暴发狂犬病。或是出于将本组织和那些支持佩戴嘴套的医学家区分开来的希望，并借此维护协会的专业、权威的形象，纽约神经科学协会最终通过了一项决议以谴责嘴套的残忍和无效。[38]

巴黎、纽约和伦敦这三座城市的动物保护主义者，都秉持着反对佩戴嘴套的立场。法国动物保护协会副主席亨利·布拉廷谴责嘴套是"当代虐待动物的代表性行径之一"。嘴套让狗狗无法呼吸、饮水乃至排汗，从而导致了狂犬病的自然发生。法国动物保护主义者也曾提到，嘴套让那些曾经表现友善的狗狗，退化沦为了连续撕咬对象数小时的恶犬。法国动物保护协会成员、兽医 L. 普朗格（L. Prangé）认为，与人类一样，狗生性喜爱"无忧无虑、不受束缚的生活"。由此狗狗不应被迫戴上"普鲁士式嘴套"——这是柏林犬只所佩戴嘴套的别称，可能也是对第二帝国专制独裁的别样嘲讽。与此同时，来自法国动物保护协会的尤金·梅尼埃（Eugène Meunier）也认为，给犬只佩戴嘴套的行为是法国大革命时期最为糟糕的"无节制行为"。梅尼埃指出，人们对狂犬病毫无根据的恐惧已经让法国犬只"深感惧怕"。因此，警察强化监督狗狗佩戴嘴套的导向，实际上反而会提高狂犬病风险，这又会反过来证明警方"疯狂灭绝"巴黎犬只的做法"十分合理"。推行嘴套的政策释放出了危险信号，并且或会有害公众健康。即便多方并不支持嘴套，但还是有若干实用的改良对策出现。为减轻犬只佩戴口套带来的痛苦，法国动物保护协会专门举办了一场竞赛，旨在从参赛者递交的设计作品中，遴选出设计更加精良的新款嘴套。[39]

出于对犬只佩戴嘴套时所受痛苦的关切，美国动物保护主义者也采取了相应行动。在《纽约时报》的"读者来信"专版上，美国防止虐待动物协会主席亨利·伯格，向当时的纽约市长约翰·T. 霍夫曼（John T. Hoffman）提议称"使用嘴套会令犬只情感饱受折磨，从而助推狂犬病的自然发生"。虽然伯格引述了法国等欧洲国度狂犬病专家的发现作为佐证，但是霍夫曼仍对他的提议不予以理睬。在伦敦，英国防止虐待动物协会指责政府要求在夏季给"高尚忠诚的"犬只戴嘴套的政令，并直接支持了犬类专家强调的嘴套不得"对动物造成疼痛、导致发炎或发热"的主张。此外，该协会也积极游说伦敦警局，希望限制嘴套使用。[40]

除给戴嘴套政策打上"身心酷刑"这一烙印外，批评家们还反复强调嘴套的无效。即便是提倡使用嘴套的人士，也为犬只"嘴套法令"中存在的明显漏洞深表遗憾。在三座城市中，巴黎有着最为古老、全面的犬只嘴套法令。但即便如此，巴黎方面也无法做到完美管理。巴黎警方也在 1830 年承认，"有大量（未佩戴嘴套）的犬只在路上活动"。1832 年的霍乱疫情暴发，令在 1836—1848 年就任警察局局长的加布里埃尔·德莱塞特（Gabriel Delessert）高度重视日常公共卫生服务，他希望能在其中重新发挥警察部门的作用。德莱塞特鼓励负责执行反狂犬病条例的警察及其他相关人员"严格执行"任务。他还专门强调要处理狗主人对嘴套法令的漠视问题。但不出所料，警方行动并没有起到任何作用，德莱塞特本人也遭到了群众的强烈谴责，称他没有妥善处理未戴嘴套犬只，令大众"长期处于"危险中。1862 年的一份估算报告显示，法国每 100 只狗中只有 1 只戴有嘴套，而这些犬只佩戴嘴套的方式往往也都是错误的。此外，在当时绝大多数的狂犬病例中，患者都是在家中被自家狗狗咬伤而感染，可是戴嘴套的强制令并不适用于家庭内部。因此，人们得出结论，在防止人类遭受疯狗伤害这方面，嘴套的实效微乎其微。[41]

由于缺陷实在过多，1878 年夏天，嘴套这种械具终于得以停用。1877 年，5 名巴黎市民惨死在狂犬病的"镰刀"下。到了 1878 年上半年，又有 12 位巴黎民众相继罹患狂犬病。这些病例刺激着关心狂犬病问题的巴黎人，他们向警方发出了接连谴责。这给时任警察局局长的阿尔伯特·吉戈特（Albert Gigot）带来了一定冲击。受此影响，吉戈特在 1878 年 8 月 6 日发布了一项新法令，以此取代 1845 年版旧规定。新法令指出，在街头发现的任何未戴项圈的犬只，或正在闲逛的犬只，若"当地民众并不知其主人，都将立刻被抓捕并当场处死"。这意味着此后，从主人身边走失的宠物狗，以及所有无主流浪狗都将面临"人道毁灭"。与 1845 年法令相反，戴嘴套不再是一种强制要求。新法规着重要求犬只佩戴项圈，以便于识别狗主人，继而让狗主人对其犬只行为负责。这项措施也为立刻处死疑似感染狂犬病的犬只扫清了障碍。相关法令都是阻止狂犬病扩散的"新武器"，也默认了先前的戴嘴套法令在抑制狂犬病及相关焦虑情绪方面存在不足。[42]

在纽约，批评家们也同样强调着戴嘴套政令的落实之难。不少记者及其读者都注意到，城市街道里游走着许多未佩戴嘴套的犬只。《纽约先驱报》记者就曾在春日街到百老汇和伦纳德大街拐角处的路上，遇到过 73 条未佩戴嘴套的犬只。在查尔斯·P. 罗素看来，戴嘴套完全是一个无效的方法。该措施不仅会导致狂犬病的自然发生，而且制定出该方法的法规也的确是漏洞百出。几乎所有的狗都不会在家中佩戴嘴套。而一只患有狂犬病的狗，也不太可能会"将佩戴嘴套视作出门散步的准备事项"。罗素还指出，仅凭一句不怎么可信的"夏季会诱发狂犬病蔓延"的传闻，就要求犬只仅在夏天佩戴嘴套，这无疑是"吊诡的荒诞行为"。[43]

伦敦的情况也不容乐观。1867 年版《大都会街道法案》存在许多漏洞——主人可以戴上一副嘴套，从"走失与饥饿犬类临时之家"中重新领回他的爱犬。但是，这无法保证在他们离开后，狗主人还会让他们失而复得的犬只继续佩戴好嘴套。该法案同样也没有要求警察抓捕未佩戴嘴套或走失的犬只，只是授权警察去抓捕他们在街头"发现"的所有无主狗。此外，即便警方要求犬只佩戴嘴套，但只要是拴好狗绳的犬只，便无须再佩戴嘴套。警方自己也承认，他们在监管惩处嘴套佩戴不规范问题上缺乏相应资源。而且，这些措施的实施范围也没有遍及都市内各个警察局的全部辖境。[44]

很多媒体都对嘴套进行了负面报道。反对嘴套者认为，这种械具既粗蛮又危险。一些人坚信狂犬病主要是"情感疾病"，他们坚称戴嘴套会提高犬只患病风险，并更加激化人类对狂犬病的恐惧。苏格兰珀斯默里皇家精神病院的威廉·兰黛·林赛（William Lauder Lindsay）博士谴责称，所有应对狂犬病的行动都过度夸张、残忍，甚或还存在误导作用。林赛认为，告知公众狂犬病是一种罕见病，以此消除公众特别是那些有着"病态、非同寻常想象力"之群体的焦虑，才是万全之策。[45] 支持戴嘴套者则谴责那些强制推行嘴套的法令实际上不够有效，难以遏制狂犬病的传播扩散，更无法减轻人们对此产生的恐惧之情。嘴套政令引起了许多人的激烈情绪，可它还是没能足够有力地制止疯犬撕咬行为，也就无从使狗逐渐变为狗狗都市里为人们所接受的一员。

▶▷ 狂犬病的"巴氏灭菌"

路易斯·巴斯德针对狂犬病研发的新治疗法，为解决狂犬病难题带来了希望。在成功应对啤酒酿造发酸、"蚕病"等一系列棘手问题后，身为知名科学家、细菌学奠基人的巴斯德，又在 1880 年开展了针对狂犬病的研究。巴斯德和查理斯·尚柏朗（Charles Chamberland）、埃米尔·鲁克斯（Émile Roux）一起发现，将狂犬染病物质注射到健康犬只大脑中，会致其感染狂犬病。1884 年，巴斯德宣布已在实验室中分离出狂犬病"病菌"。巴斯德还通过猴类实验研制出了减活病毒，继而借助减活病毒令健康犬只产生了狂犬病免疫力，以此防范了狂犬病的传播扩散。

此后，巴斯德转而开始研究人类感染狂犬病的情况。1885 年10 月 27 日，在巴黎召开的一场国家医学院（National Academy of Medicine）学术会议上，巴斯德透露他已研制出一款可在人体注射的狂犬疫苗。其制备方法是首先从感染狂犬病的犬只身上提取出感染组织，再将其注射到实验用兔的脑部，从而人工提纯出狂犬病毒。随后，他将提取出的狂犬病毒注射到数只实验用兔身上。巴斯德研究发现，这种病毒有 7 天左右的潜伏期。这一数据后来被证明是可靠的。他还获取了"纯度恰当的狂犬病病毒"，其样品具有稳定的毒性。紧接着的提取步骤是从实验兔身上解剖出脊髓，并将其悬滴入一只无菌烧瓶里，以此减弱"原始毒性"（virus fixe）的毒力。完成上述步骤后，巴斯德再将干燥后的脊髓和蒸馏水混合，最后注射到病患身上。概言之，巴斯德治疗法的基本思路就是在狂犬病漫长的潜伏期中，通过给病患连续注射毒性逐渐加强的疫苗，提高其体内相应的免疫力。1884 年，一位来自阿尔萨斯的 9 岁男孩梅斯特·约瑟芬（Joseph Meister）被一只染病疯狗严重咬伤，几乎所有人都觉得他难逃一死。然而巴斯德却决定为他注射狂犬疫苗，他密切关注着医生为梅斯特注射的每一支毒性逐渐加大的疫苗（巴斯德并非受训医生，因此无法亲自注射）。在此期间，他一直和"令人痛苦、毫不停歇的焦虑"相抗衡。最终，这位男孩幸存了下来。[46] 在约瑟芬成功试验的激励下，巴斯德给被狗咬伤的年轻门卫让-巴蒂斯特·朱庇勒（Jean-Baptiste Jupille）也接种了狂犬病疫苗。

尽管巴斯德的"死对头"，外科医生朱尔斯·盖林（Jules Guérin）立刻对巴氏狂犬疫苗表示反对，但巴斯德在国家医学院上的演讲还是赢得了热烈掌声。相关讯息让媒体也激动不已。巴黎周刊杂志《画报》（L'illustration）称赞巴斯德已经"彻底战胜了这一邪恶病毒"。[47] 尽管那时的巴氏狂犬疫苗仍有一定风险，但该治疗方案给狂犬病受害者送去了一丝继续存活的希望，亦有助于减少人们在狂犬病阴影笼罩下不断生发的种种焦虑。

当巴斯德宣布他将为染病患者免费注射疫苗时，社会公众得到了极大的宽慰。有报道称，巴斯德及其团队在巴黎高等师范学院（école normale supérieure）的实验室中，为数百名狂犬病患者平静地接种了狂犬疫苗。这和先前医生们对狂犬病患实施的痛苦却无效的治疗，形成了鲜明对比。《画报》文章介绍，巴斯德给每一位病人留下了"鼓励的话语"，"我们很难想出还有什么，能比这样的朴素场景更加宏大、感人的了"。那些接种疫苗的病人不是怀着恐惧、焦虑，而是面色"平静"地走进巴斯德的治疗室。描绘巴氏治疗室"平静"气氛的画作，也增强了人们的希望并给予人们宽慰。法国画报《堂吉诃德》（ Le Don Quichotte ）就曾在封面印出过此类绘画。在吉尔伯特·马丁（Gilbert Martin）的画笔下，巴斯德化身成天使，极为平静地为一只口吐白沫、怒目相向的染病疯狗注射狂犬疫苗。这些宽慰人心的作品也通过《纽约时报》等报纸杂志，走进了纽约人的视野中。1885 年，纽约因感染狂犬病而死亡的人数高达 60 人；在东伦敦的波普拉区，有一只染病疯狗连续咬伤了 5 名男孩，这 5 位少年全部因此丧命。上引案例只是引起公众焦虑的爆炸新闻之一。不过，这些案件也让公众转变了态度，对巴斯德可以拯救生命的狂犬病治疗法采取了较开放的态度。各大报纸为巴氏的治疗法，以及其提供免费治疗的善举撰写了数篇尽显溢美之词的长篇报道。兽医等犬类专家也心怀尊敬地称赞了巴斯德的跨越性巨大突破。[48]

然而另一种忧虑的情绪也接踵而至。巴斯德实验室中用于实验的动物，让访客深切感受到了"怜悯"之情。某法国记者在现场观察后写道，手术前一只狗全身"因害怕而剧烈颤抖"，在其配发的插图中，巴斯德实验室所用犬只"痛苦万分，最终死亡"。一位《纽约时报》记者称一些感染狂犬病的狗其实"异常惹人怜爱，并哀求我可以关注它们"。[49]

与巴斯德及其治疗方法所带来的乐观情绪相比，那些悲观怜悯似乎微不足道。1888 年，募款而建的巴黎巴斯德研究所（Institut Pasteur）又一次鼓舞了大众。报道称巴斯德的这一研究所里弥漫着平和的气氛。患者对巴斯德有着极强的信心，因而在接种时"毫无恐惧情绪"。巴斯德希望孩童远离苦难的愿景、对梅斯特和朱庇勒显露于表的慈善之心，以及他的慷慨博爱，都进一步增强了科学家巴斯德关心民众、竭诚尽力的良好名声。一些曾前往巴黎参观访问的英国医生都很相信巴氏狂犬病疗法。该疗法背后蕴含的科学理论、方法，还有巴斯德沉着冷静的性格，都令他们深信不疑。1889 年，在英国医学会（British Medical Association）年度会议上，某医生盛赞巴斯德"是一个不会被热情冲昏头脑的行业专家"。巴斯德研究所工作人员的"无尽关怀、耐心与智慧"，也让其他许多医生印象深刻。[50] 即便在 1895 年与世长辞后，巴斯德还是会以"打败狂犬病的高尚人类救世主"这一光辉形象出现（见图 2.4）。应对狂犬病的"巴氏灭菌法"，很有可能会渐渐打消人类对被狗咬伤、感染狂犬病的恐惧。这也让 19 世纪 80 年代中期，成为狗狗都市形成过程中的关键时间段。

图 2.4　1895 年 10 月 13 日，路易斯·巴斯德去世后不久，其肖像登上了《小报》杂志封面。平版印刷画，H. 迈耶（H. Meyer）绘，惠康基金藏品（Wellcome Collection）

►▷ 跨国接种巴斯德狂犬疫苗

国际信息交流令各国民众都对巴斯德的科学突破兴奋不已。1885 年 11 月至 1886 年 1 月间，有 5 名被狗咬伤的患者从英国赶到巴斯德研究所接受治疗。在布拉德福德市卫生医务人员托马斯·怀特塞德·海姆斯（Thomas Whiteside Himes）的协调与援助下，另外 7 名病患也在 1886 年 3 月前往巴斯德研究所就诊。英国患者的到来，得到了大量法国媒体的广泛报道。当英国患者治愈归国后，海姆斯"趁热打铁"，向英国群众宣传了巴斯德的先进治疗方案。[51]

美国纽瓦克、新泽西等地接连发生的狂犬病案例，也激起了美国人对巴斯德及其治疗方案的好奇。1885 年 12 月 2 日，一只疑似感染了狂犬病的疯狗，咬伤了一群男孩，这随后引发了公众的恐慌。虽然警察们早已养成了射杀疑似疯狗的习惯，但在《纽约时报》的记录中，这一事件中的纽瓦克警察，似乎并不是一个"娴熟的射手"。而其他警察也往往得使用棍棒来了结犬只性命。如果说警察和普通百姓之间有什么区别的话，那就是百姓的枪法要更糟糕。有位男士企图枪杀一只狗，结果却误伤了他邻居的耳朵。可以说，《纽约时报》对这些耸人听闻的事件的大量报道，的确引起了公众恐慌。但该报还是批评了公众对狗咬人事件的过度反应。有评论如此写道："人们应该明白，这种过度的恐慌一点也不理智。狂犬病并未流行，也没有什么不同寻常的危险。"有位医生替他接诊的被狗咬伤的男孩们发起了募捐，希望可以筹措资金送他们前去巴黎接受治疗。公众慷慨解囊，新闻媒体也对这件事展开了报道，向公众详细讲述了这些男孩横渡大西洋的治疗之旅。[52]

这趟巴黎之旅，也更加烘托出了巴斯德身上所具备的高尚情感品质。陪同这些男孩一同前往巴黎的《纽约时报》记者，对巴斯德连声赞美道："他有着一颗温柔、富有同情的心灵。"从巴黎医生给予这些男孩的同情之心，再到治疗期间对他们情绪变化的仔细分析，这一趟旅行充满了浓重的"情感慰藉"色彩。而这也是一次增强、展示美国人勇毅品性的绝佳机会。有记者"买通"了其中一位名叫帕特里克·"帕特西"·雷诺兹（Patrick "Patsey" Reynolds）的男孩，让他在接种时展现出坚韧不拔的精神状貌，这样就"不会被另一位法国男孩打败"。返回美国后，这些男孩被邀请至位于鲍厄里的一处简易博物馆里，让纽约人亲眼见证了奇迹般的巴斯德疗法。加之媒体的广泛报道，此次展示让美国大众对科学和医疗进步的可能性充满了兴奋与期待。[53]

有些纽约医生对巴斯德的突破感到兴奋不已，他们也开始效仿巴斯德的治疗方案。其中最有名的，莫过于亚历山大·B. 莫特（Alexander B. Mott）博士和瓦伦丁·莫特（Valentine Mott）博士父子二人，两人出自纽约久负盛名的医疗世家。除了和当地精通法语的医界精英，譬如翻译了亨利·布利有关狂犬病论文的兽医亚历山大·利奥塔德（Alexandre Liautard）合作外，1886 年，莫特父子也在纽约建立起了美国巴斯德研究所，以此为基地给狂犬病患者提供免费治疗。此事最初受到了巴斯德本人的质疑，作为回应，小莫特远赴巴斯德位于巴黎的实验室，系统学习了狂犬病疫苗接种的相关知识。在经过为期一个月的观察、学习后，他带着一只患有狂犬病的兔子和丰富的——他自己认为如此的——专业知识回到纽约，准备着手生产疫苗。但是由于缺乏实操练习，莫特父子难以复刻巴斯德在实验室中完成的操作，更无法正确厘清兔子脊髓的神经排序。哈罗德·纽厄尔（Harold Newell）是瓦伦丁·莫特的首位病人，他是泽西市一位医生的儿子，不幸被一只显然患有狂犬病的恶犬咬伤。新闻媒体对纽厄尔这个病例寄予厚望。可惜由于纽厄尔在接种第一针后感到疲乏无力，后来又从台阶上摔下，割伤了手腕，因而没能完成疫苗接种的全部疗程。于是，人们起初对纽厄尔接受治疗的兴奋之情，也就烟消云散了。但莫特还是成功吸引到了一批“神经极度紧张”的纽约人。他们十分担心自己确已感染狂犬病。莫特的介入让他们得以安心，并令他们“感到开心和满足”。这类从惊慌回归冷静的情绪波动，时常出现在有关狂犬病治疗新方法的报道中。这些新闻也再次向美国公众表态：巴氏狂犬疫苗能令众人安心。不过，美国巴斯德研究所人员匮乏，资金主要仰赖莫特父子资助，始终面临着沉重的经济压力。因此，老莫特向纽约市民发出呼吁，请大家多多支持该研究所，但时人并未对老莫特的请求做出什么回应。治疗了十几位病人后，美国巴斯德研究所于 1887 年正式关闭。[54] 莫特父子的经历表明，将巴斯德治疗狂犬病的方法照搬到美国，的确存在一定障碍。

三年后的 1890 年 2 月，保罗·吉比尔（Paul Gibier）博士创建了纽约巴斯德研究所（New York Pasteur Institute），美国巴斯德研究所"旧梦重温"。吉比尔是一位获得众多勋章，拥有良好社会关系的法国医生、狂犬病专家，他在纽约的法语区开设有一家大型诊所。吉比尔曾在巴黎颇负盛名的医院，以及国家历史博物馆（Museum of National History）实验室中工作，曾和布利一起接受培训，取得了巴黎医学院（Paris Faculty of Medicine）授予的博士学位。移民美国后，吉比尔自称是巴氏狂犬疫苗这项欧洲智慧的亲善大使。通过纽约巴斯德研究所，吉比尔将法国科学领域的优点带到了美国。和莫特父子研究所的境况不同，吉比尔的纽约巴斯德研究所有充足的资金保障。该研究所的收入来源颇丰，譬如在美国各地销售药品的收入，以及 1895 年开始纽约州政府每年提供的 6 000 美元拨款，这些都为其发展提供了保障。1893 年，一笔金额巨大的捐赠，使吉比尔有机会在中央公园西道和第九十七街交汇处，建设了一座集办公室、实验室于一体的五层大楼。在这幢新大楼里，吉比尔与同事们给美国人免费接种狂犬病疫苗，且患者无须支付远跨大西洋运输疫苗的各项费用。当时，部分纽约富人致力于跨阶级援助，开设慈善机构以改善城市贫困人口生活条件，解决各类社会弊病。吉比尔的纽约巴斯德研究所总部坐落于繁华的曼哈顿中心。在大楼落成典礼上，吉比尔强调，富人有责任关照穷人。本着这种精神，在为富人病患进行治疗时，纽约巴斯德研究所会收取相应费用，而穷人却无须为治疗费用买单。[55]

尽管我们并不清楚吉比尔与巴斯德关系如何，但作为巴氏狂犬疫苗落地美国的实践场所，纽约巴斯德研究所还是得到了巴斯德本人的真切祝福。除了从法国合法获得疫苗资源外，吉比尔还善用该研究所的资源，特别是该所主办的期刊去驳斥那些反对巴斯德的人。吉比尔与之同僚将反对巴斯德者称为"无知、危险的落后者"。费城医生查尔斯·W. 杜勒斯（Charles W. Dulles）就是被攻击的对象之一。截至1900年，该研究所共计收治了1 367位病患，其中仅19人死亡（吉比尔减去了其中10人，称其死因是他们就医太晚，错过了最佳治疗期），死亡率仅为0.66%。但也正是在那一年，灾难降临到吉比尔身上。在一次骑行事故中，他意外身亡，不幸死在了西沙芬的小村庄中。吉比尔逝世后，虽然纽约巴斯德研究所主办的专业期刊很快停止出版，但该研究所主体却一直维持至1918年。

法国本土的巴斯德研究所与纽约巴斯德研究所携手合作，将巴斯德的狂犬病治疗方案带到了新的空间，也在一定程度上消弭平了"狗咬人"在社会公众里引起的恐慌情绪。[56]

　　与美国思路不同，当时伦敦并未设立巴斯德研究所。1889 年 7 月，伦敦市长设立了一项市长官邸基金，将伦敦贫苦人民送往巴黎接受治疗。尽管可能的情况是反对活体解剖主义运动和沙文主义促使这一政策颁布出台，但英国官员仍坚称送患者出国治疗，是一个效益更优的方案。随着巴斯德研究所的良好名声日益巩固，以及其他狂犬病"治疗方法"可信度的每况愈下，越来越多的英国患者在 19 世纪 90 年代动身前往法国巴斯德研究所求医。英国医生们也认为，前去巴斯德研究所的旅程，将有效减缓最为紧张不安的病患内心所经受的狂犬病焦虑。[57] 在三座城市中，希望和宽慰之心渐渐淡化了狂犬病忧虑引起的恐惧情绪。

▶▷　挑战巴斯德

　　路易斯·巴斯德的治疗手段似乎已能有效应对"狗咬人"问题。但并非每个人都对其效果深信不疑。在喜迎巴斯德科学突破的欢呼声中，反对意见的声浪也此起彼伏。在美、英、法三国，医生、兽医、新闻媒体以及各学术协会都围绕此问题展开了激烈辩论。1890 年 10 月 16 日，纽约医学会（The New York Academy of Medicine）举办了一场专题讨论会，对狂犬病的新旧认知进行辩论交流。来自纽约综合医院（New York Polyclinic）的著名神经病理学家兰登·卡特·格雷（Landon Carter Gray）认为，强烈的情绪冲击可能是纽约零星发生狂犬病个案的主要原因。格雷引用了丹尼尔·哈克·杜克（Daniel Hack Tuke）的论点，两人都未曾否认狂犬病可能是动物流行病的基本认知。供职于纽约医学研究学校与医院（New York Post-Graduate Medical School and Hospital）的神经类疾病专家查尔斯·卢米斯·达纳（Charles Loomis Dana）则反驳了格雷。即便那时人类尚未发现狂犬病毒，达纳已前瞻性地指出，狂犬病仅仅是一种"微生物疾病"。达纳曾拜访过巴斯德，他对这位法国科学家的实验方法，及其对狂犬病的治疗手段都深信不疑。他驳斥了那些强调"想象力会让身体紊乱、失控"的"迷信言论"，以及那些认为"恐水症"的歇斯底里状态会导致病患死亡的错误观点。在同一临床领域中，两种观点相互碰撞———一种强调"大脑"的力量，另一种则强调"微生物"的作用。其他对巴斯德治疗方法持怀疑态度的美国医生，指责巴斯德的非医学背景和他的实验技术。反对者认为巴斯德无法提供可以让解剖学家、病理学家重复确认的、有关狂犬病毒的确凿证据。[58]

纽约各界对巴斯德的技术突破所展开的辩论，只不过是全美相关讨论的一部分。宾夕法尼亚州医学会与纽约方面在同一年召开了专题会议。杜勒斯和来自费城外科医学院（Medico Chirurgical College）的法籍病理学家欧内斯特·拉普拉斯（Ernest Laplace）博士，在该会上展开了激烈争论。拉普拉斯对杜勒斯批判巴斯德的做法愤怒不已，痛斥杜勒斯到处散播谎言。杜勒斯回应道："我不明白欧洲人有什么权利可以横行美国，还要在这里指挥美国人怎么做。"有关辩论的基调，也就由此转向了"排斥外来"和"内部保护"两种态度的针尖对麦芒。反对巴氏狂犬疫苗的声音，揭示了科技跨国交流所面临的局限性。杜勒斯也在其他方面激烈地批评着巴斯德的实验方法。他指出，巴斯德的治疗方法极度危险，该方法的主要影响，不外乎是加剧人们对狂犬病、犬类的既有恐惧。在反对活体解剖者的支持下，杜勒斯和其他反巴氏狂犬病疫苗的医生一道，将狂犬病看作一种过度活跃的想象力以及神经错乱而引起的"情绪应激现象"。这些错误观点直至 20 世纪初方才最终偃旗息鼓。但是那些坐落在巴黎、纽约的巴斯德研究所，已然遗留成为一大棘手难题，许多人往往将其妖魔化成"犬类的酷刑室"或者"生产毒疫苗的工厂"。[59]

围绕"狂犬病是否主要由情绪引起"这一医学辩题，英国的反巴斯德言论翻开了新的一页。本章较早提及的托马斯·多兰，就是当时英国方面攻击巴斯德的主力军。多兰指责巴斯德这一治疗方法所依据的科学原理站不住脚。他还提议，英国应该效仿德国，颁布更加严格的犬只管理法令，而非盲目推崇巴氏狂犬疫苗。布朗学院（Brown Institution）动物研究实验室负责人、伦敦国家癫痫与神经疾病医院（National Hospital for Epilepsy and Nervous Diseases）医生维克多·霍斯利（Victor Horsley），曾在《英国医学杂志》（*British Medical Journal*）上对多兰的言论发出强烈谴责。

但其他相信狂犬病主要由情感折磨引起的人，又和多兰一起，批评巴斯德研究缺少科学依据，指责其造成的破坏性影响。笔名"韦达"（Ouida）的爱狗小说家也指出，巴斯德的治疗方法加剧了大众对狂犬病的恐惧之情。"恐水症"患者数量激增的同时，为其提供治疗的医生、精神病学家还有神经科学家的队伍也日渐扩大。"韦达"宣称人类"恐水症"病例中有一半是由"过度兴奋的想象力而引起的癔症性癫痫"，"恐惧"是比狂犬病还要严重的疾病。然而"不幸的是，治愈这一顽疾的科学家们没能得到回报，增加恐惧之情的人却能博取各式奖赏"。尊重、保护狗狗的情绪敏感度，是减少狂犬病的最佳做法。狗狗不应被迫戴上嘴套，其"活泼天性"和"社交"的需要也应得到解放。狗嘴套和所谓"生理学家"，才是矛盾根源所在。一位"知名医学人士"在伦敦《每日邮报》（*Daily Mail*）上哀叹，当代人出现了很多因"狂犬病"而起的，毫无依据且普遍的恐惧，而狂犬病，只不过是一种由"恐惧"

引发的罕见病而已。这位主笔坚称"恐犬症"最终淹没了人类的理性思维，导致人类用佩戴嘴套等"酷刑"去折磨犬类，如此又加剧了犬只狂犬病的泛滥，从而加剧了人类对此病的恐惧。[60]

部分病患接受了巴氏疗法，却难逃一死，这加深了人们对该疗法的质疑。巴氏疗法会为被犬只多次咬伤的病患接种毒性更强的疫苗，这种"加强毒性疫苗"自然也成了人们关心的焦点。在接受巴斯德治疗的一名俄国病人死亡后，1886 年 4 月，英国地方政府委员会成立了由詹姆斯·佩吉特（James Paget）爵士主持的调查委员会，就巴氏疗法展开调查。调查委员会成员还包括乔治·弗莱明、霍斯利以及其他饮誉医学界、兽医界的专家。1887 年 6 月，调查委员会向政府递交了报告书。而就在报告递交前，英国出现了两例众所皆知的，虽经巴氏疗法诊治仍最终死亡的狂犬病患者——他们是约瑟夫·史密斯（Joseph Smith）以及亚瑟·王尔德（Arthur Wilde）。即便出现了患者死亡的特殊情况，委员会递交的报告仍旧坚持对巴氏疗法表示肯定。这一结果令那些反对巴氏狂犬接种法的英国人万分惊愕。[61]

抨击巴斯德的批评家们组成了跨国联盟。其中最为引人注目的、批评最为猛烈的，要数法国批评家、《医学杂志》（Journal de médecine）主编奥古斯特·卢托（Auguste Lutaud）。卢托称自己身上这股不知所来的"激情"，只是为了拆穿"巴斯德的神话"。他坚称巴氏治疗方法已然暴露出"危险"一面。巴斯德所谓"狂犬致病源"所造成的巨大恐慌，反而导致了死亡病例的出现，根本没能阻止患者走向死亡。英、法两国的反活体解剖主义者，也对巴斯德在实验中给动物带来的痛苦遭遇备感担忧。反活体解剖主义者丽兹·林德·哈格比（Lizzy Lind Af Hageby）与莱萨·沙尔图（Leisa Schartau）在实地走访过巴斯德研究所后反馈称："在这所充斥着'人造疾病'和高薪庸医的殿宇中，人们引以为傲的19世纪文明曙光，似乎变得那么遥不可及了。"两位反活体解剖主义者承认，"狂犬确实危险。但与受法律保护的、动物虐待者精神异常的失德行为相比，这些危险根本算不上什么"。反活体解剖主义者还借用了卢托对巴氏疗法提出的批评。他们不仅在1887年7月邀请卢托来到伦敦进行演说，还到当地刊物上发文，对卢托的论调加以公开支持。[62]

卫生局长 C. A. 戈登（C. A. Gordon）也引用了卢托的观点。他指出，狂犬病是一种主要由"情感障碍"引起的疾病。因此，情感的"自我控制力"，才是比巴氏疗法更有效的治疗手段。戈登对"巴斯德热潮"的批评加剧了人们对狂犬病的恐惧。接受巴斯德治疗的病患在接种狂犬疫苗这种"病态且病原性的针剂"时，一心关注狂犬病，也只会对狂犬病感到焦虑。部分经过渲染的美国案例，为反巴氏疗法的言论提供了灵感。英国反对活体解剖主义组织维多利亚街协会（Victoria Street Society），转载印发了杜勒斯针对巴氏疗法提出的批评。他们认为，尽管细菌学说的发展缓慢，知识零散，但其传播还是加剧了人类和犬类的痛苦，令这两个物种间出现分裂。[63]

对巴斯德跨国界的诋毁，一直持续到 20 世纪。但这些诽谤声最终也没能颠覆巴斯德的理论与方法。在细菌学理论指导下，人们对狂犬病的了解日益增加。但认为狂犬病是"情绪疾病"的反驳声也一直存在。受此影响，嘴套也再一次点燃了矛盾冲突。

▶▷ "后巴斯德时代"巴黎狗嘴套的发展

狂犬病的巴氏疗法，加剧了佩戴嘴套支持者与反对者间的摩擦。除了多兰等知名度较高的反对者外，支持佩戴嘴套的人多认为巴氏狂犬疫苗给他们带来了安慰。他们认为，在缓解因咬伤和狂犬病所引起的焦虑上，疫苗不失为一计良策。在他们看来，巴斯德这名来自法国的科学家，是一位慈善的救世主。其现代科学方法是遏制疾病传播、减少负面情感影响的合理手段。对反嘴套者而言，巴斯德推翻了狂犬病情感病因论，证明了佩戴嘴套不会导致狂犬病，反而是防止疾病扩散的有效方法。尽管巴斯德本人认为嘴套"没有提供任何保护"（他更建议大规模接种疫苗），但那些支持嘴套者仍然坚持己见。[64] 但是，反对嘴套者将巴斯德看作一个"残忍无度"的人，批评其治疗法引起了人们对该疾病的恐惧，还指责他散播了"狂犬病由病毒传播而非情绪紊乱导致"的错误观点。在嘴套反对者眼中，巴氏狂犬病预防接种法，只是一种会增加犬只痛苦的"落后行为"。

那么，为何戴狗嘴套的措施仍在持续呢？首先，巴斯德的疗法并不能完全奏效，他的部分患者最终还是不幸死亡。其次，犬只造成的咬伤仍旧十分危险，当伤口位于面部时更是如此。与此同时，未及时接受治疗也会增加患者死于狂犬病的风险。最后，巴斯德首推的，大范围为犬只接种疫苗的方案，在时人看来成本过高且根本不切实际。巴斯德疗法推进了犬只管理，但并未促成根源性的改变。这进一步说明巴斯德变革所产生的社会影响，其实是有些模棱两可的。[65]

在法国，巴氏疗法并未平息民众对狂犬病的恐惧，也并未终结随恐惧出现的虐待犬只的恶劣行为。与原本的乐观预期相悖，法国动物保护主义者表示，在被称作"狂犬病年"的 1886 年，各类有关狗狗的"怀疑和恐惧"到处弥漫开来。尽管此前提及的 1878 年法令并未过多强调佩戴嘴套的重要性，但警察局长路易斯·莱平（Louis Lépine）仍旧命令下属密切关注犬只有无拴狗绳、佩戴嘴套，并以此为准绳决定是否对其进行管制。兽医们则努力设计效果更好、相对不那么残忍的狗嘴套。在持续接到"狗咬人"报案的情况下，警察仍会继续抓捕那些攻击性强、可能患有狂犬病的"疯狗"。狂犬病病患在传统治疗过程中经历的身体疼痛，和疫苗疗法发明前并无二致。但这些患者如今却能走进巴斯德研究所，接受更好的治疗。巴斯德研究所好似狂犬病治疗发展中的一座灯塔，患者在此冷静平和地接种疫苗。描绘此景的图像，也广泛流传于世（见图 2.5）[66]。

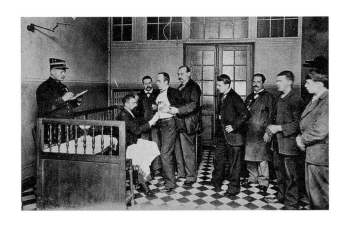

图 2.5　巴斯德研究所接种大厅，巴黎。摄影图片明信片，时间约为 1910 年，惠康基金藏品（Wellcome Collection）

如果说巴斯德时代前后存在什么不同的话，那就是警方对犬只的监管力度有所加强。管理者们决意更加密切地追踪"狗咬人"事件，统计其时间、发生频次。例如在 1892 年，共有 999 名民众被犬只咬伤。其中，有 101 只伤人狗经证实患有狂犬病，狂犬病导致两位巴黎民众死亡。和前巴斯德时代相似，密切关注此事的评论家们，纷纷谴责警察采取的无效措施。但一些根源性问题也非常突出——狗主人不愿为犬只佩戴嘴套，有的主人在怀疑其宠物狗患有狂犬病时，根本不愿上报。兽医若阿尼·珀图斯（Joanny Pertus）对那些不愿遵守 1881 年 7 月 21 日颁布的法令的狗主人表示同情和理解。因为根据该法令，任何疑似患有狂犬病的犬只都必须被处死。但他也敦促这些狗主人做出"牺牲"，以保护他们自己与他人的生命安全。评论家们还对各个城市的嘴套使用情况做了一番比较。1902 年，"奥克斯医生"（Docteur Ox）在巴黎媒体《晨报》（Le matin）上发表文章，对比了英、法两国的情况。尽管法国实行了给狗佩戴嘴套的措施，但狂犬病病例依然频出。而英国实行佩戴狗嘴套措施的范围，显然要比法国方面大得多。[67] 局势出现了逆转，走在推行戴嘴套政策第一线的城市由巴黎变成了伦敦。

▶▷　消灭狂犬病

1885 年是被英国人称为"狂犬病大流行年"的灰暗之年。那年，路易斯·巴斯德的突破并没能减少民众对强化犬类公共安全管制的呼声。虽然赞成巴斯德的理论与方法，但弗莱明还是提出，捕杀或隔离染病犬只这类公共卫生措施，方才是消灭狂犬病、避免恐慌扩散的唯一办法。[68] 嘴套仍旧是防止狗咬人的基本械具，但也同样引发了意见分歧，甚或引起了众怒。1886 年 6 月 14 日，弗朗西斯·拉威尔（Frances Ravell）为表达不满，向警察头上泼了一盆冷水。冲突起因是拉威尔发现那名警察企图捕杀她邻居家的那只未戴嘴套犬只。最终，拉威尔受到了拘留、罚款的惩处，但此次事件也令群众对警察的粗暴、专制的执法手段产生了深深的忧虑。为给拉威尔及那位未遵守嘴套法令的狗主人辩护，1886 年 8 月，兽医约翰·伍德拉夫·希尔（John Woodruffe Hill）以及代表拉威尔出庭的资深律师、英国王室法律顾问乔治·坎迪（George Candy），牵头成立了犬主保护协会（Dog Owners' Protection Association）。1892 年，该组织又更名为全英家犬防卫联盟（National Canine Defence League）。希尔与坎迪携手并行，进一步巩固了人们长期以来秉持的，反对推行狗嘴套政令的观点。他们认为让狗戴嘴套是极其残忍的，且狂犬病主要是一种"情感疾病"，所以戴嘴套会导致"狂犬病自然发生"。希尔与坎迪更推荐管理部门使用佩戴项圈、犬只登记注册等方法抗击狂犬病，相关操作有助于准确区分宠物狗及流浪狗。二人也都坚信，中产阶级负责任的养狗行为，是保护公共健康福祉的最有效方式。未登记注册的穷人犬只及街头流浪狗，也是希尔与坎迪所谴责的"狂犬病传播者"。他们认为这些狗才是人类应该施以管制的主要对象。在对狗嘴套持反对态度的人士看来，狗嘴套仍是一个切断犬只与人类纽带的械具。著名反活体解剖作家、女性主义活动家弗朗西斯·鲍尔·科布亦对嘴套政令持反对态度。她批评这些嘴套"教唆英国公众以怀疑、畏惧的态度看待动物，最后甚至发展成仇视动物。可要知道狗狗对人类的依恋，却是数百万人纯粹的、人性化的快乐源泉。人与狗之间也因此形成了一番联系……这种联系存在于我们中间，也存在于地球上所有其他种族当中"。[69]

与反对者相似，支持嘴套政令者也成立了相关组织团体。1886年9月，神经外科先驱维克多·霍斯利（Victor Horsley）、生物学家T. H. 赫胥黎（T. H. Huxley）、动物学家雷·兰凯斯特（Ray Lankester）、物理学家约翰·廷德尔（John Tyndall），以及国会议员约翰·卢伯克（John Lubbock）共同成立了预防恐水症及改革犬只管理法规协会（the Society for the Prevention of Hydrophobia and the Reform of Dog Laws）。该协会站在了犬主保护协会的对立面，两家协会互相指责，都认为对方情绪冲动，影响了自身的判断结果。支持嘴套政令的一方谴责反对方在诱导民众，使公众对犬只问题感情用事。反对嘴套政令的一方则指责霍斯利情绪变化多端、过度恐慌。反嘴套政令者还推测称，活体解剖主义思维已经完全侵占了那些支持者的大脑。除了国内存在的分歧，英国防止虐待动物协会虽极不情愿，但最终也站出来为支持嘴套政令的那一方站台。与英国防止虐待动物协会同样，英国养犬协会也站在了支持嘴套政令这边。充分了解双方的相关举证后，英国上议院于 1887 年也决定支持拥护嘴套政令。上议院的最终意见是要求在狂犬病"流行"期间给犬只佩戴嘴套，并展开屠杀流浪狗的工作。[70]

也是在 1887 年，英国政府将狂犬病正式纳入《传染疾病（动物）防治法案》［Contagious Diseases（Animals）Act］。枢密院也在该法案指导下，于 1886 年 10 月 1 日，以及 1887 年 2 月 28 日先后颁布了两项全国性法令，在规范犬只佩戴嘴套方面授权了地方政府以更大权限，同时也要求各地报告发现的狂犬病例。此外，1889 年 6 月，枢密院也决定开始在伦敦实施力度更大的嘴套法令。尽管争议四起，但在伦敦试行半年后，英国农业委员会将该法令推广向全国各地。接掌大政的新自由党政府于 1892 年 11 月撤销了嘴套法令，这一举措直接导致 1896 年狂犬病大流行再次在英国境内暴发。对政府官员而言，嘴套政令似乎的确有所成效——嘴套法令推行后，感染犬只的数量确有减少。

但是那些反对嘴套政令的人，仍旧攻击"嘴套狂热分子"的残酷冷漠。当执掌农业委员会的保守党主席华特·朗（Walter Long）着手根除狂犬病时，反对者的怒气陡然飙升。华特·朗在狂犬病泛滥成灾的英格兰西北部，推行了执行力度更强的嘴套政令。伦敦版本的条例（1897 年）规定："除非戴着有效的笼式金属嘴套，任何犬只都不得出现在公共场所内。这类嘴套的结构设计应令该犬只在佩戴后无法咬伤人类或其他动物。与此同时，嘴套不得妨碍犬只自由呼吸、饮水行为。"[71]

华特·朗实施的做法引起了广泛争议。反对者称报告中的狂犬病患者数有所夸大，并对朗有关"犬只必须佩戴金属嘴套"的要求发出了怒斥。有女性狗主人抗议，她们宠爱的小狗狗被这种残忍、限制性的嘴套弄得看起来笨重不堪，而那些富人的大猎狗，却可以优哉地过着不戴嘴套的自由生活。在女性抗议者眼里，嘴套政令和当初男性企图限制女性自由、发声的迫害勾当毫无二致。同样，女性抗议者也和其他批评家们一道，抨击嘴套是一种显得毫无人道、会进一步加剧人们对狂犬病恐惧的械具："给一个国家接种怯懦、恐惧和害怕，这般操作带来的伤害，比任何一场鼠疫大流行造成的伤害还要来得大。"[72]

华特·朗的立场却异常坚定。1897 年 9 月，他果断推行起针对未戴嘴套犬只的"隔离措施"。到 1900 年，表面上狂犬病似乎已被英国人成功打败。但此后在 1901—1902 年，南威尔士地区的狂犬疫情大暴发，却说明事实并非如此。到了 1902 年 11 月，一起发生在兰达弗里附近的狂犬病例终结了那段历史——后经证实，这是有报告记录的，发生在英国本土的最后一例狂犬病例。华特·朗因此自豪地宣称嘴套政令取得了成功。但针对朗的批评者，却极力贬低着他的这项成就。反对者辩称，朗主导推行的更加严格的实验性政令，反而证明狂犬病始终是"一种罕见的疾病"。英国知名狂犬病历史学家尼尔·彭伯顿（Neil Pemberton）和迈克尔·沃博伊斯（Michael Worboys）则表示：更为充足的专业知识、对犬只活动更加严格的监视与管制，以及主人在饲养宠物时承担起更大的责任，这些也在消除狂犬病的斗争中起到了重要作用。[73]

▶▷　纽约的嘴套政令及其他措施

美国医生密切关注着英国嘴套政令的所有变化。部分医生认为，英国的嘴套政令和隔离模式，可以有效斩断斯塔滕岛等滨水地区的狂犬病流行。不过，作为旨在遏制狂犬病暴发的一项公共卫生措施，要求犬只在夏季佩戴嘴套的措施仍在继续施行。但也因为嘴套政令的继续推行，人们又一次开始埋怨捕狗员的腐败品性，以及其抓捕未佩戴嘴套犬只时那令人憎恶的残忍手段。批评家们也抨击称，狗嘴套会引发群众的"恐犬症"。部分美国人与他们的"英国兄弟"相同，"恐犬症"对情绪敏感的群体造成了一定的困扰——这些"患者"对染病狗的过度恐惧，导致他们出现了疑似"狂犬病"的症状。很多犬只也受"恐犬症"影响而被无端关押、捕杀。恰如丹尼尔·杜克等英国精神病学家所称,对狂犬病的恐惧,会造成人类对该疾病出现虚假幻想,所谓的"恐犬症"清楚地表明"大脑活动会对神经产生一定的作用"。19 世纪末,当大西洋两岸的医生、心理学家发现"恐犬症"越来越多时,美国爱狗人士纷纷悲叹嘴套增加了人对狗的恐惧。人类似乎已对狗咬人的行为失去了理智,而犬类却成为人类非理智心态的第一受害者。[74]

一些变化也在悄然发生。1894 年,美国防止虐待动物协会开始负责管理纽约的流浪狗,并强制执行嘴套法令。该协会创建了自有的动物收容所,并在 1895 年将收容所扩展至布鲁克林。相关设施的开办运营进一步强化了美国防止虐待动物协会在维持纽约市人犬关系方面的作用(自 1866 年成立以来,该协会就致力于保护纽约动物免受虐待)。截至 1900 年,美国防止虐待动物协会已经建立了三所"走失及流浪动物临时救助所"(分别位于曼哈顿、布鲁克林和斯塔滕岛)。该协会把捕狗员形容成人道、可敬的工作者,表扬他们成功、人道地管制了流浪狗及未戴嘴套犬只,和此前腐败的"打狗人"形成了鲜明的对比。

在赫尔曼·比格斯(Hermann Biggs)的带领下,纽约市卫生部门开始着手处理狂犬病问题。比格斯曾在 1885 年拜访过巴斯德研究所,并在德国和美国的巴斯德实验室里有过工作经验。受到广为世人接受的细菌学说鼓舞，也在自身跨国游学经验的帮助下，比格斯成立了一家作为卫生部门分支的研究实验室。比格斯希望通过创立白喉抗毒素、狂犬病疫苗接种计划，将细菌学接入纽约公共卫生计划系统。1896 年，比格斯将天才细菌学家安娜·韦塞尔斯·威廉姆斯（Anna Wessels Williams）送往巴黎，让她在巴斯德研究所学习狂犬病诊断并接受疫苗生产培训。学成后，威廉姆斯携带狂犬病毒培养液回到美国，并于 1898 年成功研发了大规模生产狂犬病疫苗的技术方案。1904 年，她设计了一种可以辨别出大脑组织是否存在狂犬病典型标志物内基氏小体（Negri bodies）的新技术，如此便可通过显微镜快速诊断患者是否感染了狂犬病。威廉姆斯的专业知识不仅得到了美国国内的广泛认可［1907 年，美国公共卫生协会（the American Public Health Association）任命她为狂犬病诊断标准方法委员会（the Committee on the Standard Methods for the Diagnosis of Rabies）主席］，她的声名也远播海外。经过努力，纽约卫生部门狂犬病实验室接诊的被狗咬伤的病患数量，也从 1900 年的 28 位，在 1908—1913 年增长至平均每年 900 位的较高水平。与此同时，该部门兽医所核检的犬只也日益增多（1908 年有超 4 600 只犬在此接受检查）。比格斯下定决心对纽约巴斯德研究所的狂犬病专家、官员们发出挑战，在其推动下，纽约市政当局也开始认真对待狂犬病问题及"狗咬人"事件。

争议声从未消散。1903 年，卫生部门发布的要求纽约街头所有犬只佩戴嘴套（并非宽松嘴套）的法令，就让该政府和动物保护主义者之间爆发了冲突。动物保护主义者们淡化了狂犬病的威胁，坚称狂犬病是一种"主要由想象力引起的"罕见疾病。而卫生部门以及其他医学专家，则一致谴责了这些动物保护主义者的不负责任态度，斥责他们把犬类福祉凌驾于人类生命之上。即便争议不断，纽约卫生部门狂犬病实验室成立后的研究工作，还是进一步巩固了在纽约实行巴氏诊疗法的基础。但是也要看到，卫生部门新实验室的建立，既加深了纽约、巴黎两座私人巴斯德研究所打下的基础，也对私有狂犬病研究、防治机构发出了挑战。[75]

但对支持巴氏疗法的美国人来说，只接种疫苗还不足以应对狂犬问题。因此，支持佩戴嘴套的呼声变得再次高涨。尽管对纽约卫生部门在狂犬病治疗方面日益占据主导地位一事备感威胁，纽约巴斯德研究所的乔治·吉比尔·兰博（George Gibier Rambaud）博士还是赞同嘴套政令，并认为其是一种已在欧洲切实实施的有效、合理措施（兰博着重强调了嘴套在巴黎、英国的使用情况）。"加大给犬只佩戴嘴套的政策执行力度"，这点和美国卫生部门提出的建议不谋而合。兽医病理学家乔治·H. 哈特（George H. Hart）呼吁在全美范围内实行嘴套政令。哈特指出，嘴套政令是一项已在欧洲获得成功的措施。而反对嘴套者则忽视了一点：在那时的美国，每年约有 100—300 人死于狂犬病，还有成千上万名被狗咬伤的受害者，这些人正遭受着"焦虑、心理恐慌和无尽的痛苦"。[76] 哈特认为，人类的情感痛苦更应该得到充分重视。

政府方面挑战了"嘴套是残忍械具"这一说法，并尝试着打破"人与狗狗之间存在亲密关系"的神话。同样，爱狗人士口中"犬类的忠诚天性表明它们不易感染狂犬病"的说法，也遭到了政府方面的严肃质疑：一只狗存在于世"和它道德品行完全无关。对于和它密切接触的人类伙伴的健康，以及有着间接联系的社会福祉而言，它根本就是一种威胁"。照此说法，即便是忠诚可爱的狗狗，也成了"携带狂犬病"的潜在威胁者。公众因狂犬病而饱受的情感痛苦，也更加证明推行嘴套令确有必要："想到孩童细腻柔软的肌肤被咬伤、损害，一个正常人很难不心头为之一颤。"[77] 尽管人们普遍不相信狂犬病是人类外化的"恐惧情感"，但这些说法仍旧让狂犬病成了"装满情绪包袱"的一种疾病。

公众恐慌也促使民众呼吁在纽约地区展开更多行动。1907 年，布朗克斯城岛居民因街头游荡的疯狗而惊慌不已。与此前人们忧心忡忡地面对流浪狗时的反应相同，一位居民将城岛的情况和君士坦丁堡（今伊斯坦布尔）做了类比。经过与美国防止虐待动物协会的长期论战，也见证过狂犬病病例激增的情况后，1908 年，当地卫生部门终于通过了一项法令，要求 6 月至 10 月间所有犬只必须拴好狗绳、佩戴嘴套方可出门。此外，卫生部门还成立了一支专门射杀所有未拴狗绳、未戴嘴套犬只的警察队伍。这支队伍捕杀的犬只中，有很大一部分是流浪狗。虽然该条例引发了众怒，但卫生部门却高声赞扬相关举措，称它是成功消灭狂犬病的好对策。美国乡野户外杂志《森林与溪流》的评论指出，为了"公众健康、和平与福祉"，有"必要"杀死"流浪"犬只。媒体界持此类意见者，远不止《森林与溪流》一家。这些观点中也留存着些许人道主义情感。有媒体建议杀死流浪狗的方法必须人道，因为让动物遭受痛苦是"一种不人道的行为"。与此同时，这种公之于众的可怕死亡场景也会"带坏社会中部分人群的思想，并深刻地影响到社会大部人心中的那种同情心"。[78]

1914 年，嘴套政令再次引发了官民冲突。当时，曼哈顿和皇后区狂犬病例的飙升，促使当地卫生专员西格蒙德·戈德沃特（Sigismund Goldwater）提议改变旧法令，在全年推行嘴套政令并新建犬只收容所。美国防止虐待动物协会和动物保护主义者站了出来，再一次谴责嘴套之残忍，并批判戈德沃特"试图消灭纽约所有的犬只"。作为回应，戈德沃特宣称，自己是爱狗人士，可是本市也需要更好的犬只管理措施，以防不必要的人类死亡悲剧。戈德沃特也曾试图缓解爱狗人士的担忧，但其方法体现出了他心中女性狗主人普遍"多愁善感"的刻板印象，他表示，警察不会对"紧张的老太太怀里抱着的无牙小宠物狗"动手。[79]

反嘴套阵营误导大众，同时他们对犬只的依恋情感过于泛滥——在支持嘴套政令派的反击中，这种言论发挥了重要作用。卫生部门兽类疾病司负责人阿奇博尔德·麦克尼尔（Archibald McNeill）博士对反嘴套政策群体加以驳斥，称其观点源自"多愁善感"的情绪。纽约市长、美国兽医协会（the Veterinary Medical Association）和《纽约时报》等方面，都赞成执行更加严格的嘴套法令。卫生部门则试图安抚反嘴套政令者对犬只恐遭虐待的担忧。据报道，在卫生部门展示了柔和却可防咬的嘴套后，爱狗人士保护协会（the Dog Lovers' Protective Association）成员对犬只可能受苦的担忧，得到了一定的缓解。[80]

卫生部门表示其颁布的，包括广泛实行嘴套政令在内的严格措施，已经有效减少了狂犬病病例数。1917 年，只有 3 位纽约人死于狂犬病，且罹难者都不是在这座城市中被犬只咬伤的。而到了 1918 年，纽约市完全没有出现狂犬病例。嘴套和巴斯德疗法的成效进一步凸显出来，并毫无异议地赢得了最终胜利。[81]

可是"狗咬人"仍在继续发生。1917 年，纽约卫生部门记录在案的"狗咬人"事件多达 2 873 起，而实际数字可能比这还要高得多。1937 年，在布朗克斯区和布鲁克林区掀起的狂犬病"恐惧潮"，促使当地政府强制推行嘴套政令、拴绳遛狗限制，同时也紧急抓捕了整整 8 000 只流浪狗。1931—1937 年，纽约卫生部门共记录了 135 203 起"狗咬人"事件，闯祸者以未戴嘴套犬只居多。与此同时，共计有 9 011 位"狗咬人"事件受害者预防性地接受了巴氏疫苗接种，由此狂犬病致死人数也一直保持在极低水平：1933—1937 年，全纽约仅有 1 例狂犬病死亡病例。[82]

在纽约，狂犬病得到了更加严格的管控。不过人们对"狗咬人"的担忧依旧存在。伦敦和巴黎的情况亦复如是。在巴黎，警察局长仍在持续颁布命令，要求捕杀未戴嘴套的流浪狗。巴黎动物保护协会表示，在（饱受争议的）"狗咬人"事件及随之而来的狂犬病染病数激增的事实面前，1919 年颁布的这条法令还是引起了爱狗人士"最为激烈的情绪"。在收到许多狗主人满是焦虑的来信后，动物保护协会对当局出台相关措施的合理性提出了质疑。英国的狂犬病是在进口患病犬只后发展到顶峰的（尽管更多人认为英国本土的流浪狗，以及拒不执行嘴套法令的狗主人才是狂犬病暴发的主因所在）。1919 年，英国全境共报道、确认了 140 例狂犬病病例。受此影响，政府会定期在疫情发生地区推行嘴套法令。[83]狂犬病和"狗咬人"现象虽尚未彻底消除，但也都得到了有效控制。

▶▷ **小结**

在伦敦、纽约和巴黎，"狗咬人"事件既激起了公愤，也引发了各种分歧。狂犬病——这一与犬只咬伤人类紧密相关的问题，就其病因、症状认知，及其对城市居民的影响而言，已然被公众当成一种"情绪疾病"。在犬只是否应当佩戴嘴套的问题上，两种由情感冲动支配的立场相互交织。支持嘴套政令者认为，嘴套是限制疾病传播和抑制疾病恐惧的一种合理措施。而在反对者看来，嘴套既残忍又危险。路易斯·巴斯德的狂犬疫苗令三个国家的人民重新燃起了希望，人们心中满怀宽慰和感激的深切真情。但是针对狂犬病的巴氏疗法，最终也加深了嘴套政令支持者与反对者之间的分歧。支持者很大程度上接受了巴斯德的观点主张。而在后者看来，巴斯德本人及其治疗方法都很残忍——不但存在风险，而且具有误导性。

嘴套政令支持者强化了一种观点——在新兴的狗狗都市中，任由犬只自生自灭实在过于让人不安。"狗咬人"和流浪行为都需要人类密切予以监管。如此态度成为现代西方城市中人犬关系的关键特征。只要用好科学知识、市政法规和相关技术，就能降低犬只对人类安全、健康所造成的威胁。如此一来，也就可以在伦敦、纽约和巴黎这三座大都会中合理地饲养狗狗。嘴套政令支持者，尤其伦敦的相关人士可以宣称他们"取得了一定的成功"。但和现代都市面临的自然灾害、技术迷局、疾病扩散与人口暴增等其他待治理风险一样，"狗咬人"的问题只是有所缓解，但尚未彻底根除。[84] 但是，巴氏疫苗再加上人类对犬只更大范围的监管，已充分降低了"狗咬人"行为带来的影响，也令狗狗得以真正融入狗狗都市之中。

即便已经成功"克服"狂犬病，但还是有部分人呼吁驱逐那些不符合中产阶级"干净、有序、体面"城市理想的犬只。大部分嘴套政令支持者及其反对者都认同无主流浪狗"危险又肮脏"。因此，在当代都市中它们应该被"消灭"。基于此逻辑，纽约卫生部门将街头的 15 万只流浪狗称作"威胁人类生命健康的公害"。[85] 那么，时人如何按照中产阶级人道主义观点，去处死那些不受待见的流浪狗呢？第三章将继续讨论这一棘手难题。

注 释

[1] "A Child's Terrible Death," *NYT*, August 4, 1878.

[2] 关于狂犬病诊疗方法的精彩概述，详见 Jessica Wang, *Mad Dogs and Other New Yorkers: Rabies, Medicine, and Society in an American Metropolis*, 1840–1920 (Baltimore: Johns Hopkins University Press, 2019), 83–124。

[3] "Hydrophobia," *Times* (London), July 23, 1830; "New York City," *New York Daily Times*, May 8, 1852; "Fifty Dog Catchers at Work This Week," *NYT*, May 25, 1908; John D. Blaisdell, "A Frightful, but Not Necessarily Fatal, Madness: Rabies in Eighteenth–Century England and English North America" (PhD diss., Iowa State University, 1995), https://core.ac.uk/download/pdf/38900778.pdf; Jolanta N. Komornicka, "Man as Rabid Beast: Criminals into Animals in Late Medieval France," *French History* 28, no. 2 (2014): 157–71; Bill Wasik and Monica Murphy, *Rabid: A Cultural History of the World's Most Diabolical Virus* (New York: Penguin, 2012); Hugh Dalziel, *Mad Dogs and Hydrophobia* (Dundee: James P. Mathew, 1886), 1–2; *Hydrophobia, or Fun Gone Mad: A Book for the Dog Days* (New York: s. n., 1877); "Hydrophobia," *Sixpenny Magazine*, February 1866. 关于对疾病的恐惧，详见 Amelia Bonea, Melissa Dickson, Sally Shuttleworth, and Jennifer Wallis, *Anxious Times: Medicine and Modernity in Nineteenth–Century Britain* (Pittsburgh: University of Pittsburgh Press, 2019); Daniel McCann and Claire McKechnie-Mason, eds., *Fear in the Medical and Literary Imagination, Medieval to Modern: Dreadful Passions* (London: Palgrave Macmillan, 2018)。

[4] F. J. Bachelet and C. Froussart, *Cause de la rage et moyen d'en preserver l'humanité* (Valenciennes: E. Prignet, 1857), iii. 另请参阅

Horatio R. Bigelow, *Hydrophobia* (Philadelphia：D. G. Brinton, 1881), 91; Harriet Ritvo, *The Animal Estate：The English and Other Creatures in the Victorian Age* (London：Penguin, 1990 [1987]), 167–70。

[5] 乔治·弗莱明就深受亨利·布利（Henri Bouley）、卡米尔·勒布朗（Camille Leblanc）等法国兽医影响。*Rabies and Hydrophobia：Their History, Nature, Causes, Symptoms, and Prevention* (London：Chapman and Hall, 1872), 109–10, 128, 317. 关于查尔斯·P. 罗素（Charles P. Russel）翻印的伦敦犬只管理条令，详见 *Hydrophobia in Dogs and Other Animals, and the Sanitary Precautions against Its Transmission to the Human Race* (New York：Board of Health, 1875), 42–43。

[6] 关于更多命名法则的资料，详见 Wang, *Mad Dogs and Other New Yorkers*, 3–4。

[7] Thomas Blatchford, *Hydrophobia：Its Origin and Development as Influenced by Climate, Season and Other Circumstances* (Philadelphia：T. K. and P. G. Collins, 1856), 9; William Youatt, *On Canine Madness* (London：Longman, 1830), 22, 34. 需要注意的是，此处引用的术语"病毒"指的是毒性或毒素，而并非指"生物学意义上具备活性，能进行自我复制的病毒"。Wang, *Mad Dogs and Other New Yorkers*, 3.

[8] Louis–François Trolliet, *Nouveau traité de la rage, observations cliniques, recherches d'anatomie pathologique et doctrine de cette maladie* (Paris：Méquignon–Marvis, 1820), 165; Damien Baldin, *Histoire des animaux domestiques, XIXe–XXe siècle* (Paris：Seuil, 2014), 205.

[9] Youatt, *On Canine Madness*, 6; Henry Sully, *Observations on, and Plain Directions for, All Classes of People, to Prevent the Fatal Effects of the Bites of Animals Labouring under Hydrophobia* (Taunton：R. Hall,

1828），11. 关于女性"潜在的过度情感表达"相关解释说明，详见 Peter N. Stearns, *American Cool: Constructing a Twentieth-Century Emotional Style* (New York: New York University Press, 1994), 35。

[10] Henri Bouley, *Hydrophobia: Means of Avoiding Its Perils and Preventing Its Spread as Discussed at One of the Scientific Soirees of the Sorbonne*, trans. Alexandre Liautard (New York: Harper and Brothers, 1874 [1870]), 10–11, 13; Thomas H. Gage, *A Case of Hydrophobia: With Remarks* (Worcester, MA: Worcester District Medical Society, 1865), 3; Wang, *Mad Dogs and Other New Yorkers*, 43; Kathleen Kete, *Beast in the Boudoir: Petkeeping in Nineteenth-Century Paris* (Berkeley: University of California Press, 1994), 97–114.

[11] "Hydrophobia"; Trolliet, *Nouveau traité de la rage*, 17–23, 192–93; Blatchford, *Hydrophobia*, 77; David G. Schuster, *Neurasthenic Nation: America's Search for Health, Happiness, and Comfort*, 1869–1920 (New Brunswick, NJ: Rutgers University Press, 2011), 86; Kete, *Beast in the Boudoir*, 98–102.

[12] Bigelow, *Hydrophobia*, 80–81, 84; Griscom quoted in Blatchford, *Hydrophobia*, 82. 另请参阅 Kete, *Beast in the Boudoir*, 100–101。

[13] Trolliet, *Nouveau traité de la rage*, 16–17, 77, 346; M. E. Decroix, *De la rage: Curabilité-traitement* (Lille: Imprimerie de Lefebvre-Ducrocq, 1868) 27, 30; Fleming, *Rabies and Hydrophobia*, 342, 344. Fleming noted that "mental treatment is by no means to be neglected" (349).

[14] Bouley, *Hydrophobia*, 50; Bigelow, *Hydrophobia*, 29, 121, 139; Gordon Stables, *Dogs in Their Relation to the Public: Social, Sanitary and Legal* (London: Cassell, Petter and Galpin, 1877), 29.

[15] A Lady, "To the Editor of *The Times*," *Times* (London), June 3, 1830; "London Dogs," *Saturday Review*, September 26, 1868; Shu–

Cauan Yan, "Emotions, Sensations, and Victorian Working-Class Readers," *Journal of Popular Culture* 50, no. 2 (2017): 317-40.

[16] William Lauder Lindsay, *Mind in the Lower Animals in Health and Disease* (London: Kegan Paul, 1879), 2: 176; Edouard-François-Marie Bosquillon, *Mémoire sur les causes de l'hydrophobie, vulgairement connue sous le nom de rage, et sur les moyens d'anéantir cette maladie* (Paris: Gabon, 1802), 2, 22, 26; Vincent di Marco, *The Bearer of Crazed and Venomous Fangs: Popular Myths and Delusions regarding the Bite of the Mad Dog* (Bloomington, IN: iUniverse, 2014), 141-47; Neil Pemberton and Michael Worboys, *Rabies in Britain: Dogs, Disease and Culture*, 1830-2000 (Basingstoke: Palgrave Macmillan, 2013 [2007]), 9; Daniel Hack Tuke, *Illustrations of the Influence of the Mind upon the Body in Health and Disease Designed to Elucidate the Action of the Imagination* (Philadelphia: Henry C. Lea, 1873), 198-99; Wang, *Mad Dogs and Other New Yorkers*, 151-52.

[17] Tuke, *Illustrations of the Influence of the Mind*, 198-99, 207.

[18] Tuke, 200-201; "London, Thursday April 11," *Daily Telegraph* (London), April 11, 1872; Peter Cryle, "'A Terrible Ordeal from Every Point of View': (Not) Managing Female Sexuality on the Wedding Night," *Journal of the History of Sexuality* 18, no. 1 (2009): 44-64.

[19] Lindsay, *Mind in the Lower Animals*, 17; William Lauder Lindsay, "Madness in Animals," *Journal of Mental Science* 17, no. 78 (1871): 185; William Lauder Lindsay, "Spurious Hydrophobia in Man," *Journal of Mental Science* 23, no. 104 (January 1878): 551-53; Pemberton and Worboys, *Rabies in Britain*, 96-97; Liz Gray, "Body, Mind and Madness: Pain in Animals in the Nineteenth-Century Comparative Psychology," in *Pain and Emotion in Modern History*, ed. Rob Boddice (Basingstoke: Palgrave, 2014), 148-63; "Hydrophobia: The Subject Dis-

cussed by Medical Men," *NYT*, July 7, 1874; Wang, *Mad Dogs and Other New Yorkers*, 150−51; Bonea, Dickson, Shuttleworth, and Wallis, *Anxious Times*; Daniel Pick, *Faces of Degeneration: A European Disorder c.* 1848−1918 (Cambridge: Cambridge University Press, 1989); Hannah Rose Woods, "Anxiety and Urban Life in late Victorian and Edwardian Culture" (PhD diss., University of Cambridge, 2018), https://www.repository.cam.ac.uk/handle/1810/274934; Andrew Scull, *Hysteria: The Disturbing History* (New York: Oxford University Press, 2009).

[20] Edward Mayhew, *Dogs: Their Management Being a New Plan of Treating the Animal Based upon a Consideration of His Natural Temperament* (London: George Routledge and Sons, 1854), 5−6, 156, 160.

[21] Blatchford, *Hydrophobia*, 10−11.

[22] Sabine Arnaud, *On Hysteria: The Invention of a Medical Category between 1670 and 1820* (Chicago: University of Chicago Press, 2015), 245; Julien−Joseph Virey, *De la femme, sous ses rapports physiologique, moral et littéraire*, 2nd ed. (Paris: Crochard, 1825), 117, 410; Bachelet and Froussart, *Cause de la rage*, 82−83, 85. 另请参阅 Kete, *Beast in the Boudoir*, 102−3; Ritvo, *The Animal Estate*, 180−81。

[23] "Rapport sur la rage," 1878, 6−7, 9, DA 45 [illegible], APP; Bachelet and Froussart, *Cause de la rage*, 143, 146; Thomas Dolan, *The Nature and Treatment of Rabies or Hydrophobia Being the Report of the Special Commission Appointed by the Medical Press and Circular* (London: Baillière, Tindall and Cox, 1878), 204, 245. 另请参阅 J. Grandjean, "Du moyen préventif de la rage: Pétition à l'Assemblée nationale," May 1, 1878, DA 45, APP。

[24] "Dogs," *Pall Mall Gazette* (London), December 31, 1871; Pemberton and Wor− boys, *Rabies in Britain*, 46. 关于犬类可感知到微妙情绪的研究，详见 Edmund Ramsden and Duncan Wilson, "The Suicid-

al Animal: Science and the Nature of Self-Destruction," *Past and Present* 224 (2014): 205-17。

[25] *Hydrophobia* (New York: M. B. Brown, 1874), Broadsides SY1874 no. 25, New York Historical Society, capitals in the original; Trolliet, *Nouveau traité de la rage*, 274-75.

[26] *Committee to Prevent the Spreading of Canine Madness, Report, Minutes of Evidence*, House of Commons, Parliamentary Papers 651, 1830, 3-4; Bouley, *Hydrophobia*, 28-29; "Hydrophobia," *Times* (London).

[27] Stonehenge [J. H. Walsh], *The Dogs of the British Islands*, 4th ed. (London: Horace Cox, 1882), 24-25; Pemberton and Worboys, *Rabies in Britain*, 66; Comité consultatif d'hygiène publique de France, "Instructions relatives à la rage," n. d. [1878?], DB 229, APP.

[28] Préfecture de police, "Instruction concernant les mesures à prendre à l'égard des chiens en execution de l'Ordonnance de police du 27 mai 1845," January 10, 1867, DA 44, APP.

[29] M. J. Bourrel, *Traité complet de la rage chez le chien et chez le chat: Moyen de s'en preserver* (Paris: Chez l'auteur, G. Barbab, P. Asselin, 1874), 107, 117; M. J. Bourrel, *Réponse à quelques objections faites à la méthode de l'émoussement de la pointe des dents des chiens comme moyen préventif de l'inoculation du virus rabique* (Paris: Renou, Maulde et Cock, 1876), 26, 35-36.

[30] Russel, *Hydrophobia in Dogs and Other Animals*, 47; "Hydrophobia: The Subject Discussed by Medical Men"; Fleming, *Rabies and Hydrophobia*, 306.

[31] Leslie Topp, "Single Rooms, Seclusion and the Non-Restraint Movement in British Asylums, 1838-1844," *Social History of Medicine* 31, no. 4 (2018): 754-73.

[32] Bibliothèque de l'école vétérinaire d'Alfort, Maisons-Alfort,

Préfecture de police, "Ordonnance concernant les chiens errants," July 30, 1823; Préfecture de police, "Avis," August 29, 1828, DB 229, APP; [Doctor Delance?], letter to Préfet de police, 1878, DA 44, APP. 另请参阅 Letter to Préfet de police, May 28, 1878, DA 44, APP; "Note," June 1878, DA 44, APP; [Doctor Malzer?] to Préfet de police, n. d., DA 44, APP。

[33] "Common Council," *New York Herald*, July 4, 1848; "Proclamation," *New York Herald*, July 13, 1848; Benjamin Brady, "The Politics of the Pound: Controlling Loose Dogs in Nineteenth-Century New York City," *Jefferson Journal of Science and Culture* 2 (2012): 10-11; "Prospective War on Unmuzzled Dogs," *NYT*, May 28, 1874; "The Great Dog War of 1848," *New York Herald*, July 16, 1848; John Duffy, *A History of Public Health in New York City* 1866-1966 (New York: Russell Sage Foundation, 1974), 33-34.

[34] "An Act for Further Improving the Police in and near the Metropolis," August 17, 1839, www. legislation. gov. uk/ukpga/Vict/2-3/47, accessed October 20, 2020; "Police," Times (London), August 15, 1867; Pemberton and Worboys, Rabies in Britain, 54; "Police," Times (London), February 14, 1867.

[35] *Report from the Select Committee of the House of Lords on the Traffic Regulation (Metropolis) Bill [H. L.] together with the Proceedings of the Committee, Minutes of Evidence and Index*, House of Commons, Parliamentary Papers 186, 1867, 26; "The New Law on Dogs," *Times* (London), October 4, 1867; Holmes Coote, "Hydrophobia: To the Editor of the Times," *Times* (London), September 21, 1868; Pemberton and Worboys, *Rabies in Britain*, 80.

[36] Dolan, *The Nature and Treatment of Rabies*, 206, 219; Fleming, *Rabies and Hydrophobia*, 205-15, 374-76.

[37] Stables, *Dogs in Their Relation to the Public*, 26; Snarleyow, "The New Dog Torture," *Daily Telegraph* (London), June 30, 1868. 另请参阅 C. C. B., "The New Dog Torture," *Daily Telegraph* (London), July 2, 1868; "London Dogs," *Saturday Review*, September 26, 1868; Humanitas, "The New Dog Torture," *Daily Telegraph* (London), July 2, 1868; Pemberton and Worboys, *Rabies in Britain*, 82; Report... on the Traffic Regulation (*Metropolis*) Bill, 26; "He Don't Like Dogs," *NYT*, June 14 1886。

[38] Bourrel, *Traité complet*, 100; Russel, *Hydrophobia in Dogs and Other Animals*, 43-44; Charles P. Russel, "Muzzling the Dogs," *NYT*, June 8, 1874; "Hydrophobia: The Subject Discussed by Medical Men"; Scull, *Hysteria*, 87.

[39] Henry Blatin, *Nos cruautés envers les animaux au détriment de l'hygiène, de la fortune publique et de la morale* (Paris: Hachette, 1867), 99; M. L. Prangé, "De la muselière appliquée au chien," *Bulletin de la Société protectrice des animaux*, 8 (1862): 354; Eugène Meunier, *La liberté pour le chien: Plaidoyer historique, philosophique et physiologique dédié aux amis de la race canine* (Paris: F. Henry, 1863), 24. 另请参阅 Dr. Belloli, "La muselière des chiens," *Bulletin de la Société protectrice des animaux* 8 (1862): 313-16; Bourrel, *Traité complet*, 98-99; Henry Blatin, "De la rage chez le chien et des mesures préservatrices," *Bulletin de la Société protectrice des animaux* 8 (1862): 158-68; "Encore la muselière," *Bulletin de la Société protectrice des animaux* 8 (1862): 420; Eugène Meunier, *Plaintes d'un muselé traduits par son maître* (Paris: Chez l'auteur, 1862)。

[40] "Local Intelligence: Hydrophobia," *NYT*, June 16, 1868; ASPCA, *Annual Report* (1868), 50; "Report," *The Proceedings at the Annual Meeting Held July 18th*, 1868 (London: Royal Society for the Pre-

vention of Cruelty to Animals, 1868), 42-43.

[41] Préfecture de police, "Ordonnance concernant les chiens errants," June 7, 1830, DB 229, APP; Ann La Berge, *Mission and Method: The Early Nineteenth - Century French Public Health Movement* (Cambridge: Cambridge University Press, 1992), 120; Préfet de police, "Chiens," August 8, 1837, DB 229, APP; Préfet de police to [?], June 10, 1837, DB 229, APP; Conseil d'hygiène publique et de salubrité du département de la Seine, "Séance de la Commission de la Rage du 15 novembre 1862: Etude sur la prophylaxie administrative de la rage," 30- 31, 54, 58, DA 44, APP; Bourrel, *Traité complet*, 100.

[42] Préfet de police, "Ordonnance concernant les chiens," August 6, 1878, DB 229, APP; "Mesures preventatives contre la rage," August 24, 1878, DB 229, APP. 关心此事的巴黎市民所撰写的信件内容引自巴黎警察局档案馆 DA 44。

[43] "City Intelligence," *New York Herald*, May 25, 1848; Russel, *Hydrophobia in Dogs and Other Animals*, 43-44. 另请参阅 "Dogs Rampant: To the Rescue," *New York Daily Times*, July 11, 1856; "An Hour at the Dog-Pound," *New York Daily Times*, August 5, 1856; "Dogs in Trouble," *NYT*, June 13, 1874; "The Dog - Days and the New Dog Law," *NYT*, June 2, 1867; "Hydrophobia," *NYT*, August 14, 1874。

[44] Philip Howell, *At Home and Astray: The Domestic Dog in Victorian Britain* (Charlottesville: University of Virginia Press, 2015), 158-60.

[45] William Lauder Lindsay, "The Pathology of Mind in the Lower Animals," *Journal of Mental Science* 21, no. 1 (April 1877): 18; Lindsay, *Mind in the Lower Animals*, 339.

[46] Louis Pasteur, "Méthode pour prévenir la rage après morsure," *Bulletin de l'Aca - demie nationale de médecine*, 49th year, 2nd ser. , vol. 2 (Paris: G. Masson, 1885), 1432. 另请参阅 Jean Théodoridès,

"Pasteur and Rabies: The British Connection," *Journal of the Royal Society of Medicine* 82, no. 8 (1989): 488-89; Bert Hansen, "America's First Medical Breakthrough: How Popular Excitement about a French Rabies Cure in 1885 Raised New Expectations for Medical Progress," *American Historical Review* 103, no. 2 (1998): 393。

[47] "Nos gravures," *L'illustration* (Paris), November 7, 1885. 另请参阅 "Les travaux scientifiques de M. Pasteur," *Le journal illustré*, March 30, 1884。

[48] Charles Talansier, "Les inoculations au laboratoire de M. Pasteur," *L'illustration* (Paris), April 10, 1886; Gilbert Martin, "L'ange de l'inoculation," *Le Don Quichotte*, March 13 1886; "Patients of M. Pasteur," *NYT*, January 18, 1886; "Hydrophobia," *Times* (London), October 28, 1885; "M. Pasteur," *Times* (London), October 31, 1885; George Fleming, "Rabies and Hydrophobia: To the Editor of *The Times*," *Times* (London), November 26, 1885; Dalziel, *Mad Dogs and Hydrophobia*, 51 - 52; Pemberton and Worboys, *Rabies in Britain*, 108-10.

[49] "Travaux scientifiques," *La république illustrée* (Paris), November 7, 1885; "Pasteur and Mad Dogs," *NYT*, January 10, 1886.

[50] "Une séance de vaccination antirabique à l'Institut Pasteur à Paris," *Lyon républicain: Supplément illustré*, April 24, 1898; Armand Ruffer, "Remarks on the Prevention of Hydrophobia by M. Pasteur's Treatment," *British Medical Journal* 2, no. 1499 (September 21, 1889): 643; Victor Horsley, "M. Pasteur's Prophylactic," *British Medical Journal* 2, no. 1342 (September 18, 1886): 573.

[51] Pemberton and Worboys, *Rabies in Britain*, 112-15.

[52] "The Mad Dog Scare," *NYT*, December 24, 1884; "Forty More Newark Dogs Poisoned," *NYT*, December 13 1885; "Newark Police in a

Quandary," *NYT*, December 15, 1885; "Panic Caused by a Mad Dog," *NYT*, December 4, 1885.

[53] "Pasteur and Mad Dogs"; "Patients of M. Pasteur," *NYT*, January 18, 1886; Hansen, "America's First Medical Breakthrough," 389–404, 409–10.

[54] Valentine Mott, "Rabies, and How to Prevent It," *New York Medical Journal* 44, October 30, 1886, 491. 另请参阅"Using Pasteur's Method," *NYT*, July 7, 1886; "To Try Pasteur's Methods," *NYT*, January 3, 1886; "A Pasteur Institute Incorporated," *NYT*, January 5, 1886; Leonard J. Hoenig, Alan C. Jackson, and Gordon M. Dick-inson, "The Early Use of Pasteur's Rabies Vaccine in the United States," *Vaccine* 36, no. 30 (2018): 4578–79。关于美国巴斯德研究所的更多优秀概述，详见 Wang, *Mad Dogs and Other New Yorkers*, 162–70。

[55] "Pasteur Building Dedicated: Formal Opening of the New Home of the Institute," *NYT*, October 11, 1893; David Huyssen, *Progressive Inequality: Rich and Poor in New York*, 1890–1920 (Cambridge, MA: Harvard University Press, 2014). 关于纽约巴斯德研究所的更多概述，详见 Wang, *Mad Dogs and Other New Yorkers*, 170–83。

[56] "Editorial: Another Case of Madness versus Hydrophobia," *Bulletin of the Pasteur Institute* 5, no. 4 (December 1897), 84–86; "The First Decennial Work of the New York Pasteur Institute," *Bulletin of the Pasteur Institute* 8, no. 1 (March 1900): 1–4; "Dr. Gibier Killed in Runaway Accident," *NYT*, June 11, 1900; Anne Marie Moulin, "Les instituts Pasteur de la Méditerranée arabe: Une religion scientifique en pays d'Islam," in *Santé, médecine et société dans le monde arabe*, ed. Elisabeth Longuenesse (Paris: L'Harmattan, 1995), 130–64.

[57] 截至 1890 年 1 月，市长官邸基金共计筹集资金 2839 欧元，远远少于筹集 5000 欧元这一目标。这笔资金供 30 位病患前去巴黎

接受治疗，剩余钱款一律捐赠给了巴斯德研究所。Pemberton and Worboys, *Rabies in Britain*, 122, 129–30.

[58] Landon Carter Gray, "Hydrophobia: Its Clinical Aspect," *Transactions of the New York Academy of Medicine*, 2nd ser., 7 (1891): 336–40; Charles L. Dana, "The Reality of Rabies," *Transactions of the New York Academy of Medicine*, 2nd ser., 7 (1891): 345–50. 另请参阅 John D. Blaisdell, "With Certain Reservations: The American Veterinary Community's Reception of Pasteur's Work on Rabies," *Agricultural History* 70, no. 3 (1996): 503–24; Wang, *Mad Dogs and Other New Yorkers*, 147–78。

[59] "Pasteur Causes Trouble," *NYT*, June 12, 1890; Charles W. Dulles, *Pasteur's Method of Treating Hydrophobia* (New York: Trow's Printing and Bookbinding, 1886); Charles W. Dulles, "Report on Hydrophobia," *Medical Record*, June 26, 1897, 905–7; Irving C. Rosse, "Hydrophobia," *Washington Post*, November 26, 1895; J. C. Emory, "'Hydrophobia' Statistics," *NYT*, January 19, 1898; Arthur Westcott, "Hydrophobia Statistics," *NYT*, January 30, 1898; "Death from Fear vs. Hydrophobia," *Open Door*, December 1921; *Pasteurism: Its Commercialism and Its Dangers* (New York: New York Anti-Vivisection Society, n. d.), FA142, box 13, Rockefeller University Records, Special Events and Activities, Anti-Vivisection Activities, Rockefeller Archive Center.

[60] Terrie M. Romano, "The Cattle Plague of 1865 and the Reception of 'The Germ Theory' in Mid-Victorian Britain," *Journal of the History of Medicine and Allied Sciences* 52, no. 1 (1997): 51–80; Thomas M. Dolan, "M. Pasteur's Prophylactic," *British Medical Journal* 2, no. 1340 (September 4, 1886): 475–76; Horsley, "M. Pasteur's Prophylactic"; Thomas M. Dolan, *Pasteur and Rabies* (London: George Bell and Sons, 1890); Ouida [Marie Louise de la Ramée], "Rabies: To the

Editor," *Times* (London), November 7, 1885; "Kynophobia: A Fin-de-Siecle Nervous Disease," *Daily Mail* (London), April 17, 1897. 另请参阅 Sally Shuttleworth, "Fear, Phobia and the Victorian Psyche," in McCann and McKechnie-Mason, *Fear in the Medical and Literary Imagination*, 177-99; David Trotter, "The Invention of Agoraphobia," *Victorian Literature and Culture* 32, no. 2 (2004): 463-74; Diana Donald, *Women against Cruelty: Protection of Animals in Nineteenth-Century Britain* (Manchester: Manchester University Press, 2020), 236-37。

[61] Pemberton and Worboys, *Rabies in Britain*, 116-20. *Hydrophobia: Report of a Committee Appointed by the Local Government Board to Inquire into M. Pasteur's Treatment of Hydrophobia* (London: HMSO, 1887). 报告结论总结自 "Report on Pasteur's Treatment of Hydrophobia," *Journal of the American Medical Association* 9, no. 4 (July 23, 1887): 119-21。

[62] Auguste Lutaud, *M. Pasteur et la rage* (Paris: Publications du Journal de médecine de Paris, 1887), 8-9; Lizzy Lind Af Hageby and Leisa K. Schartau, *The Shambles of Science: Extracts from the Diary of Two Students of Physiology*, 5th ed. (London: Animal Defence and Anti-Vivisection Society, 1913), 143-44. 另请参阅 Pemberton and Worboys, *Rabies in Britain*, 120; Baldin, *Histoire des animaux domestiques*, 169; Alceste, *Pasteur: Sa rage et sa vivisection* (Lyon: Association typographique, 1886); Auguste Lutaud, "M. Pasteur's Treatment of Hydrophobia," *British Medical Journal* 1, no. 1370 (April 2, 1887): 719-20。

[63] C. A. Gordon, *Comments on the Report of the Committee on M. Pasteur's Treatment of Rabies and Hydrophobia* (London: Baillière, Tindal and Cox, 1888), 13, 15, 17; Charles W. Dulles, *Pasteur's Method of Treating Hydrophobia* (London: Victoria Street Society for the Protec-

tion of Animals from Vivisection, 1886）; Michael Worboys, *Spreading Germs: Disease Theories and Medical Practice in Britain*, 1865 – 1900 （Cambridge: Cambridge University Press, 2000）.

[64] 引自 "Patients of M. Pasteur," *NYT*, January 18, 1886。

[65] Eugène Minette, *Notice sur la rage du chien* （Compiègne: Henry Lefebvre, 1890）, 4; Ilana Löwy, "Cultures de bactériologie en France, 1880–1900: La paillasse et la politique," *Gesnerus* 67, no. 2 （2010）: 190–91; David S. Barnes, *The Great Stink of Paris and the Nineteenth-Century Struggle against Filth and Germs* （Baltimore: Johns Hopkins University Press, 2006）, 36–46.

[66] Louis Moynier, *Lettres d'un chien errant sur la protection des animaux* （Paris: E. Dentu, 1888）, 41, 47–48; Louis Lépine, "Loi du 21 juillet 1881 et Décret du 22 juin 1882: Mesures contre la rage," July 1, 1897, DB 229, APP; "Mesures contre la rage," *Revue municipale*, 1902, 3493–94; Joanny Pertus, *Le chien: Hygiène, maladies* （Paris: J.-B. Baillière et fils, 1905）, 126–27; "L'actualité," *L'eclair*, October 3, 1897.

[67] Conseil d'hygiène publique et de salubrité du département de la Seine, *Rapport sur les maladies contagieuses des animaux observées dans le département de la Seine pendant l'année* 1893 （Paris: Imprimerie Chaix, 1893）, DB 232, APP; Pertus, *Le chien*, 122; "Pour les chiens," *Le matin* （Paris）, May 1, 1903; "Le massacre des chiens," *L'eclair*, June 13, 1892; Docteur Ox, "Chiens errants," *Le matin* （Paris）, April 11, 1902.

[68] Fleming, "Rabies and Hydrophobia."

[69] 本段大部分内容引自 Pemberton and Worboys, *Rabies in Britain*, 135–38; 有关科布的引语引自该书第 142 页。豪厄尔（Howell）认为，狗绳可以让狗主人群体产生责任感，并进行自我调节，这比嘴

套要重要得多。*At Home and Astray*, 150-73.

[70] *Report from the Select Committee of the House of Lords on Rabies in Dogs; together with the Proceedings of the Committee, Minutes of Evidence and Appendix*, House of Commons, Parliamentary Papers 322, 1887, vii.

[71] County of London, "Muzzling of Dogs Order of 1897," LCC-PC-ANI-01-03, LMA.

[72] Pemberton and Worboys, *Rabies in Britain*, 137-57；其中引语出自该书第 155 页；A. J. Sewell and F. G. D., "The Muzzling Order," *Times* (London), April 15, 1897; Frank Kerslake, "Hydrophobia and Muzzling," *Times* (London), September 30, 1889; "Wire Muzzles—Mrs Henry Levy Writes," *Times* (London), April 10, 1897。

[73] Pemberton and Worboys, *Rabies in Britain*, 161-62.

[74] "Beware the Dog Catcher," *Forest and Stream*, May 31, 1888; "Stray Dogs and the A. K. C.," *Forest and Stream*, July 31, 1890; Shuttleworth, "Fear, Phobia and the Victorian Psyche." 另请参阅 Charles W. Dulles, "Hydrophobia and the Pasteur Method: A Rejoinder," *Medical Record*, May 3, 1902; Follen Cabot, "Best Methods to Prevent Hydrophobia," *Medical News*, August 15, 1903; "The New York Academy of Medicine: Section on Medicine Stated Meeting, Held Tuesday April 17, 1900," *Medical News*, August 11, 1900; Tuke, *Illustrations of the Influence of the Mind*, 198-99; "Cynophobia," *NYT*, August 7, 1893; Gilroy box 1444, roll 6, New York City Municipal Archive。

[75] 杰西卡·王在书中写道，在大西洋两岸的交流，以及"慈善、公司企业与新兴公共卫生的制度环境"的加持下，巴氏诊疗法得以确立。*Mad Dogs and Other New Yorkers*, 183-92; 引语来自该书第 191 页。前三段内容也参考了以下文献：Wang, "Dogs," 1009-13; "Another Midsummer Madness: The Muzzle," *OAF*, July 1902; "Dogs Must Go Muzzled," *Medical News*, June 20, 1903; Elizabeth D.

Schafer, "Williams, Anna Wessels," *American National Biography*, Oxford University Press, 1999, https: //doi‐org. liverpool. idm. oclc. org/ 10. 1093/anb/978 0198606697. article. 1200984; "Recurrence of the 'Mad Dog Scare,'" *OAF*, July 1902; "News of the Week," *Medical Record*, April 18, 1903; Charles J. Bartlett, *Rabies with Report of a Case* (New Haven, CT: Van Dyck, 1907), 2; Anna Wessels Williams and Max Murray Lowden, "The Etiology and Diagnosis of Hydrophobia," *Annual Report of the Board of Health of the Department of Health of the City of New York for the Year Ending December 31*, 1906 (New York: Martin M. Brown, 1907), 2: 644-47; Duffy, *A History of Public Health*, 104-5。

[76] "Muzzling Dogs Is the Only Way to Stamp Out Rabies, Says Pasteur Expert," *Washington Post*, June 28, 1908; George H. Hart, *Rabies and Its Increasing Prev alence* (Washington, DC: Government Printing Office, 1908), 23. 吉比尔是纽约巴斯德研究所创始人保罗·吉比尔 (Paul Gibier) 的侄子。

[77] A. D. Melvin, 美国农业部畜牧管理局局长, E. C. Schroeder M. D. V. , 实验室负责人, "Some Observations on Rabies," January 29, 1908, 2, 5, circular 120, Bureau of Animal Industry, U. S. Department of Agriculture。

[78] "Scores of Mad Dogs Loose in City Island," *NYT*, January 5, 1907; Wang, "Dogs," 1013-15; "Cities and Vagrant Dogs," *Forest and Stream*, August 1, 1896. 另请参阅 Dolan, *The Nature and Treatment of Rabies or Hydrophobia*, 190, 193; Everett Millais, "The New Muzzling Order," *Times* (London), April 20, 1897; "Another Midsummer Madness"; F. C. Walsh, "The Problem of Rabies," *Forum*, April 1911。

[79] "Defends Ordinance to Muzzle Dogs," *NYT*, September 17, 1914.

[80] "Maudlin Sentimentality Is Back of Protest against Ordinance for

Muzzling City Dogs," *BDE*, October 4, 1914; "Find Good Dog Muzzle," *NYT*, October 16, 1915.

[81] Wang, "Dogs," 1013-15.

[82] *Information for Dog Owners: Why Dogs Must Be Muzzled When at Large* (New York: Department of Health, January 1919), 8; John L. Rice, *Health for 7, 500, 000 People* (New York: Department of Health, 1939), 146-47, 166, 263.

[83] "Un nouvel arrêté du Préfet de police sur la circulation des chiens dans le département de la Seine," *Bulletin de Société protectrice des animaux*, October-December 1918, 212; *Protégeons les animaux, conseils pratiques, droits et devoirs: II Chiens et chats* (Paris: Société protectrice des animaux, 1927), 15. 关于英国狂犬病情况概述，详见 Frederick Hobday, "Observations on Some of the Diseases of Animals Communicable to Man," *Lancet* 197, no. 5092 (April 2, 1921): 727; Thomas W. M. Cameron, "The Dog as a Carrier of Disease to Man," *Lancet* 199, no. 5142 (March 18, 1922): 565。

[84] Jean-Baptiste Fressoz, *L' apocalypse joyeuse: Une histoire du risque technologique* (Paris: Seuil, 2012); Peter Soppelsa, "The Fragility of Modernity: Infrastructure and Everyday Life in Paris, 1871-1914" (PhD diss., University of Michigan, 2009), https://deepblue.lib.umich.edu/handle/2027.42/62374.

[85] 引自 Jessica Wang, "Dogs and the Making of the American State: Voluntary Association, State Power, and the Politics of Animal Control in New York City, 1850-1920," *Journal of American History* 98, no. 4 (2012): 1013。15 万只流浪狗的这一数字引自 "Kill Off Stray Dogs to End Hydrophobia," *NYT*, May 23, 1908。

在伦敦、纽约和巴黎，许多人因目睹犬只备受折磨而悲愤难掩。犬只（或其他动物）是否会痛苦，是一项引发了长达数世纪的辩论的持续性问题。17世纪，法国哲学家勒内·笛卡儿和其反对者之间的争论，就是矛盾尤其激烈的一次对峙。在笛卡儿的世界观中，动物是一架没有理性和意识的机器，因而缺乏感受痛苦的能力。很多当代批评家基于自身对遭受折磨的动物的观察，向笛卡儿的观点发表了反对意见。[1]

到了18世纪，哲学家和作家普遍歌颂人类对他人痛苦产生的同情心，人们对待他者"痛苦"的态度，也就因此发生了转变。和此前的宗教框架不同，人们开始认为痛苦和创伤不再是上帝所降，也并非人类所必须承受或无法避免的报应。这种情感态度方面的变革，在文学界、医学界及其他领域中都有所体现。欧洲中产阶级和上层阶级的白人，往往认为自己是"情感最为高尚的人类"。因此，来自这个阶层的人士，也对他人遭受的痛苦尤为敏感。如此设想激发了欧洲中产阶级绅士和淑女们的人道主义观念，并鼓励他们为此付出努力，减轻穷人、被压迫者和无力自保者所遭受的痛苦。在随后到来的19世纪，工业化和城市化引起的城市社会动荡、底层普遍穷困问题，也迫切呼唤着人道主义之滥觞。[2]

在动物保护主义者看来，他们正是这股人道主义潮流的一部分。反活体解剖者宣称自己已"受到了情绪的感召"。情感是将文明人类紧密相连的黏合剂，也是它保证着当代社会的顺利运转。情感还阻止了人类日常生活里的种种越轨行为，让人类从在教堂中拳打脚踢转而优雅地抽起雪茄。同样，情感也是反活体解剖主义诞生的思想源泉。实际上，"共情"的能力正是"人类所能拥有的唯一保障。它可以防止人类退化出原始的兽性和凶狠"。情感是道德的基础，因为它驯服了人类潜在的兽性。[3]

在动物保护主义者和反活体解剖者眼中，狗狗是最值得人类同情的动物之一。这是由于犬类具有极强的感知能力，与人类也有着紧密联系。从述说宠物狗忠诚可靠的无数案例，到犬类"情感创伤"会导致狂犬病发作的传闻，有关犬类"情绪敏感"的证据随处可见，甚至还可见犬只对其他动物泛起怜悯心的故事。英国兽医威廉·布朗（William Brown）就曾记下这样一件事：一只丹迪丁蒙梗温柔地舔了舔一只小猫脸颊上的伤口，让这只小猫恢复了健康。虽然有些动物可能和人类一样残忍，但这只狗却向世人证明，动物身上"有可能也存在爱和怜悯之心"。[4]

本章将集中探讨狗狗都市形成过程中的一项突出难题：如何让那些不受世人待见的"咬人流浪狗"，在符合中产阶级人道主义价值观的条件下"销声匿迹"。而且屠杀流浪狗的方式也考虑到犬只遭受的痛苦。在人们看来，此前纽约、巴黎流浪狗收容所和北伦敦犬类之家（North London Dogs Home）所采取的捕杀犬只方式过于野蛮，令被捕杀对象蒙受了巨大痛苦。时至19世纪70年代，变化开始悄然发生。随着达尔文主义、反活体解剖运动的兴起，人们开始强调狗狗也会感到痛苦，这也更加衬托出了人类对流浪狗无情的一面。在狗狗都市兴起过程中，人们开始接受这样一种观点：为保护都市居民健康，犬只在被处死时承受一定痛苦确属必要，不过前提是犬只遭受的痛苦没有公然违背人道主义原则。动物保护主义者最终也赞同了公共卫生学家和市政当局的主张——各方公认有必要处死流浪狗和咬人的犬只。但与此同时，人们也开始积极寻找杀死不受待见犬只的"人道主义"方法。

▶▷ 街头杀戮

正如前两章所述，流浪狗和咬人犬只令民众颇感焦虑、愤怒。群情激愤使得击杀流浪狗的暴力情形时常发生，而狗狗都市的"排他性"也就此显现出来。有时，部分管理者会冒着受伤的风险，去击杀流浪街头、疑似患有狂犬病的"野狗"。1818年9月，伦敦《泰晤士报》就曾刊登过一则简讯：一位名叫丹福德（Denford）的穷人"勇敢地应对"，最终成功杀死了一只"高大凶猛的疯狗"。丹福德的英勇事迹令"一部分仁慈的绅士"感动不已。他们把被狗咬伤的丹福德送进医院治疗，并为他订阅了刊登其英勇事迹的报纸。绅士们意在"鼓励其他人也可以在人道主义事业上付出相同努力"。[5] 处理流浪狗和可能患有狂犬病犬只的行动，已然上升为替世人谋求公共福祉的高尚英勇行为，且在这种情况下，并无所谓"阶级差异"可言。

1830 年夏天，人类对狂犬病的恐惧之情迅速蔓延。从伦敦街头到周边郊村，不论个人还是公众集体都试图清除那些疑似染病的疯狗。焦虑和愤怒进而演变成了攻击行动。在刘易舍姆区，曾有一大群民众试图捕杀一只四处游荡、口吐白沫的犬只，但最终宣告失败。此外，克拉肯威尔的某警察也曾用金属棒猛击一只流浪狗的头部，从而致其死亡。精英们对人类暴力的恐惧，有时甚至超越了他们对流浪狗的焦虑。因此，中产阶级评论家开始谴责那些追逐疯狗的人群，蔑称他们是"工人阶级暴徒"。理查德·比尔（Richard Beal）医生表示："疯狗那听起来很愚蠢的叫声开始在城镇中频繁出现。这导致群众开始极为恶意地虐待这些忠诚的动物。"一名"工人"打击"疯狗"的行为有可能得到人们的称赞，譬如广获赞誉的丹福德便是如此。但一群工人阶级聚集在一起，就令有些人惴惴不安。因为这同样可能触发中产阶级无比担忧的政治抗议、社会动荡。[6]

三座城市中，纽约反流浪狗运动滋生出的暴力事件最为激烈。这反映出当时的纽约或许是个"野蛮混乱之地"。这个现象同时也表明，社会不公、种族歧视、反移民情绪、四起的谣言以及对政治变革的渴望，更是给纽约的骚乱和暴力火上浇油。1830 年 8 月，下曼哈顿区某男士在马尔克特维特街用板斧砍死了一只"骚扰附近男女老少"的流浪狗。1848 年 7 月，纽约一项城市法规明文规定了缉杀流浪犬只的赏金。捕杀街头犬只的行动也就因此达到高潮。据报道，当时纽约的犬只简直无处可逃，青少年捕狗者会引诱犬只离开房子或庭院，杀害它们后拿着尸体去领取 50 美分赏钱。

这场"人犬大战"也与阶级分层密切关联。《纽约先驱报》（*New York Herald*）引述某党派成员观点："下层阶级男孩或游手好闲之辈"进入"杀狗行业"会危及整个社会秩序。据报道称，这群年龄在 5—18 岁的男孩普遍手持"一块木头，大的像板条，小的如木块"，每 100—150 人组成一个青少年帮派，在街头四处游逛。那些帮派中相对年长的成员，会挥舞着更长更大的武器"给体型较大的犬只以致命一击"。帮派成员会杀死肉贩、香肠制造商、苹果零售商的犬只，并拿此事威胁这些生意人。有的还会从运货马车上偷取柴火，拿来做他们临时的杀狗"武器"。在杀死犬只后，领取赏金前，这群男孩会站立在街角，手里提着鲜血淋漓的棍棒，"就像是在寻找猎物的墨西哥强盗"。听闻短短两天内就有 700 只狗被杀害，纽约的狗主人开始时刻不离地守护在宠物身旁。而那些聪明的无主狗，也早已经逃离了流浪的市镇。此时，在纽约充斥着血腥暴力的街头，令人感到恐慌的不再是犬只，而是这群混混男孩。不过，人们对这群在街上闲晃的"粗暴"男孩的担忧由来已久。这些记录了1848年青少年杀狗者勾当的新闻，其实呼应了年长者对任性好斗的青少年的忧虑，相关表述也是对这些忧虑的延伸。[7]

也许是饱受数次革命期间街头暴力事件的困扰，巴黎市政当局并不提倡市民追赶、捕杀流浪狗。为避免激起公愤，政府在制定应对流浪犬只的举措上，格外小心谨慎。1842年，巴黎警察局长德莱塞特鼓励其警务专员在流浪狗聚集地投放秋水仙碱。他们特聘了一位药剂师，专事该毒剂的制备工作。有时秋水仙碱也被称作"tue-chien"，可从秋水仙、藏红花和嘉兰百合中提取。医生会用秋水仙碱治疗痛风等疾病，但当剂量过大时，这种药剂就会表现出较高毒性。可是，投毒也未能减少流浪狗数量。有评论家指出，感染狂犬病的犬只已经丧失了食欲。因此，流浪狗常常对这些下了毒的肉类视而不见。同时，对健康流浪狗而言，这种肉的吸引力也远远比不上那些在街头就能够吃到的食物。更令人担忧的是，这一毒剂威胁到了小孩、其他有益动物以及人类拾荒者。英国知名狂犬病专家、兽医乔治·弗莱明建议政府不要再采取投毒的方式打击流浪狗。虽然这种方法确实可能奏效，但此类毒剂很可能会伤及人类和其他健康犬只。[8]

有时，巴黎警察也会采取比诱饵投毒更"极端激进"的措施。据报道称，1870年6月，一只流浪狗袭击了无辜民众。接到警情的一位警官，在第 16 区这个富人聚居区的拉内特花园中，当着一百多名儿童的面，拔枪射杀了这只疑似出现狂犬病症状的流浪狗。巴黎人民早已习惯将公园视作家庭的延伸、娱乐休闲之地，他们无论如何也无法料到，竟然会在这里目睹血腥暴力事件发生。[9]

在街头杀害犬只的暴力行动，着实触犯了中产阶级的情感、道德底线，也加深了人们对暴力帮派及顽劣儿童由来已久的忧虑。在这种情况下，流浪狗收容所似乎成了一个更加有效、更为有序的选择。人们可以在收留所中采取相对谨慎、有效的方式，去处死那些"有害犬只"。就这样，流浪狗收容所似乎"命中注定"成为狗狗都市形成的关键场所。

▶▷ 在收容所中扑杀流浪狗：巴黎

巴黎流浪狗收容所是由该市警方管理的官方单位。但在 19 世纪 20 年代，警察对在押犬只的处理方式还是引起了部分民众的抗议。爱狗人士对收容所的存在发出了谴责，呼吁人们同情可怜的狗狗。其中一位爱狗人士甚至幻想出了一幕场景，一只名叫"格罗尼亚尔"（Grognard）的狗，站在警务法庭上发表演讲，抨击警方颁行的"杀犬令"。彼时的部分资产阶级作家在大力赞扬人犬之间的"精神纽带"。这只虚构的"格罗尼亚尔"所面临的困境，与中产阶级的思想情感不谋而合。爱狗人士还将市政当局对待流浪狗的方式和巴黎的暴力过往联系起来。一位评论员以那段时间巴黎发生的革命事件为例，哀叹这些革命事件里出现的"大屠杀"，其实是在暗指狗狗们正是那个"无情专制的国家"所忽视的暴力受害者。的确，在收容所中，狗狗们遭受的痛苦不言自明。[10]

可这些微弱的抗议声，根本不足以阻止流浪狗收容所和其他地方上演的虐待流浪犬只的行为。狗贩子让流浪狗变成了巴黎"血色经济"的一部分。例如，位于蒙福孔的杜索索伊斯动物油脂厂，就曾专门安排了一间厂房杀戮运进来的犬和猫。狗贩子也会让收破烂者以及捕狗员们为他们有偿抓捕流浪狗。收到"货"后，这些私贩会吊起犬只并杀害它们，剥去其毛皮并刮下脂肪售卖给制胶商。著名公共卫生学家亚历山大-让-巴普蒂斯特·帕伦杜恰特（Alexandre-Jean-Baptiste Parent-Duchâtelet）表示，这种杀害流浪狗的牟利行为，要比流浪狗收容所更为有效。因为这些从事动物油冶炼行业的人员已经取代警察，成为最主要的"灭狗群体"（据报道，在 19 世纪 30 年代中期，他们每年处理的犬只数量为 10 000—12 000 只）。在公共卫生学家提出的改进都市卫生状况、促进经济发展指标规划中，狗成了"毫无生命价值可言"的一种被交易物。[11]

即便如此，位置偏僻的政府流浪狗收容所，仍是 19 世纪巴黎

"消灭流浪狗"的主要场所。当时有人指控称警务专员会将良种斗牛犬和毫无价值的流浪狗，一同关押至位于医院大道 11 号的流浪狗收容所。而这家收容机构就坐落在萨伯特医院（La Salpêtrière hospital）附属动物油脂厂附近，且两处间交通极为便利。由此，那些运送至此的犬只会被立刻杀死。而其他相对可能有所价值的犬只，也将会被带至位于盖内高街的流浪狗收容总所。警方似乎有意隐瞒医院大道 11 号的杀戮，曾提醒民警不要将此处地址告知希望找回丢失犬只的狗主人。1851 年，警察局长下令在蓬图瓦兹街 13 号前伯尔纳女修道院旧址，新建了一处流浪狗收容所。直到此时，医院大道附近的杀戮行为才被正式叫停。警察文件并未明确写出那些藏在医院大道 11 号里的肮脏往事。但警方似乎也已感到，这一杀戮场会招致正在兴起的动物保护主义运动的严厉批评。同时，这个场所的存在，也冒犯了当时资产阶级认为应保护生者不受死亡威胁的价值文化。可想而知，假设巴黎爱狗人士得知了那些被处死犬只的命运，知晓了医院大道 11 号里发生的事，可能会让警察清除街头流浪狗的工作难上加难。但无论这背后的真正原因是什么，医院大道 11 号的黑暗杀戮，与巴黎享有盛名的室内拱廊式商场等现代建筑，形成了鲜明反差。[12]

19 世纪中期，动物保护主义者的影响力日益增长，流浪狗收容所开始受到连续不断的批评。相关批评主体多为中产阶级动物保护主义者，在他们眼中，收容所就是一个关押、虐待犬只的"无情之地"。他们不认为动物是毫无感情的机器，相反，他们赞成动物会感受到痛苦的观点。基于此，他们痛斥了收容所虐待犬只的行为。动物保护协会的一位成员遗憾地表示，犬只就像"囚犯"一样被关押在收容所里，平均每个笼子关押8—9只狗。在收容所"业务繁忙"时，一只笼子里甚至会关上多达30只狗，这会导致笼中犬只窒息而亡。[13]可这样的痛苦，也不过是狗狗们在收容所内所经历苦楚的"冰山一角"。

绞刑是19世纪中期流浪狗收容所中常见的扑杀犬只办法，这种酷刑毫无人道可言。如此操作令人不禁回想起过去的死刑。1789年法国大革命爆发后，考虑到群众聚集在饱受绞刑折磨的死尸旁会受到情感刺激，断头台取代绞刑，成为执行死刑的基本方式。由此，绞刑给犯人带来的漫长的折磨，也就从法国民众视野中消失了。然而在19世纪40年代的法国，每年约有12 000—13 000只犬只被绞死。又据报道称，在1865—1875年，共计有14 600只狗被法国官方执行绞刑。1875年，动物保护协会试图拯救那些即将登上绞刑架的狗狗。该协会成员将这些已被"判处死刑"的犬只展示给位于收容所庭院中的民众，希望有人心生一丝怜悯，把这些狗狗带回家。巴黎媒体《费加罗报》（Le Figaro）对此发出了悲观论调。评论者指出，动物保护组织的这种行为，是对过去的陋习的重现——如果被判死刑的某男子可以找到一位愿意以身相许的女子，那么他就能够侥幸免于一死。[14]

因绞死犬只而引发的情感矛盾，也需要采取一定措施予以平息。1851 年，当收容所搬迁至蓬图瓦兹街 13 号（见图 3.1）时，警察局长曾要求宰杀动物的炼油贩子"避免出现一切非必要的虐待行为"，且规定其处死动物的方式不得打扰到周边居民。巴黎警察档案中的一幅配图，间接描绘了那时对犬只处以绞刑的场景。一名男子拽着两只狗走进施行绞刑的房间，一只狗惊恐地望向正等着了结它们命运的东西。房间内另一名男子正把一只狗悬挂在位于木梁

图 3.1　巴黎蓬图瓦兹街的市政流浪狗收容所，法新社记者摄于 1919 年，法国国家图书馆藏

上的滑轮上，还有两名男工人正在用手推车运走被绞死的狗。那里的氛围阴森可怖，可这些男子在工作时却异常沉着冷静。犬只悬挂在空中时拼命晃动身体，此般生命在挣扎中渐渐耗尽的场景，简直是对人犬关系美誉发起的最严重的挑战。同时代的法国民众正努力创新，希望发明出一种更为有效的、人道的宰杀动物方式，并将之投入屠宰场使用。相形之下，给犬只实施绞刑显得无比粗暴残忍。巴黎人亟须发明一种更加有效的、人道的扑杀无主流浪狗的方法。[15]

▶▷ 在收容所中扑杀流浪狗：纽约

如从人道主义角度出发考量，纽约流浪狗收容所的状况也是不容乐观。在这里了结性命的犬只，基本都死在了水里。位于克罗顿附近的纽约供水系统始建于 1842 年。这里除为纽约市民提供新鲜饮用水外，也给收容所处死犬只创造了条件。1859 年，马萨诸塞州一份报纸在报道中披露了发生在纽约供水系统内的残酷细节——收容所的工作人员会把需要被处死的犬只赶到位于纽约东河的两艘驳船上。在那里，可怜的狗狗们会被推入一只大水箱中，"一次能淹死 200 只狗，而克罗顿的供水系统为水箱提供了水源"。待犬只尸体被清理出水箱，一群狗贩子就会蜂拥而上，扒下狗皮拿去做靴子、手套。那些残损的尸体，会被运到臭气熏天的荒岛上，这些荒岛正是倾倒城市垃圾和动物尸体的地点。在那里，会有工人刮下、取用犬只身上残留的脂肪。据报道，东河"刑场"每天从早上 5 点就开始溺死犬只，直至下午 1 点 30 分结束。而这段时间，恰好也是新收容犬只抵达流浪狗收容所的时间。据称按照此般方式处理，每周共可杀死超过 2 000 只狗。[16]

1877 年，纽约政府推行了一种全新的溺死犬只的办法。具体操作是将多达 48 只狗同时赶进笼子，再由起重机吊着笼子浸入东河中。报道称，有些犬只在上路前已然知晓了自己的命运，并进行了"最为凶狠及危险的反抗"（感到"危险"的，大抵是那些哄骗或强迫犬只进入铁笼的收容所工作人员）。在那时的纽约，每年夏天都有数以千计的犬只被淹死：譬如截至 1885 年 9 月底，当年已有 6 292 只狗在纽约的"东河刑场"被溺死。这些狗尸体被运送至纽约的"动物内脏码头"，和其他动物死尸混杂后丢进河里，或是送往动物油脂厂。这些画面实在是凄惨无比。《哈泼斯周刊》就此评议道："任何存有善心之人"都不应前去收容所，即使是"将犬只溺死在笼子里……这已经算是人们所能设计出的，相对仁慈的扑杀犬只方式了"。浸没在水中的狗狗所发出的声音，"听起来很是可怜。从它们颤抖的呜咽声中可以听出，它们已然清醒意识到了即将到来的厄运"。报道指出，在溺死犬只的过程中，收容所值班警察总会逃去"听不见声响的地方"，因为他们实在忍受不了这种哀号。[17]

纽约的这种杀戮方式，也遭到了海外的批评。《纽约时报》曾谴责法国对流浪狗实施绞刑的做法粗暴野蛮。现在反过来，欧洲人也痛斥纽约方面溺死犬只的操作"令人哀伤，让人厌恶"。在英国部分媒体眼中，纽约的"杀狗水箱"不禁使人联想到法国"恐怖统治"时期发生在南特的"溺杀共和党"惨案——1793—1794 年，让-巴蒂斯特·卡里尔（Jean-Baptiste Carrier）溺杀了那些疑似"反革命"的异见人士。[18]

流浪狗收容所中的其他场景可能会令人感到更加沮丧。有位记者曾撰写过相关报告，讲述了其中的细节。捕狗"中间商"将抓获的犬只带去收容所，他们与负责接收的管理者会用棍棒击杀那些体型过大或"过于危险"的犬只（见图 3.2）。他们"完全不计后果地猛打、虐待犬只，折断它们的腿，划开深深的伤口，从这种虐待过程中得到最为血腥的刺激。当他挥棒猛打时，狗狗的鲜血和脑浆都飞溅到旁观者身上"。这位记者也曾目睹过捕狗男孩溺死犬只的场景。他们尤其热衷于打开水龙头，放水溺死犬只。通过观察配图可知，其中一位"完成任务"的捕狗男孩满脸兴高采烈。从人道主义角度审视，如此杀戮令动物害怕不已，也令人性彻底沉沦、湮灭。[19] 而之于中产阶级评论家而言，犬只饱受折磨的场景和声声惨叫，是他们绝对无法容忍的悲剧。

图 3.2 《犬只大屠杀——"安迪"的得意时刻》(*Slaughtering the Dogs——"Andy" in His Glory*)，《弗兰克·莱斯利新闻画报》(*Frank Leslie's Illustrated Newspaper*)，1858 年 8 月 14 日，美国国会图书馆藏品，藏品编号： 2004669991

▶▷ 巴特西流浪狗之家里的杀戮

溺死、勒死犬只，是伦敦流浪狗收容机构处理犬只的两类手段。据报道，自 1839 年伦敦市中心禁止狗车通行后，狗车主人认为拉车的犬只已无价值。而溺死、勒死那些"卸磨之狗"，是他们做出的选择。与之相似，伦敦警察也有权用警棍处死他们眼中那些对民众构成威胁的犬只。目睹棒杀犬只的可怖景象后，旅行作家、动物保护主义者伊莎贝尔·伯顿（Isabel Burton）连声哀叹道："这是对情感生活的巨大破坏。"死去的狗会被拖上手推车，运往动物油脂厂下锅接受高温烹煮。这些令人不寒而栗的细节，无疑是棒杀做法无情、残酷的表现。有时，执行者会听见大堆死狗中传来的声声哀号，他们会上前用斧头劈砍那些残存一口气的狗狗。讽刺杂志《有趣》（Fun）就此揶揄道："人们会对我们这样一个人道的基督教国家，深深感到骄傲、自豪！"[20]

巴特西流浪狗之家素以"极具人道主义的机构"自称。该机构指责棒杀犬只的行为十分残忍。然而在人道主义光辉背后，巴特西流浪狗之家也暗藏着浓重的杀气。在那里，工作人员会用氢氰酸（氰化氢）毒杀无人认领的犬只。面临这种命运的犬只，往往是没有主人的街头流浪狗。它们几乎不太可能拥有新家，也就无法融入这正在兴起的狗狗都市中。一位科普作家向其年轻读者解释，这种氢氰酸可以了结"多余生物"的凄苦生活："这些毫无价值的丑陋恶犬，它们是永远无法寻找到新主人的……必须使用氢氰酸。唯其如此，方能平静地了结它们经受的苦痛。"基于此逻辑，扑杀那些不受世人欢迎、命运凄苦的犬只，也就顺理成章地成为旨在杜绝孩童虐待动物的，中产阶级人道主义观念、运动的一部分。毒杀是一种必要且人道的处死犬只方式，和英国培养儿童关怀、同情动物的观念不谋而合。[21]

然而还是有人指出，毒杀方式会给犬只带来巨大的痛苦。麻醉医师、公共卫生学家本杰明·沃德·理查森（Benjamin Ward Richardson）观察发现，巴特西流浪狗之家工作人员的技巧已十分娴熟，他们会给难逃一死的犬只经口腔注射氢氰酸毒剂。如此操作总体而言可以让那些犬只在离世时少遭些痛苦。但是氢氰酸这种毒药的配制过程十分危险，还会产生难以负担的情感"重担"。此外，注射氢氰酸不能保证犬只一定死亡。曾有报道透露，在将用作肥料的犬只尸体运往乡村时，曾有"假死"的狗狗苏醒过来。不论车上的狗狗是死是活，卡车接连不断运送来的腐尸恶臭熏天，让目的地附近的乡村居民难以忍受。[22] 因此，毒杀这种处理方法，很难称得上"人道、有尊严"。而且人类亲手给待处死犬只注射毒药，这实在是太过直接，有违情感。

其他评论家则担心中产阶级主人的宠物狗和纯种狗，也会被卷入这场"大屠杀"中。伦敦《标准报》（Standard）表达了一种设想的忧虑：宠物狗"卡洛"可能会逃出主人家，然后"陶醉在流亡的漫步中"，结果，它只能被人抓捕，通过巴特西流浪狗之家加工，"最终变成了各地田土的肥料"。与纽约捕狗员受到的批评相同，伦敦也传出了警察从主人家门外抓走宠物狗的风闻。作家查尔斯·里德（Charles Reade）在写给《伦敦每日电讯报》的一封信中，指责了警察的如此作为。《纽约时报》也转载了这封通信，他指斥巴特西流浪狗之家"杀戮无辜犬只"的行为，称其是改写了英文词汇的"家"的词义。[23]

但总的来说，伦敦、纽约和巴黎中产阶级评论家们还是支持处死流浪狗、咬人犬只。他们认为有必要清理掉新兴狗狗都市里这些往往没有主人、令人厌恶和"危险的犬只"。不过，处死相关犬只的方式，在无形间大大加剧了犬只蒙受的痛苦，与人道主义准则背道而驰。那些做法也令宠物狗主人们很担心自家珍爱的小宠物，害怕它们也可能会被抓去绞死、淹死或毒死。而当查尔斯·达尔文的研究表明"狗有着多样、敏感的情绪"后，这类风险可谓是急剧上升。

▶▷　具有情感的狗

19 世纪之前，人类已长期认定狗是一种"情绪敏感"的动物。到了 19 世纪，狗主人和犬类专家更是强调"狗是情感动物"的观点，而这恰恰是狗狗得以融入狗狗都市的前提基础。英国 19 世纪知名犬类专家、兽医威廉·尤亚特表示："仇恨、热爱、恐惧、希望、快乐、痛苦、勇敢、胆怯、嫉妒，还有许多其他的情感影响、刺激着狗狗，它们的情感与人类情绪的波动别无二致。"尽管人类的情感和智力相对更细腻、发达，但狗狗与人在情感上的确有着许多共性"特征"。[24]

　　有狂犬病专家认为，如果宠物狗染上狂犬病，它对主人的强烈"依恋"，会促使它保护主人，使之免受伤害。亨利·布利认为，犬只对主人的"热爱之情"，远远超过了它们心中想咬人的欲望，即便到了狂犬病的终末阶段亦是如此。主人的"存在"和"声音"，都会让狂躁的犬只变得"安静、温柔"，情绪维持在可控范围内。布利曾表示，宠物狗为了保护"它们所爱之人"不在其狂犬病发作时受到伤害，往往会选择离家赴死。乔治·弗莱明深受布利影响，他断言"对人类独特的热爱，是狗狗尤为突出的性格特征。这点几乎不可能被狂犬病引发的痛苦、狂怒所打破"。狗狗对人类的热爱可以战胜狂犬病所带来的痛苦，如此主张更加强了"犬类是情绪敏感的动物"的既成观念。[25]

　　狗是具有深刻情感的动物。查尔斯·达尔文提出的进化论也为这一观点提供了科学依据。达尔文认为，进化是犬只品质忠诚的基础："对人的爱已成为狗的本能。"在《人和动物的感情表达》（*The Expression of the Emotions in Man and Animals*，1872）里，达尔文提出了著名的"人与狗之间存在情感交流"的观点。达尔文认为，人与狗存在相同的身体动作、行为，如怒吼和颤抖，这些都与内心精神状态相关。这些情感表达源自久远的过去，而今已成为可以遗传的"习性"。人类的怒吼和犬类发怒时表现出的龇牙咧嘴相同，是古时动物本能的遗迹，但这样做在现代世界中没有什么实际意义（见图3.3）。达尔文用狗及其他动物构建了他的"情感交流"理论，并将之介绍给了当时的读者。狗的身影在《人和动物的感情表达》里随处可见，达尔文的其他作品也存在类似情况。达尔文及其理念的信奉者研究发现，狗的头部、尾巴、牙齿、耳朵以及眼睛的动作，都是它们表达喜悦、愤怒、痛苦、恐惧、惊讶和喜爱等情感的方式。身为一位爱狗人士，达尔文时常强调是犬类对人类的喜爱将两个物种紧密相连（见图3.4）。例如，狗狗舔人是它们表达

图3.3 一只狂吠的狗，《人和动物的感情表达》，查尔斯·达尔文著，惠康基金藏品

图 3.4　亲近主人的狗狗，《人和动物的感情表达》，查尔斯·达尔文著，惠康基金藏品

爱意的"湿润展现"。狗是具备情感能力的灵性动物,而不是 17 世纪勒内·笛卡儿所说的"动物机器"。《人和动物的感情表达》诙谐易懂的叙述风格、大量插画配图以及书中各章对家养宠物的频繁提及,令此书成为想要了解犬只情感的评论家们的一部专业指南。[26]

但达尔文的观点并未普遍为世人接受,尤其是在法国科学界。还有一些基督徒表示犬只拥有情感生活的原因并非进化,而是拜上帝所赐——是上帝给予了犬只以感受快乐、善意的能力,甚而还使它们拥有了一定程度的精神生活。但是达尔文也没有完全消除人与动物之间的差异。例如,他坚称脸红是只会出现在人类身上的"特有情况"。不过,达尔文的相关作品的确也普遍引起了人们对狗狗所具有的情感能力的思考,也为"狗和人拥有相似情感"的观点提供了科学依据。达尔文观点盛行后,就连那些本否认狗智力和人相当的评论家,也开始承认二者之间具有情感相似性。《麦克卢尔杂志》(McClure's Magazine)撰稿人埃德温·坦尼·布鲁斯特(Edwin Tenney Brewster)否认其牧羊犬具有智商,但他表示"我们生活中最基本的冲动——恐惧、愤怒、好奇、性欲、亲情、饥饿、疲惫,以及战斗的快乐,当提及这些时我们人与动物(狗),几乎全部相同"。[27]狗是高度敏感的动物。其丰富的情感,令它们与人类维持着密切的联系。而达尔文观点的盛行,给这股思潮注入了新鲜血液,为动物保护主义提供了支持，也为阻止人类虐待动物提供了理论指导。

▶▷ 反对虐待

正如前两章所述，动物保护主义者旨在减轻甚至是消除动物遭受的"不必要痛苦"。动物保护主义者们领导了许多反虐待动物运动，如反斗兽运动、反恶劣对待城市马匹运动等。在达尔文的观点盛行之前，这些动物保护主义者曾尝试教育、劝导民众不要虐待动物，他们深深关切着虐待动物行为对旁观者产生的心理影响。法国官方就此问题采取的应对行动是颁布《格拉蒙法案》（1850 年）。该法案明令禁止群众虐待家畜。动物保护主义者、反活体解剖主义者们也在尝试帮助人类与动物重新建立情感流动。倡议者们希望民众可以与这群天真无邪、手无寸铁、无法表达自我的动物建立起共情。他们表示，这些动物和人类有着相同的情感。在纽约，相关观点被载入 1866 年出台的《反虐待法案》中：动物有权受到保护。这不只是因为动物是一种财产，更是考虑到它们具有感知痛苦的情感能力。通过情感传播与道德感提振，人们对动物的同情心及那种人道主义态度，将会创建出一个"文明的社会"。虐待和"伤感情绪"也将因这一乌托邦的出现而消失。[28]

动物保护主义者还将这种同情动物的情感能力上升到了"人

性"的高度，并视之为"人性"的一块标志。法国女性主义者、动物保护主义者玛丽亚·德雷斯姆斯（Maria Deraismes）表示："情感就是'生活的条件'。活着是为了去感受，感受就是去生活、去思考。"情感是"定型我们所有行为的那股冲动和力量的源泉"。这段话的言外之意，是批评那些无法对动物产生同情心的人，他们正如那些不能同情他者，都存在着情感与心理方面的缺陷。此类观点的影响持续了很长一段时间。1927年，法国动物保护主义者更是直截了当地表示，那些虐待动物的人简直是"铁石心肠"，其所作所为是"异常病态的行为"。[29] 如是，虐待动物就此变成了人性残缺、情感异常的一个验证。

动物保护主义者群体中，反活体解剖者在保护犬只免遭虐待方面所做的最多。人类虐待犬只，尤其是在活体解剖实验室里虐待犬只并致其死亡的行为，是人犬之间深厚情感破裂的标志，也是人对狗狗的背叛。狗是那时伦敦、纽约、巴黎三座城市活体解剖实验的主要实验对象。解剖学家对此给出的解释是犬只数量众多，可采取合理手段轻松取得。同时，狗的解剖实验相对容易，且其生理结构与人类高度相似，因此可做物种间的对比（反活体解剖者对此也提出了质疑）。推崇活体解剖者列举了各种可以在犬只身上进行的医学与生理学实验。伦敦大学学院（University College London）实用生理学与组织学教授约翰·伯登·桑德森（John Burdon Sanderson）

编写了一本名为《生理学实验室手册》（*Handbook for the Physiological Laboratory*）的指南，其中就包括利用犬只进行窒息、分泌胆汁和电击坐骨神经等方向的解剖实验。[30]

在英国，女性是领导反活体解剖运动的主力军。女性主义者弗朗西斯·鲍尔·科布是其中的一位领军人物。英国防止虐待动物协会内部，对是否支持动物活体解剖存有分歧。由此，科布于1876年受皇家委员会委任，筹措成立了维多利亚街保护动物免遭解剖协会（Victoria Street Society for the Protection of Animals from Vivisection）。就在同年，英国颁布的《反虐待动物法案》（Cruelty to Animals Act）开始规定对活体动物解剖执行许可证核验、实验室检查制度。相关制度满足了科学家的需要，却与维多利亚街保护动物免遭解剖协会的宗旨相抵触。尽管《反虐待动物法案》是世界范围内同类法案中最先颁布的，但科布仍批评它存在缺陷。与此同时，科布也开始为彻底废除活体解剖而奔波呼吁。[31]

当时，来自不同国家的女性社会活动家们也建起了跨国联系。英国女性反活体解剖者所发起的运动，其影响也远超出了英国国界。在科布倡议、支持下，美国费城的动物保护主义者卡罗琳·厄尔·怀特（Caroline Earl White），也在1883年创建了美国反动物实验协会（American Anti-Vivisection Society）。此后，纽约反动物实验协会（New York Anti-Vivisection Society）也在1908年开始运作活动。科布本人还曾在美国媒体上发表过一篇揭露动物实验丑陋面的文章，着重斥责了那些活体解剖实验的残忍一面。科布所述故事的主人公，是来自泽西市的医生 B. A. 沃森（B. A. Watson）。为了研究脊柱震荡现象，沃森竟将一只经过麻醉的犬只，从天花板高度用力砸向一堆铁棒。科布恳请美国人可以着手改变这种深深植根于该国科学实验传统的"虐待动物陋习"。不论是否直接响应了科布的号召，美国女性反活体解剖者和她们远在法国、英国的同仁一样，将自己看作拯救人性运动的一分子。当然，她们更倾向于承认自己参与的是基督教社会改革运动，而非女性主义运动。[32]

　　反活体解剖者坚信人类与动物有着相似情感，达尔文的观点以及随处可见的爱狗言论，为这一论调提供了支撑（尽管达尔文本人及其支持者都拥护活体解剖）。在科布看来，信任和关爱这两种人犬共有的情感，在活体解剖台上被人可悲地操纵、利用和贬低。反活体解剖医生乔治·霍根（George Hoggan）同样强调，感情丰沛的犬只的确会遇到情感困惑与痛苦。作为一名实验室助理，霍根曾目睹两只狗"被抓起时闻到了（实验室中的）气味，立刻显得惊恐万状"。随后，它们向研究人员"示好"，用它们的耳朵、眼睛和尾巴"做出乞求怜悯的无声恳请"。狗被按在解剖台上时会舔舐实验人员的手，这是它们"乞求唤起人类同情心的最后手段"。此般令人痛心的场景，常常出现在反活体解剖的文学作品中。霍根目睹了犬只在遭解剖前后的痛苦场景，这番刺痛心灵的个人经历，更加强化了他"犬只活体解剖实验不过是一种情感酷刑"的观点。[33]

由于对犬只受难的描述可以引起人类的情感共鸣，反活体解剖者常常将犬只实验的具体细节公之于众，从而令民众相信活体解剖是"邪恶行为"。毫无抵抗之力，是犬类和孩童之间一个尤其明显的共同点。这点在美国人道主义活动中多次得到声明，也加剧了人们内心对实验用犬只的痛苦的共情。和国外人道主义运动情况相仿，英国反活体解剖主义者，也曾担心这些动物遭虐待的图像可能会对社会公众的情感与道德产生不良影响。但他们还是选用了这种让人心碎的表述风格，因为他们希望借此让读者对活体解剖的残忍感到震惊，令其自内心生发出情感反应，从而刺激"觉醒者"采取人道主义行动。他们希望读者所感受到的悲凉情感，可以促使实际营救行动逐步展开——好似印刷图画上那只小狗乞求活体解剖者放它一条生路那样（见图3.5）。[34]

有些活体解剖学家也承认动物的身体与情感确会感到疼痛苦楚。但他们可以借助曾改变人类医学的麻醉药来帮实验动物减轻这种痛感。在活体解剖者眼中，麻醉药还有另一项优点，那就是可以使动物从扭动挣扎变得静止不动，从而方便解剖者进行更为精细的操作。《英国医学期刊》（*British Medical Journal*）颇为赞同地转引了纽约实验生理学家约翰·C. 道尔顿（John C. Dalton）的观点：

图 3.5　J. 麦克卢尔·汉密尔顿（J. McClure Hamilton）绘，　D. J. 汤姆金斯（D. J. Tomkins）雕刻于 1883 年，惠康基金藏品

得益于麻醉药的使用，"实验室中的'疼痛乱象'成了一个罕见的

特殊情况"。某支持活体解剖人士批驳女性反活体解剖者过于敏感，存在情感上的缺陷。当然，这是支持活体解剖者对女性活动家惯常使用的诽谤之词。道尔顿还表示，对动物使用麻醉药后"那些仍对动物实验感到痛苦的少数人是对生理学一无所知却又心地善良的人"。在道尔顿和其他活体解剖支持者看来，科学进步可以消除犬类蒙受的痛苦与创伤。而这也同样验证了他们这些活体解剖实验者的共同信念——他们是一个情绪健康的科学群体，他们的所作所为，展现了人性最好的一面。[35]

科学杂志与反活体解剖出版物中充满情感色彩的辩论，也逐渐蔓延到了主流媒体舆论场。这使得犬只所感受到的痛苦得到了更多社会公众的关注。在反活体解剖者眼中，活体解剖象征着对人犬关系的终极背叛。大学及医院的动物解剖实验室，也就成为实施酷刑的场所。这明显与伦敦、纽约和巴黎是"现代文明都市灯塔"的主流印象相背离。但在活体解剖支持者看来，带有血腥残忍色彩的实验室其实是现代科学、人类进步的"人道主义中心"，况且实验过程中使用的麻醉药，已然减轻了犬只感到的痛苦。活体解剖实验这个话题，促进了人们针对狗狗情感，以及狗所具备的感受痛苦之能力的辩论。相关探讨同样表明，科学和医学的发展，或能减轻犬只经受的种种痛苦。

▶▷ 公共卫生学家呼吁部分扑杀

"减轻痛苦甚至是毫无痛楚地处死犬只",这种新可能的出现成为扑杀流浪狗、咬人犬只的可行方案——这两者已与新兴的狗狗都市格格不入。19 世纪 70 年代起,社会各界已就扑杀流浪狗的大方向达成了普遍共识。在公共卫生学家及市政当局看来,消灭流浪与咬人犬只,是保护人类和宠物狗健康的必要公共卫生措施。在处理咬人犬只时,扑杀这种方法也常常被提及。由于染上狂犬病的"微弱可能性"也"足以让最为坚强的心惊恐不已",《布鲁克林鹰报》呼吁关押和扑杀那些无主流浪狗:"这群营养不良、外表丑陋的恶犬,正是最容易感染狂犬病的动物。它们是犬类当中最为臭名昭著的'危险阶级'。"狂犬疫情扩散后,疫情发生地有关捕杀流浪狗的呼声变得越来越响亮。官方调查指出,1877 年是 19 世纪英国狂犬病死亡人数最多的一年。由医务法律人员、医生托马斯·多兰领导的委员会对该数据评价道:"应抓捕流浪狗。且如有必要,应处死那些犬只。"他们认为如此操作,方能消灭疾病传播源。[36] 多兰与其领导的委员会,并不是唯一一个将流浪狗与咬人犬只混而视之的团体。当时,人们对患有狂犬病的犬只以及流浪狗造成的秩序混乱,一直非常担心。

此外在 1878 年，巴黎颁布的新版《警察条例》加大了打击流浪犬只的力度。巴黎警察部门首席兽医卡米耶·勒布朗（Camille Leblanc）表示这无疑是一场"动物大屠杀"。1878 年 7 月，巴黎警方抓捕了 3 383 只狗，8 月又抓捉了 1 334 只。在这当中，有 4 500 只狗被处死。不过勒布朗表示，他所在部门接报的动物（主要是犬只）感染狂犬病数量，在 1878—1879 年，由 613 例下降到了 285 例，人类感染致死数亦从 24 人减少到了 12 人。尽管成效显著，勒布朗对巴黎街头的流浪狗数量仍旧忧心忡忡。在他看来，这些狗很可能是传播狂犬病的主要媒介，他同样也对本市《预防狂犬病条例》的执行状况感到颇为遗憾。[37]

三座城市里的动物保护主义者、公共卫生学家还有收容所管理人员，都在积极寻求一种不会背离人道主义情感的处死流浪狗、咬人犬只手段。一如各方始终在探索人道处决非人类罪犯的方法，关心流浪狗问题的各界力量也在努力找寻一种可以人道处死犬只的方案。高效、不流血、降低痛苦以及保持卫生，是人道处决犬类的四项主要原则。同时，人们也需要运用相关技术，进一步拉开执行者和被扑杀犬只之间的空间距离。[38]

▶▷ 寻求人道屠宰方法

窒息性气体，是法国大革命期间曾被提议用于处决人犯的人道死刑技术。伦敦和巴黎为实现转型，开始采用窒息性气体扑杀收容的犬只。在向皇家防止虐待动物协会报告过"麻醉药可减轻实验中动物所遭受的痛苦"的结论后，沃德·理查森（Ward Richardson）将其转用到处决动物上，以此为基础设计了一座"无痛屠宰室"。1882—1883 年，巴特西流浪狗之家发现已很难将机构收容的犬只数量维系在可控水平。鉴于此，该机构于 1884 年增添装配了理查森设计的"无痛屠宰室"。这座密封的砖房设有一道推拉门，拟处死的犬只会被装入双层笼子中，由电动轨道送进毒气室。"无痛屠宰室"每趟最多可扑杀 200 只狗。在犬只被送入毒气室前，工作人员会预先在里面注入三氯甲烷，随后注入碳酸。这样一来，犬只便可在 2 分钟内一命呜呼。据当时的报道称，被执行的犬只不会感受到什么痛苦，因为犬只死亡的原因是麻醉药作用，而非机械窒息。用户外运动和狩猎专题记者巴兹尔·托泽（Basil Tozer）的描述来形容："这些动物在沉睡中死去……它们的尸体上没有出现过任何痉挛或挣扎的迹象。""无痛屠宰室"方案比使用氢氰酸还要更有效。1895—1896 年，各地应用该方法处死的犬只共计有 206 000 只。直接送入焚尸炉，也是一种更有尊严地处理犬只尸体的方式，远胜过煮沸尸体提炼动物油脂，或深埋化作肥料等模式。小说家韦达就曾谴责早年间巴特西流浪狗之家杀死犬只并"将具备情感的生命转变成肥料的利益输送"。[39]

尽管韦达对此仍有所担心，但"无痛屠宰室"使得巴特西流浪狗之家保持住了"人道机构"的基本形象。"我们杀死犬只的方法无痛而人道"，该机构秘书马蒂亚斯·科拉姆（Matthias Colam）表示。"无痛屠宰室"技术和"家"的面貌相吻合，杀死犬只的技术变得不再那么具有威胁感，而是无痛。被执行"无痛死刑"的犬只甚至"在死后呈现出了狗狗在火炉前、地毯上蜷缩睡觉时的亲切模样"。处死犬只的方式，变得与家庭生活场景相符。[40] 人类手术中的知名技术——麻醉术，就此运用到了处死犬只的任务中。医疗科技的进步，既实现了人道主义观念、公共卫生目标，也满足了人们反对流浪狗的要求。

法国评论家们对巴特西流浪狗之家所引进的"无痛屠宰室"颇感兴趣。19世纪80年代起，巴黎警方在处死收容犬只时以窒息性气体扑杀取代了传统的绞刑。不过，他们选择的是瓦斯而非碳酸混合氯仿。这可能是因为瓦斯这种气体更为廉价且易于获得（在当时瓦斯的主要用途是街道照明）。和伦敦情况相似，巴黎警方也会将拟处死犬只交由工作人员装入笼子中，再经滑轮推入"无痛屠宰室"。评论家们表示，与让动物在"可怖的痛楚"中死去的绞刑相比，采用窒息性气体的方法显得"不那么野蛮"。窒息性气体可以确保这些犬只踏上黄泉路时没有"任何痛苦"。断头台的血腥及其在公众面前处决罪犯的方法，让法国评论家们深感不安。因此，他们对窒息性气体的应用、发展表现出了强烈兴趣。身兼医生和作家双重身份的阿尔芒·科雷（Armand Corre）曾提议，在处决人类罪犯时也可以采用和处死流浪狗一样的"窒息性气体法"。[41]

　　窒息性气体技术的普及，使得巴黎警察局的流浪狗收容所有了扑杀更多犬只的条件。对于巴黎的流浪狗而言，1892 年完全是"最致命的一年"。受狂犬病病例激增的影响，巴黎警察局捕捉了26 502 只流浪狗，其中大部分都被处死。不过，和韦达对巴特西流浪狗之家的公开谴责相同，部分法国动物保护主义者也给窒息性气体技术贴上了"不人道"的标签。1899 年，动物保护主义者阿德里安·内拉特（Adrienne Neyrat）参观了收容所，亲眼见证了 80 只惊慌失措的狗狗拥挤在同一只铁笼里，在送往"无痛屠宰室"的路上"互相撕咬"。内拉特反馈了许多问题，其中包括由于同时执行的犬只数量过多，且杀狗机器存在若干缺陷，送进毒气室的犬只可能要经过 10 分钟的漫长折磨才能最终死亡。还有些没能死去的狗甚至又活着被送出毒气室，它们只能在炼油厂工人的锤子下终结生命。[42]

1902 年，动物保护组织动物援助会（Assistance aux animaux）给警方流浪狗收容所捐赠了一台名为"cynoctone"的扑杀机器。内拉特希望可以通过"科技进步"发明出"更现代化的处死设备"，这一愿望得以实现。根据公共卫生学家爱德蒙·诺卡德（Edmond Nocard）的说明，这台受到英方启发的机器，运作方式是将须处死的犬只送入地下密室，然后释放二氧化碳气体令其窒息而死。亲眼见证了执行场景的人士在报告中指出，受刑犬只似乎"因疲倦而睡去"。这和报道所描述的巴特西流浪狗之家里的犬只昏睡后死去的状况大抵相同，也是一种"避免了不必要痛苦"的处死方案。尽管这一机器的设计者是在参观巴特西流浪狗之家后获得了灵感，但法国各大媒体仍将"cynoctone"视作法国原创技术突破的一大成就。[43]

收容所工作人员再也不用耳闻犬只临死前痛苦、连续的惨叫哀号。由此，他们遭受的心灵痛苦也随之减少。收容所管理员赫布拉德先生（Monsieur Hébrard）向巴黎媒体《晨报》透露，绝大部分犬只不到两三分钟就会死亡。尽管处理犬只的方式已有所改善，但赫布拉德表示，自己内心还是会出现不安的情绪。自从就职于流浪狗收容所以来，他慢慢变成了一位爱狗人士："当这些狗被送入地下室后，它们渴求怜悯的眼神实在让人觉得心痛。"但是人们对狗的关心也是有限度的，而且收容所也继续将流浪狗尸体当作商品，把它们售卖给手套制造商。[44]

　　动物保护主义者推崇高效、卫生和人道的处死方案。"cynoc-tone"这台设备的出现，令收容所处死犬只的方式与动物保护主义者的愿景相符，同时也让收容所成为一处"合法宰杀犬只以保护巴黎人民安全"的场所。尽管该方法广获推广，同时具备科学性、现代性特征，但"cynoctone"还是因缺少有效麻醉药而未能得以持续运转。1904年，《纽约先驱报》向巴黎流浪狗收容所捐赠了沃德·理查森"无痛屠宰室"后，药物短缺造成的窘境有所改善。《纽约先驱报》在其头版头条位置，对这笔捐赠展开大规模宣传。报社方面认为他们的慷慨之举消除了犬只的痛苦，也令曾经并不具有最佳设备的收容所，成为具备全球最佳人道扑杀设备的单位之一。但后来由于第一次世界大战爆发，大量伤兵在手术时需用到氯仿，因此这种"无痛屠宰室"所需的原料价格飙升。出于经济考虑，流浪狗收容所的管理人员就此停用了氯仿类麻醉药。[45]

　　但并非所有人都对"人道主义"扑杀方案深信不疑。1916年狂犬病确诊病例较少，动物保护协会前副主席欧内斯特·科耶克（Ernest Coyecque）抓住这个时机发表评论，称"人道主义"扑杀似乎有意"压迫一个族群"，不禁使人联想起奥斯曼帝国对亚美尼亚人和君士坦丁堡（今伊斯坦布尔）的犬只所采取的措施。19世纪时，人们反思土耳其的流浪狗问题以求认识巴黎的人犬关系（详见第一章），与当时的做法相同，科耶克的评论表明：不论这些狗对人类健康构成了多大威胁，在动物保护协会更为激进的成员看来，处死任何一只狗都是"不合理"的。[46]

许多动物保护主义者对纽约处死犬只的措施展开了调查。1874年，在美国防止虐待动物协会的细致监督下，收容所工作人员试验了用碳酸处死犬只的方案。美国防止虐待动物协会负责人哈特菲尔德（Hartfield）在报告中指出，犬只在受刑过程中产生的痛苦反应十分剧烈。哈特菲尔德将自己的耳朵贴在装有犬只的笼箱边，他听见了"可怕的挣扎声，这些犬只似乎已经无法发出声音了，但为了避免吸入二氧化碳气体，它们都在垂死挣扎"。如此痛苦的折磨持续了整整 12 分钟。打开笼箱后，哈特菲尔德满眼只见"狗的后背和腿部"。里面的狗纷纷将头埋在身旁的狗之下，这估计是为了避免窒息而做出的徒劳尝试。美国防止虐待动物协会立刻采取紧急行动，其主席亨利·伯格也当即决定控制、谴责收容所负责人约翰·马里奥特（John Marriott）。用碳酸处理犬只的"人道主义方法"，也因为一只漏水箱子而遭到推广阻碍。该事故中，尽管灌入窒息气体已超过 2 小时，笼箱内仍有很多狗未能死去。咨询过美国防止虐待动物协会评论家后，马里奥特决定淹死这些幸存犬只。然而，在打开箱子后，部分犬只挣扎着逃窜而出，"在场的几位官员和旁观者都备感惊愕、恐惧"。马里奥特及其手下和美国防止虐待动物协

会的评论家一起，用棍棒终结了这些应激犬只的生命。犬只因此而
遭受的痛苦，也令美国防止虐待动物协会深信，溺死犬只才是实际
上最为有效、最为人道的处死方式。因而，此后纽约流浪狗收容所
也就选择继续沿用溺杀的方法。[47]

　　但是溺死犬只的做法仍旧残忍且低效。1888 年 3 月，美国防止
虐待动物协会致信纽约市长艾布拉姆·休伊特（Abram Hewitt），要
求他另寻方法取代"残暴"的溺杀制度。该协会指出：考虑到公共
卫生需要，确实应当处死流浪犬只，但它们也值得人类"仁慈以
待"。实际上，它们的存在带来的苦难以及其种种"无助和痛苦"
都表明，人类在处理这些犬只时应"采用科学所能设计出的那类无
痛且仁慈的方案"。美国防止虐待动物协会提议尝试两种更为人道
的处死犬只方法：一是在英国已经使用的瓦斯处理法，二是采取电
击处死犬只。第二个方案成为首选方案，究其原因，或许是因为托
马斯·爱迪生（Thomas Edison）曾在犬只身上进行过交流电与直流
电影响对比实验。与此同时，1882 年纽约也建成了第一座发电站。
在处死人犯方面，纽约亦积累了丰富的"用电"经验——纽约州各
界将电椅形容成一种"现代化、无痛且人道"的处决方法。[48]

　　新兴技术似乎已然准备好与人道主义观念相融合。两者将共同
以人道方法终结这些凄苦流浪狗的生命。在众人眼中，这些流浪狗
既是现代都市的受害者，同时也是"加害者"。因此市长和卫生部

门均赞成寻找一类新的屠犬设备。而卫生部门专家也认为，电击处死是最为可靠、人道的方法。1888 年 8 月，来自贝尔维尤医院（Bellevue Hospital）和康奈尔大学（Cornell University）的专家，在市政流浪狗收容所进行了一次电击处死犬只实验。但实验结束后，现场专家一致认为电击方案成本过高且具有危险性。1888 年 12 月，卫生部在流浪狗收容所里安装了一台用于处死犬只的机器，它使用氯仿蒸汽或瓦斯作为毒杀药剂。负责研制这款设备的塞勒斯·埃德森（Cyrus Edson）表示，了解到巴黎采取的相关措施后，他就萌生出了使用瓦斯的想法。埃德森指出，这一方法与溺死犬只的操作不同，"并无任何证据表明犬只经受了任何痛苦"，只是实验观察发现有部分犬在临死前出现了"性兴奋"。在《纽约时报》的报道里，这套新设备显得更为人性化：这是一种"科学处死犬只"的方法。气体可以从纽约的主要供气厂得到供应，因此，成本低廉也是采用气体法处死犬只的另一项优点。一只大型锌箱单次扑杀犬只的数量可多达 48 只，而犬只死去时的状态就好像是睡着了一般。狗"在睡梦中死去"的传奇也就遍播大西洋两岸。美国人把对善终，即"安详平和而死"的理解也延伸到了犬只身上。处死犬只也就此成为纽约大肆宣传的"现代化"表征的一部分。现代公共卫生规范也直观地体现了——扑杀流浪犬只是合理行为，而处理犬只时所用的瓦斯也是安全、进步和文明的象征。[49]

《哈泼斯周刊》并未完全采信相关说法。发表于该刊物的一篇文章写道："说真的，这种做法似乎太过恐怖，令人难以将其与'人道'二字相联系。当你目睹那件巨大的'不祥之物'，你会感到震惊。密闭箱取代了绞刑架、电铡或断头台……未得救的犬只将在窒息性气体的压迫下死去，被这种'迅速、无痛、人道'的方法送离人间。然后会发生什么呢？好吧，想到这确实会令人难受——它们的身体与骨头会充作商品，它们的皮毛会化身为女士的围巾和斗篷。"[50] 这种方法确实比之前的处理方法更人道，但采用溺杀法时暴露的种种弊端，仍在不断浮现出来。

即便如此，"无痛屠宰室"仍被形容成一个高效的扑杀机器，也是人们心中消除多余犬只的人道、必要且具有进步意义的对策。科技进步、对流浪狗和咬人犬只的谴责，以及人道主义观念的崛起，还有保证公共卫生的目标，这些因素共同促成了犬只治理方面的变革，也令相关行动变得更加合理。人道主义扑杀方法使伦敦、纽约和巴黎这三座城市，得以清除那些不符合狗狗都市理念的犬只。

▶▷ 人道扑杀法的普及

一批更为激进的动物保护主义者认为，处死任何动物都是毫无道德、不可容忍的。即便如此，"无痛屠宰室"的使用还是逐渐普及开来，主流动物保护协会也欣然同意在收留所中装配这些设备。在巴黎，《纽约先驱报》的发行人、动物保护事业长期支持者詹姆斯·戈登-贝内特（James Gordon-Bennett）为巴黎西北部热纳维利埃的流浪狗收容所捐赠了运作基金。在那里，犬只可以得到收容、找到新家，或是在"沃德·理查森无痛屠宰室"中了结性命。动物援助会经营的动物医院也装设了"cynoctone"，用以杀死犬只或其他病入膏肓的动物。尽管动物保护协会里传统的男性成员会抨击收容所中的女性管理员，认为这些女性管理员往往会表现出过度的情绪。但该协会还是慢慢转变了态度，对收容所工作表示支持。最终在1917年，动物保护协会正式接管了热纳维利埃收容所。动物保护协会还曾鼓励全法国的流浪狗收容所管理人员在收容所中展示由动物保护协会成员写下的诗歌。诗作中流露着对收容所"人道主义氛围"的肯定，暗示狗能在收容所里体验到"母爱般的接纳"。由此这些收容所完全是使"生活更美好，死亡更温和"的地方（见图3.6）。但无论扑杀方式多么"人性化"，相关工作还是给那些不得不亲自将犬只送入"梦乡"的管理人员带来了深切的情感痛苦。据报道，在动物保护协会接管塞律里埃大道收容所后，布兰查德夫人（Madame Blanchard）每次为受救助犬只准备"最后一餐"时都会泪流满面，她对此感到"心力交瘁"。[51]

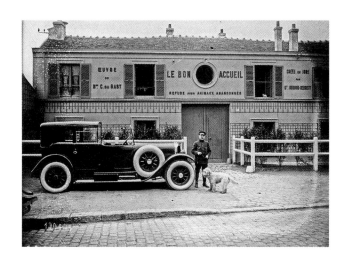

图 3.6　巴黎热纳维利埃的动物收容所，罗尔通信社，摄于 1927 年，法国国家图书馆藏

　　动物保护协会为其在收容所中杀狗的行为找了一个正当理由：比起那些被活体解剖、遭受"极端虐待"的犬只（巴黎流浪狗收容所会将流浪狗转运至实验室），被收容所处死的犬只显然有着更好的命运。不过，这种说法显然有悖于人道主义扑杀理念。1917年，该协会终于成功游说了巴黎政府，将巴黎流浪狗收容所中的犬只送入作战部队，如此便能让犬只免受窒息之苦。在他们看来，犬只"可能死于战壕"远远好过"必然死在无痛屠宰室"。[52]

　　与法国动物保护协会的情况相同，美国防止虐待动物协会在

1894 年接管纽约流浪狗收容所后，也立刻把反虐待行动与人道扑杀方案结合起来。该协会将曼哈顿流浪狗收容所搬迁至 102 号大街和东河交会处的新址，并在布鲁克林和斯塔滕岛划入纽约行政区划后，第一时间在两地建立起了新的流浪狗收容所。美国防止虐待动物协会表示，在这些收容所中，走失犬只可以重新回家，或是被"人道处决"，"流浪动物"因此免于遭受"过多痛苦"。在报告中，美国防止虐待动物协会欣慰地表示，街头小混混们不再抓捕犬只，向流浪狗收容所兜售，而是将流浪狗带入收容所中，帮助它们重回主人身边、找到新家，或是接受"人道毁灭"。养有宠物的家庭，也可以将他们岁数过大或染重疾的狗狗送到收容所中接受"安乐死"。例如，某养宠家庭曾将他们挚爱的柯利牧羊犬送去布鲁克林收容所，帮它结束风烛残年。在美国防止虐待动物协会编纂的《我们的动物朋友》（*Our Animal Friends*）一书里，送别这只柯利牧羊犬时"满屋都是抽泣声"。不过，这也是一个正确的做法，因为这条忠诚的狗狗所"遭受的痛苦，终于得以了结"。[53]

　　"收容所"（shelter）一词，也展现了美国防止虐待动物协会目标不断变化的过程。收容所的目标是为犬只提供庇护，令它们无须在街头经受痛苦，或是忍受身体健康欠佳、年岁增长带来的诸种痛苦。但和"某某之家"的"家庭"概念一样，收容所也是披上了人道主义外衣的"屠戮之地"。收容所的出现，有助于掩盖美国防止虐待动物协会之使命的演变——该协会已从抵制流浪狗收容所中非人道杀戮的力量，转变成监督哥谭市对多余犬只进行"消灭"的机构。该协会主席约翰·P. 海恩斯（John P. Haines）就该协会使命的改变解释道：1896 年的扑杀犬只行动，是避免流浪狗和健康宠物狗之间传播狂犬病、瘟热、寄生虫和兽疥癣的"必要举措"。从中可窥见，海恩斯在动物保护领域的态度要比前协会主席伯格更保守。意识到许多需要"人道毁灭"的犬只的主人是租住在廉价公寓中的穷人后，海恩斯表示：消灭这些染病、危险的犬只，其实会令它们的主人受益。因为他们的屋子将变得更加整洁，狗的离去也会降低他们生病的概率。在海恩斯眼中，"人道毁灭"犬只是一种健康且慈悲的做法。他就此谈道："这些动物……离世时绝对没有遭受到任何痛苦。它们在世时过得很是艰辛，生活并不稳定，往往还蒙受着巨大、难以缓解的苦痛。"[54] 公众对流浪狗以及工人阶级饲养宠物的行为也发出了谴责（详见第一章），而这又一次证明了"人道扑杀犬只"的合理性。

如果这些对收容所的描绘还不足以奏效，"幽默感"则会进一步替杀害犬只的行为进行辩护。1894 年成立的、美国防止虐待动物协会首家直属收容所的主管约翰·里德（John Read）表示："扑杀犬只实际上并非一种愉快的消遣。"但是这番操作确有其"幽默一面"——竟然会有"下层"阶级的纽约人向他讨要黑狗毛皮以治疗风湿病，还有人向他索取犬只脂肪，治疗"支气管疾病"。这种拿纽约穷人开涮的笑话，也许成功迎合了美国防止虐待动物协会里那些中产阶级支持者的观点主张。在系统展开"人道毁灭"时，他们会给纽约的流浪动物进行麻醉，令其免于遭受痛苦。仅在1894—1908年，美国防止虐待动物协会便"人道毁灭"了1 515 513只包括猫和狗在内的小动物。[55]

1908年"狂犬病大恐慌"出现，纽约市抓捕、消灭流浪犬只的频率大大增加。当年，美国防止虐待动物协会共计"人道毁灭"了185 398只狗。翌年，又有222 468只动物被扑杀。到了1910年，这个数据增加到整整318 615只。时任协会主席阿尔弗雷德·瓦格斯塔夫（Alfred Wagstaf）认为"有必要扑杀这些动物"，如此可以避免小动物们"因挨冻、饥饿、疾病和受伤而蒙受的痛苦"。在"该协会的保护下"，动物人道地死去，要比在街头过着无情的流浪生活好上很多。《纽约时报》也赞成这种规模化扑杀犬只的行为，称这些犬只会被"尽可能无痛"地被送上黄泉路（不过，当平均每天处死1 000只狗时，美国防止虐待动物协会可能难以承担氯仿费用）。该协会主管托马斯·弗里尔（Thomas Freel）也认为扑杀"生活在垃圾桶或下水沟里的杂种狗"十分合理。弗里尔表示："这种做法也符合社区利益。社区方面往往希望除掉那些咬人、脏脏的无人认领犬只。与此同时，如此做法也满足了'品种优良、受人喜爱'的纯种犬的利益。"[56] 流浪在街头的犬只所处的环境脏污，与宠物狗所处环境大相径庭。它们可能会传播狂犬病，情感上也与纽约市民没有直接联系。对宠物狗和流浪狗作出的区分，以及对"狗咬人"、野狗流荡街头的恐惧，仍在鼓励人类大规模地扑杀流浪犬只，也酝酿了狗狗都市的崛起。

在美国防止虐待动物协会领导心中，于收容所"人道扑杀"流浪犬只是一种进步，也是高效率的直观体现。在协会创办50周年报告里，编纂者通过展示两张图片，对比了1894年以前将犬只浸没在东河之中的"破败流浪狗收容所"，以及该协会建设的"现代化收容所"。而随后的一组图像，对比了淹死犬只的场景和"无痛屠宰室"的画面。编纂者称这是"一种终结动物生命的，现代化且符合人道的方法"。美国防止虐待动物协会相关单元的图片里，不再有人类或其他什么动物出现，这清晰地体现出"现代化扑杀方法"的科技性、不流血本色。到了20世纪20年代，美国防止虐待动物协会的报告已不再出现"无痛屠宰室"的照片，或是处决小型动物的数量统计——这些内容引起了各界不小的争议，也让读者颇感沮丧。不过在1923年，该协会还是称赞了他们在过去30年里"仁慈处决"猫和狗的"壮举"，称这是"市民社会的职责，也是人道主义的彰显"。协会负责人表示，他们的扑杀新法是对"上帝所创造的生物的人性化服务，此前从未有协会心系此事，也从未出现过相关做法"。[57]

▶▷ 质疑"人道扑杀"

以上所述并不意味着"人道扑杀"不曾让动物保护主义者出现内部分歧。有些动物保护主义者，尤其是女性动物保护主义者，对"人道扑杀"的前提发出了质疑。他们拒绝扑杀任何一只狗，除非它病得太过严重或是注定伤重到不能治疗。参观过一家位于巴黎的收容所后，弗洛拉·德奥比·詹金斯·基布（Flora D'Auby Jenkins Kibbe）受到了启发，她决定效仿该机构，给流浪犬只重新找到新家，而不是将其扑杀。1903 年，基布在纽约列克星敦大道（Lexington Avenue）建起了比德伟动物收容所（Bide - a - Wee Home）。该收容所需要安置的犬只，数量上要比美国防止虐待动物协会所设收容所少得多，并且财务窘境也非常突出。但该机构还是在 1906 年一年内，设法挽救了 1 871 只流浪狗（见图 3.7）。记者伊丽莎白·班克斯（Elizabeth Banks）对该机构赞不绝口，表扬了该机构对狗狗的精心照料——犬只们食用的是华尔道夫酒店（Waldorf-Astoria Hotel）的剩菜剩饭。他们还建议那些不再想养宠物狗（或猫）的主人，可以将小动物们送至比德伟动物收容所，而不要让它们饱尝痛苦地流落街头，甚至还要面临被"人道毁灭"的风险。基布同样指出，美国防止虐待动物协会成立的收容所与比德伟动物收容所相比，主要差距是比德伟动物收容所不会让宠物走向死亡，在必要时，该机构仅会提供一些相关建议。[58]

图 3.7　纽约比德伟动物收容所，约瑟夫·拜伦（Joseph Byron）摄，约 1907 年，美国国会图书馆，藏品编号 2011661012

　　但基布及其支持者却遭到了社会舆论的批判。《纽约时报》上的一篇文章表示，尽管她们满怀"同情与热忱"地将流浪犬只从街道上解救过来，但在这一过程中，她们的执行效率却并不怎么高。此外，在她们建立的收容所中，那些持续吠叫的犬只，已然成为一项"公害"。有《纽约时报》读者就此评论道：这座城市的首要任务应该是驱赶、消灭街头的流浪犬只。然而比德伟动物收容所，却成为纽约迈向这一目标的障碍。美国防止虐待动物协会也对比德伟动物收容所印象不佳。在一些针对动物保护主义者而非其女性身份发出的性别歧视言论里，就曾有人批评大部分收容所中的女性工作者具有"不受控的多愁善感"。《我们的动物朋友》里就刊载了一篇"社论"，鲜明对照了美国防止虐待动物协会"富有原则性的人道主义观"，以及比德伟动物收容所中那种"无法摆脱的无用功"。甚至连那个受苏格兰语启发而起的，意为"停留一会儿"（Bide-a-Wee）的古怪机构名，也透露着点滴"感伤"。这篇"社论"随后提到，在美国防止虐待协会对比德伟动物收容所的调查中可以看到，尽管基布的出发点很好，但她缺乏对犬类的充分了解。文章得出的结论是，若毫无"常识"与相关专业知识，如此伤感情绪只会造成一处"犬只地狱"。[59]

但比德伟动物收容所中狂吠不已的狗狗，终究还是引起了该市卫生当局的注意。1908 年 6 月，卫生部门命令基布将犬只转移至她建在新泽西州的乡村收容所。至此，比德伟动物收容所和美国防止虐待动物协会积压已久的矛盾彻底爆发。美国防止虐待动物协会的转运车就停在了比德伟动物收容所的门口，如果基布无法顺利转移犬只，那么这些狗狗就会被运到美国防止虐待动物协会收容所中，接受"人道毁灭"。几经努力，比德伟动物收容所中的犬只最终成功转移到了新泽西。两家反虐待组织对动物苦难、"人道毁灭"所呈现出的不同态度，在人们脑海中留下了深刻印象。1909 年，两个组织围绕处死犬只问题，再度发生了矛盾——比德伟动物收容所给养狗的穷人分发了免费嘴套、狗绳，以防它们被美国防止虐待协会捕杀。[60]

在伦敦，相似组织的成员也对收容机构的所作所为，持有截然不同的态度。"不能说话的朋友联盟组织"（Our Dumb Friends League）成立于 1897 年，旨在关照伦敦马匹。该联盟内部的一个委员会，曾就北伦敦犬类之家所列举的应接受人道毁灭的犬只品种、数量产生过歧义。犬类之家成立于 1912 年，截至 20 世纪 30 年代初，该机构已自警方手中接管、处置了 3 000 只流浪狗。[61]

各大收容所与伦敦市警察局（London Metropolitan Police）签订合同，约定联手处理流浪犬只。不过各家采用的"最佳"扑杀犬只方法却各不相同：东哈姆犬类之家（East Ham Dogs' Home）使用的是氢氰酸注射法，不能说话的朋友联盟组织则用到了氯仿，而巴特西流浪狗之家采用了氯仿与苯酚混合气体。所有处死犬只的方法，都有一批支持以及若干反对者。巴特西流浪狗之家宣称其方法是"最为人道"的操作，然而其批评者也着实不少。另外，尽管全英家犬防卫联盟和英国防止虐待动物协会都在嘲讽东哈姆犬类之家所用的氢氰酸注射法，但皇家兽医学院（Royal Veterinary College）

院长却称赞这是一种快速、无痛的处死模式。[62]

无论采取的措施究竟如何，各大收容所的管理人员一致认为，尽管这存在一定难度，但扑杀流浪狗无疑是一种"人道且必要的任务"。20世纪20年代中期，全英家犬防卫联盟哀叹伦敦地区的流浪狗数量不减反增。联盟位于贝思纳尔格林（Bethnal Green）的收容所已经沦为了"伦敦东区多余犬只的垃圾场"——那些无力照顾宠物的狗主人，只好将它们送去收容所接受"人道毁灭"。该联盟表示，处理这些"底层"犬只确实费劲。但是他们的职责，就是给伦敦东区这些染病、虚弱、饥饿、受苦、根本得不到怜爱的犬只，以一个"毫无痛苦的了结"。19世纪末，人们对那些难以管理的、背井离乡的下层阶级深感忧虑。与之相似，伦敦市民也再度将流浪犬只和穷人与所谓的都市社会"问题阶层"联系在一起。社会性改革或空间迁移方案都不如"人道扑杀"广受认可，"人道扑杀"已然成为众人支持的、处理"底层犬只"的"良方"。[63]

建基于共同价值观，巴特西流浪狗之家与纽约市警方达成了长期、广泛的合作。因此，巴特西流浪狗之家也就变成了伦敦"人道毁灭"流浪犬只的主要场所。据报道，自收容机构搬迁至巴特西以降，半个世纪中已收容过一百多万只"弃犬"，其中大多数犬只均被"仁慈处决"。在该机构中，照料和杀戮是两条并行不悖的线。《伦敦杂志》（London Journal）指出，"善良是巴特西流浪狗之家的一个关键词"。这种善良，也融入了该机构的各类活动中。1910年，一位"爱狗女士"慷慨解囊，以社会捐赠形式帮助巴特西流浪狗之家重新建起了"无痛屠宰室"。在时人眼中，此次意在支持"杀戮"的捐赠，也是具有同情心、善良意愿的行为。随后《伦敦杂志》对《纽约先驱报》此前提及的巴黎收容所的发展状况表示怀疑。《伦敦杂志》宣称：纽约的巴特西流浪狗之家拥有"全世界最为完美的人道'无痛屠宰室'，可以温和地处死动物"。[64]

善良也同样是不能说话的朋友联盟组织附属收容所的口号。收容所负责人 E. S. 肯尼迪（E. S. Kennedy）表示，女性工作人员的"母爱本能"，令其堪任最理想的犬只饲养员，"在听见富有同情心的人类声音时，狗狗表现出的反应最显著。善举远比欺凌有效，狗狗们也期待着那抚慰孩子般的悉心照料。我们也非常期望用满满爱意去照料收容所里的狗狗"。狗对人类情感的感知，以及狗之于人的那种"心理态度"需要培养。由此，工作人员取得犬只信任、保持冷静，就显得至关重要。肯尼迪表示，"当一只狗信任你时，尽管你带给它的体验不符寻常，但它仍会坚信你肯定'是在做一件正确的事'"。爱，具有那种"一招制胜"的独特优势。[65]

但这样的说法，并没能平息人们对"人道扑杀"的重重担忧。1933 年 6 月 14 日，反活体解剖实验的动物防御协会（Animal Defence Society）在伦敦卡克斯顿大厅（Caxton Hall）组织了一场有关动物安乐死的国际会议。与会人员有兽医、反活体解剖主义者，以及动物保护主义者。参会代表对"巴特西流浪狗之家"持续进行的"大规模杀戮"深表担忧：部分犬只是因吸入窒息性气体（一种极为"痛苦的死亡方式"），而非在麻醉气体作用下死亡。与此同时，聪明的狗狗早在上路前，似乎就已意识到在那"无痛屠宰室"中等待它们的，是"大难临头"。这番情形就背离了"人道扑杀"的根本原则——没有尽可能不让动物知晓其命运。来自英国、欧陆以及美国的代表与记者也共同强调：不论是采用一氧化碳、氯仿还是电击法，每一种操作都应当安排经验丰富的兽医时刻监督全过程，这点十分重要。他们还着重指出，负责扑杀动物的相关人员，须"真真正正地怀有人道主义精神"，如此才能善待动物，并减少它们对死亡的恐惧。[66]

犬只所拥有的情绪方面敏感性优势，反而令它们更难平静地接受死亡。动物防御协会事务主管丽兹·林德·哈格比对参会代表谈道："这的确面临着困难与阻力……动物本能地不希望自己被杀害。它们很容易就能感到、嗅出'危险的气息'。若确信我们将要杀害它们的话，它们会做出反抗。可以说，它们会为了保持意识而挣扎，即便意识已经消失，它们的潜意识也仍会继续抵抗。"林德·哈格比是预防过早埋葬协会（Society for the Prevention of Premature Burial）的主席。除了将人类的心理学知识运用于研究动物外，他还卓有远见地发现——与人类相似，动物"生与死"的界线，也是神秘且并不稳定的。另一位出席会议的兽医 J. 韦克菲尔德·雷尼（J. Wakefield Rainey）同样表示："让动物长眠的想法，可以说就是个无稽之谈。"在巴特西流浪狗之家里，受戮的犬只并非昏睡而去，而是"和毒性极强的致昏迷毒药做着剧烈斗争"。人们也正在寻找一种更为迅急的扑杀方法，希望能令动物瞬间失去意识。韦克菲尔德·雷尼提议采用电击法，位于克里登（Croydon）的全英家犬防卫联盟收容所，就采用了该方案。巴特西流浪狗之家也紧随其后，在 1934 年引进了运用电击技术的扑杀设备。[67]

此外，与会代表们还集体驳斥了那些称他们"过于情绪化"的指控。林德·哈格比否认她和其他关心人道主义屠宰的人士是"片面的感伤主义者"。相反，他们的行动对"促进文明建设、维系国家间和平稳定都至关重要……粗暴虐待动物会阻碍人类思想进步，而唯有夯实思想进步的基础，人类才能实现真正的文明社会、国际合作"。回首 20 世纪 30 年代后历史的具体走向，此般观点的确有点天真。不过，林德·哈格比还是在演讲中提到：女性在促成国际合作方面做出了巨大努力。他还强调培养人道主义情感、鼓励人道行为需要各国共同为之努力。此外，哈格比还表示，"人道扑杀"动物远不是在现有平台中保护动物那么简单。恰恰相反，这永远是一项可堪开拓、富有挑战性的工作。[68]

▶▷　遍布的屠宰之地

尽管有着些许不安，动物保护主义者还是提倡在羁押处及收容所"人道扑杀"动物，以此完成减少流浪犬只运动的部分目标。动物保护协会鼓励那些养育母狗的宠物主人在小狗出生后就将其淹死（无意之中与纽约早期扑杀措施相呼应）。推荐这类行为的标语称其是一种"所有真正怜爱动物的人们都会采取的善举"。伦敦方面也有不少人认为让动物早点死去，比令它们沦落街头受苦，或是落入活体解剖实验者手中要好上许多。E. S. 肯尼迪主张"无痛消灭"那些"多余的"小狗，以防它们在未来遭受苦难。全英家犬防卫联盟的观点也是如此。联盟建议宠物主人淹死"杂种"小狗，同时确保把小狗尸体埋进足够深的位置，否则狗妈妈会不顾一切地刨出小狗的尸体。联盟还发布了一本辅导处死"多余犬只"的技术指南。指南告诫宠物主人不要让那些"街头混混或无业男孩"来棒杀犬只，而是要将犬只带到收容所，使之接受"人道毁灭"，或是让药剂师出面给小狗们注射氢氰酸一类的致命毒剂。[69]

美国防止虐待动物协会也曾给警方提出过相关建议，希望用"更加人道的方式"去枪杀那些受伤的街头猫狗。此外，由于美国汽车保有量不断增加，汽车撞伤街头小动物的惨剧时有发生。为应对此现象，全美各地的动物保护协会相继设计出了"可移动毒气室"。相关协会提议，可以把那些受伤的动物装入金属罐体，再将其接在汽车排气管上。如此，就能迅速搭建出"户外毒气室"。[70]

但在有些时候，人们要求用"更人道方式"扑杀动物的呼声却被置若罔闻。尽管已收到来自公众，特别是动物保护主义者的海量投诉，且该提议也得到了"不能说话的朋友联盟"组织的大力支持，收到建议的伦敦政府，还是拒绝配备"移动毒气室"去扑杀街头受伤犬只。伦敦警方也拒绝使用英国防止虐待动物协会提出的"在杀害动物之前，先采用格林纳'安全'系簧枪击昏动物"的建议，其理由是警方现有扑杀方法已足够人道。[71] 不过，这种移动的"人道扑杀"之存在确实表明，毁灭那些"多余犬只"，已成为都市生活必然的一环。这种方法已经遍及新兴狗狗都市的每一处角落。

▶▷　小结

人道观念愈加无法容忍疼痛、折磨的存在。达尔文主义的出现，以及动物保护运动、反活体解剖运动的兴起，令犬只受苦成为一则"爆炸性话题"。越来越多的公共卫生学家，以及其他专家就此达成了共识。人们公认有必要扑杀流浪狗、咬人犬只，但处死动物的方式必须人道、高效。绞死和淹死犬只的行为均有违人道理念。在伦敦、纽约和巴黎的现代人犬关系中，随着"人道扑杀"的出现、发展，虽然犬只受苦仍旧使人惴惴不安，但多数人最终还是走向了妥协、接受。在清理巨量街头流浪狗、咬人犬只的过程中应运而生的"人道扑杀"，是狗狗都市出现的关键条件。在狗狗都市中，与人类最为亲近的犬只——宠物和警犬，将得到通往这一都市的"特权钥匙"，而那些流浪狗、咬人犬只，则基本被排除在外。

注　释

［1］ Erica Fudge, *Brutal Reasoning: Animals, Rationality, and Humanity in Early Modern England* (Ithaca, NY: Cornell University Press, 2006) ; Peter Sahlins, 1688: *The Year of the Animal in France* (New York: Zone Books, 2017) .

［2］ Joanna Bourke, *The Story of Pain: From Prayer to Painkillers* (Oxford: Oxford University Press, 2014) , 231-52; Karen Halttunen, "Humanitarianism, and the Pornography of Pain in Anglo - American Culture," *American Historical Review* 100, no. 2 (1995) , 330; Christophe Tra? ni, *The Animal Rights Struggle: An Essay in Historical Sociology*, trans. Richard Jemmett (Amsterdam: Amsterdam University Press, 2016) , 94-124.

［3］ Mona Caird, *A Sentimental View of Vivisection*, Bijou Library no. 3 (London: William Reeves, 1883) , 19-20.

［4］ William Brown, *Our Lesser Brethren* (London: Headley Bros. , 1920) , 20-21.

［5］ "Mad Dog at Knightsbridge," *Times* (London) , September 29, 1818; E. L. Richardson, "To the Editor," *Times* (London) , September 22, 1818.

［6］ "Hydrophobia," *Times* (London) , June 3, 1830; Beal quoted in Neil Pemberton and Michael Worboys, *Rabies in Britain: Dogs, Disease and Culture*, 1830 - 2000 (Basingstoke: Palgrave Macmillan, 2013 ［2007］) , 42; Lisa Keller, *Triumph of Order: Democracy and Public Space in New York and London* (New York: Columbia University Press, 2008) , 65-76.

［7］ "Another Mad Dog," *New-York Telescope*, August 21, 1830; "The Great Dog War of 1848," *New York Herald*, July 16, 1848; "Incidents

Connected with the Great Dog War of 1848," *New York Herald*, July 29, 1848; "Police," *BDE*, August 16, 1842; Keller, *Triumph of Order*, 151-67; Timothy J. Gilfoyle, "Street Rats and Gutter Snipes: Child Pickpockets and Street Culture in New York City, 1850-1900," *Journal of Social History* 37, no. 4 (2004): 853-82.

[8] Préfecture de police, "Instructions concernant la destruction des chiens errans [*sic*]," December 5, 1842, DB 226, APP; é. A. Duchesne, *Répertoire des plantes utiles et des plantes vénéneuses du globe* (Paris: Jules Renouard, 1836), 34; Préfecture de police, "Exécution de l' ordonnance de police concernant les chiens," July 29, 1838, DB 226, APP; Préfecture de police, "Envoi des ordonnance de police concernant les chiens et les boules-dogues: Instructions," July 7, 1849, DB 229, APP; Préfecture de police, "Rapport," June 22, 1843, DA 44, APP; Paul Glassacki to Ministère de l' Intérieur, May 4, 1853, DA 44, APP; George Fleming, *Rabies and Hydrophobia: Their History, Nature, Causes, Symptoms, and Prevention* (London: Chapman and Hall, 1872), 359; Yaron Finkelstein et al., "Colchicine Poisoning: The Dark Side of an Ancient Drug," *Clinical Toxicology* 48, no. 5 (2010): 407-11.

[9] Mairie de Passy, 16e arrondissement, to Préfet de police, June 16, 1870, DA 44, APP; Richard S. Hopkins, "*Sauvons le Luxembourg*: Urban Greenspace as Private Domain and Public Battleground, 1865-1867," *Journal of Urban History* 37, no. 1 (2011): 43-58.

[10] *Plaidoyer prononcé par un chien de procureur en faveur des chiens de Paris, accusés d' avoir erré sans être muselés* (Paris: Chez les libraires du Palais-Royal, 1825), 7-8; *Lettre d' un chien de Paris à un de ses amis de province sur les massacres de la rue Guénégaud* (Paris: Chez les libraires du Palais-Royal, 1825); Richard D. E. Burton, *Blood in the City: Violence and Revelation in Paris, 1789-1945* (Ithaca, NY: Cornell Uni-

versity Press, 2001）.

［11］ Peter Atkins, "The Urban Blood and Guts Economy," in *Animal Cities: Beastly Urban Histories*, ed. Peter Atkins（Farnham: Ashgate, 2012）, 77-106; Alexandre- Jean-Baptiste Parent-Duchatelet, *Hygiène publique, ou mémoire sur les questions les plus importantes de l'hygiène appliqués aux professions et aux travaux d'utilité publique*（Paris: J. -B. Baillière, 1836）, 2: 242, 347-48; Sabine Barles, "Undesirable Nature: Animals, Resources and Urban Nuisance," in Atkins, *Animal Cities*, 173-88; Sabine Barles, *L'invention des déchats urbains: France 1790-1970*（Seyssel: Champ Vallon, 2005）. 关于公共卫生规范，详见 Jean-Baptiste Fressoz, *L'apocalypse joyeuse: Une histoire du risque technologique*（Paris: Seuil, 2012）, 158-59。

［12］ "Chiens," n. d. , DB 229, APP; Préfet de police, "Instruction concernant les chiens, instruction des boules dogues," August 19, 1840, DB 229, APP; Préfecture de police, "Exécution de l'ordre de police concernant les chiens et les boules-dogues," June 9, 1852, DB 229, APP; Jonathan Strauss, *Human Remains: Medicine, Death and Desire in Nineteenth-Century Paris*（New York: Fordham University Press, 2012）; David Harvey, *Paris: Capital of Modernity*（London: Routledge, 2003）.

［13］ 引自 "Chien poursuivi comme enragé," *BSPA* 9（1863）: 463; éric Pierre, "La souffrance des animaux dans les discours des protecteurs français au XIXe siècle," *études rurales* 147-48（1998）: 81-97; Damien Baldin, *Histoire des animaux domestiques, XIXe-XXe siècle*（Paris: Seuil, 2014）, 232-37; "Rapport sur la fourrière," *BSPA* 10（1864）: 106。

［14］ Paul Friedland, *Seeing Justice Done: The Age of Spectacular Capital Punishment in France*（Oxford: Oxford University Press, 2012）,

239–40; news article "La Société protectrice des animaux prend . . . ," *Le Figaro* (Paris), October 6, 1875, 2, news‑ paper clipping in DB 226, APP.

[15] Préfecture de police, "Cahier des charges pour le service de l'abatage des chiens à la fourrière et l'enlèvement des dépouilles," March 31, 1877, DA 21, APP; "Paris: Une exécution à la fourrière de la préfrecture de police," n. d., carton 9, Serie iconographique, APP; Damien Baldin, "De l'horreur du sang à l'insoutenable souffrance animale: élaboration sociale des régimes de sensibilité à la mise à mort des animaux, 19e–20e siècles," *Vingtième Siècle* 123 (2014): 59; A. Cartaz, "L'exécution des chiens," *La nature*, no. 625, May 25, 1885, 385–86.

[16] "Dog Assassination: The New York Method," *Lowell (MA) Daily Citizen and News*, June 15, 1859; "An Hour at the Dog‑Pound," *New York Daily Times*, August 5, 1856; Jason Urbanus, "New York City's Dirtiest Beach," *Archaeology* 71, no. 5 (2018): 56–63; "Drowning the Dogs," *NYT*, July 8, 1877.

[17] "Destroying the Dogs," *NYT*, July 6, 1877; "Report of the Business of the Dog Pound for the Season Ending September 30th 1885," Grace box 1325, folder D18‑02, roll 2, New York City Municipal Archives; "The Dog Pound," *Harper's Weekly*, July 15, 1882; "A Dog‑Pound," *Youth's Companion*, July 4, 1872; "The New York Dog‑Pound," (*Cleveland*) *Ohio Farmer*, September 28, 1867.

[18] "Cruelty to Stray Dogs," *NYT*, July 6, 1884; C. N., "Les chiens de New‑York," *Revue britannique* 6 (1873): 228.

[19] "Where the Dogs Go To," *Frank Leslie's Illustrated Newspaper*, August 14, 1858.

[20] M. B. McMullan, "The Day the Dogs Died in London," *London*

Journal 23, no. 1 (1998): 39; Isabel Burton, "The Dog Question: To the Editor," *Times* (London), October 29, 1886; "'A Dog's Life'— And Death," *Fun*, December 7, 1867.

[21] Gwynfryn [pseud.], *Friends in Fur and Feathers* (London: Bell and Daldy, 1869), 73; Diana Donald, *Women against Cruelty: Protection of Animals in Nineteenth- Century Britain* (Manchester: Manchester University Press, 2020), 136–58; Frederick S. Milton, "Taking the Pledge: A Study of Children's Societies for the Prevention of Cruelty to Birds and Animals in Britain, c. 1870–1914" (PhD diss., Newcastle University, 2009), https://theses.ncl.ac.uk/jspui/handle/10443/1583.

[22] Ward Richardson quoted in Basil Tozer, "The Dogs' Home, Battersea," *English Illustrated Magazine*, August 1895; "'A Dog's Life'"; B. J., "To the Editor," *Daily Telegraph* (London), October 9, 1868.

[23] "Multiple News Items," *Standard* (London), September 21, 1868; "Mr. Charles Reade on Dogs' Homes," *NYT*, July 3, 1875.

[24] William Youatt, *The Dog* (London: Charles Knight, 1845), 107–8. Youatt's book was published in the United States as *The Dogs* (Philadelphia: Blanchard and Lea, 1857). 通过 *Le chien: Déscription des races, croisement, élevage, dressage, maladies et leur traitement d'après Stonehenge, Youatt, Mayhew, Bouley, Hamilton, Smith etc*, 2nd ed. (Paris: J. Rothschild, 1884) 一书，尤亚特与其他英国犬类专家的观点成功传播给了法国读者。

[25] Henri Bouley, *Hydrophobia: Means of Avoiding Its Perils and Preventing Its Spread as Discussed at One of the Scientific Soirees of the Sorbonne*, trans. Alexandre Liautard (New York: Harper and Brothers, 1874 [1870]), 11, 13, 26; Fleming, *Rabies and Hydrophobia*, 196.

[26] Charles Darwin, *On the Origin of Species by Means of Natural Se-

lection, ed. Joseph Carroll (Ontario: Broadview Press, 2003), 229-30; Charles Darwin, *The Works of Charles Darwin*, ed. Paul H. Barrett and R. B. Freeman, vol. 23, *The Expression of the Emotions in Man and Animals*, ed. Francis Darwin (New York: New York University Press, 1989), 41-42, 87-90; Emma Townshend, *Darwin's Dogs: How Darwin's Pets Helped Form a World - Changing Theory of Evolution* (London: Frances Lincoln, 2009). 关于"情感表达"的接受情况，详见 Thomas Dixon, *From Passions to Emotions: The Creation of a Secular Psychological Category* (Cambridge: Cambridge University Press, 2003), 165-68; Angelique Richardson, ed., *After Darwin: Animals, Emotions and the Mind* (Amsterdam: Rodopi, 2013)。

[27] Peter J. Bowler, *The Eclipse of Darwinism: Anti-Darwinian Evolution Theories in the Decades around* 1900 (Baltimore: Johns Hopkins University Press, 1983); Rob Preece, *Brute Souls, Happy Beasts, and Evolution: The Historical Status of Animals* (Vancouver: University of British Columbia Press, 2005); 331-58; Philip Howell, *At Home and Astray: The Domestic Dog in Victorian Britain* (Charlottesville: University of Virginia Press, 2015), 102-24; Jed Meyer, "The Expression of the Emotions in Man and Laboratory Animals," *Victorian Studies* 50, no. 3 (2008): 399 - 417; Brown, *Our Lesser Brethren*, 52 - 56; Albert Larbalétrier, *Manuel pratique de l'amateur de chiens* (Paris: Garnier frères, 1907); Jennifer Mason, *Civilized Creatures: Urban Animals, Sentimental Culture, and American Literature* (Baltimore: Johns Hopkins University Press, 2005), 19; E. T. Brewster, "Studying the Animal Mind in Laboratories," *McClure's Magazine*, August 1909, 387.

[28] "Our Object," *Animal World*, October 1, 1869. 另请参阅 James Turner, *Reckoning with the Beast: Animals, Pain and Humanity in the Victorian Mind* (Baltimore: Johns Hopkins University Press, 1980);

Janet M. Davis, *Gospel of Kindness: Animal Welfare and the Making of Modern America* (New York: Oxford University Press, 2016), 16; Frances Power Cobbe, "The Education of the Emotions," *Fortnightly Review* 43 (1888): 223-36。

[29] Maria Deraismes, *Discours contre la vivisection* (Paris: Auguste Ghio/Ligue populaire contre l'abus de la vivisection, 1884), 24-25; *Protégeons les animaux, conseils pratiques, droits et devoirs: II Chiens et chats* (Paris: Société protectrice des ani aux, 1927), 4.

[30] Anna Kingsford, "The Uselessness of Vivisection," *Nineteenth Century* 11 (1882): 176-77; Richard D. French, *Antivivisection and Medical Science in Victorian Society* (Princeton, NJ: Princeton University Press 1975), 19, 38-48; Turner, *Reckoning with the Beast*, 92; J. Burdon Sanderson, ed. , *Handbook for the Physiological Laboratory Containing an Exposition of the Fundamental Facts of the Science, with Explicit Directions for Their Demonstration* (Philadelphia: P. Blakiston, 1884 [1873]), 95, 331, 405, 476-77.

[31] *Report of the Royal Commission on the Practice of Subjecting Live Animals to Experiments for Scientific Purposes, with Minutes of Evidence and Appendix* (London: HMSO, 1876) .

[32] Clare Midgley, Alison Twells, and Julie Carlier, eds. , *Women in Transnational History: Connect the Local and the Global* (Abingdon: Routledge, 2016); J. Keri Cronin, *Art for Animals: Visual Culture and Animal Advocacy* 1870-1914 (University Park: Pennsylvania State University Press, 2018); Leila J. Rupp, "Constructing Internationalism: The Case of Transnational Women's Organizations, 1888-1945," *American Historical Review* 99, no. 5 (1994): 1571-600; Frances Power Cobbe and Benjamin Bryan, *Vivisection in America* (London: Swan, Sonnenschein; Victoria Street Society, 1889), 23, 31-32; Diane L. Beers,

For the *Prevention of Cruelty: The History and Legacy of Animal Rights Activism in the United States* (Athens, OH: Swallow Press of Ohio University Press, 2006), 123; Craig Buettinger, "Women and Antivivisection in Late Nineteenth-Century America," *Journal of Social History* 30, no. 4 (1997): 863.

[33] Rob Boddice, "Vivisecting Major: A Victorian Gentleman Scientist Defends Animal Experimentation, 1876 - 1885," *Isis* 102, no. 2 (2011): 215-37; Frances Power Cobbe, "The Consciousness of Dogs," *Quarterly Review* 133 (1872): 429; Meyer, "The Expression of the Emotions," 400-401; George Hoggan, "Vivisection," *Fraser's Magazine* vol. 11, 1879, 522-23.

[34] Caroline Earle White, "Is Vivisection Morally Justifiable?," n. d., FA142, box 2, Rockefeller University Records, Special Events and Activities, Anti-Vivisection Activities, Rockefeller Archive Center; Susan J. Pearson, *The Rights of the Defenseless: Protecting Animals and Children in Gilded Age America* (Chicago: University of Chicago Press, 2011); Halttunen, "Humanitarianism," 330; Susan Hamilton, "Reading and the Popular Critique of Science in the Victorian Press: Frances Power Cobbe's Writing for the Victoria Street Society, *Victorian Review* 36, no. 2 (2010): 72, 77-78.

[35] "Vivisection and Anaesthetics," *British Medical Journal* 1, no. 753 (June 5, 1875): 749; Frédéric Borel, *Sur le vif: Considerations sur la vivisection* (Paris: Sandoz et Thuillier, 1883), 8; Philanthropos [Francis Heatherly?], *Physiological Cruelty, or Fact vs. Fancy: An Inquiry into the Vivisection Question* (New York: John Wiley and Sons, 1883), 19; Stephanie J. Snow, "Surgery and Anaesthesia: Revolutions in Practice," in *The Palgrave Handbook of the History of Surgery*, ed. Thomas Schlich (London: Palgrave Macmillan, 2018), 195-214; Rob

Boddice, *The Science of Sympathy: Morality, Evolution and Victorian Civilization* (Urbana: University of Illinois Press, 2016).

[36] "The Dog Ordinance," *BDE*, May 11, 1863; *Committee to Prevent the Spreading of Canine Madness, Report, Minutes of Evidence*, House of Commons, Parliamentary Papers 651, 1830, 10–11, 16, 21; Thomas Dolan, *The Nature and Treatment of Rabies or Hydrophobia Being the Report of the Special Commission Appointed by the Medical Press and Circular* (London: Baillière, Tindall and Cox, 1878), 202; Pemberton and Worboys, *Rabies in Britain*, 91, 94–95.

[37] Camille Leblanc, *Statistique des maladies contagieuses observées dans le département de la Seine, pendant les années* 1876, 1877, 1878 *et* 1879 (Paris: Vves Renou, Maulde et Cock, 1880) 9, 14; Camille Leblanc, *Statistique des maladies conta- gieuses observées dans le département de la Seine, pendant les années* 1880 *et* 1881 (Paris: Vves Renou, Maulde et Cock, 1882), 6; *Journal officiel de la République fran? aise*, 11th year, no. 181 (July 4, 1879), 6091, https://gallica.bnf.fr/ark:/12148/bpt6k6386979g/f2. item #, 6091; Préfet de police, " Mesures préventives contre la rage," July 5, 1879, DB 229, APP.

[38] Baldin, "De l'horreur du sang," 52–86; "The Gallows Torture," *Frank Leslie's Illustrated Newspaper*, April 30, 1870. The search for "humane" and "efficient" killing echoed developments in slaughterhouses. Paula Young Lee, ed., *Meat, Modernity, and the Rise of the Slaughterhouse* (Lebanon: University of New Hampshire Press, 2008).

[39] Friedland, *Seeing Justice Done*, 240; Benjamin Ward Richardson, *On Local Anaesthesia or Ether Spray, as a Means for the Entire Extinction of Pain in Operations on the Inferior Animals* (London: Churchill, 1867); Tozer, "The Dogs' Home, Battersea"; Susan Hamilton, "Dogs' Homes and Lethal Chambers, or, What Was It Like to be a Battersea

Dog?," in *Animals in Victorian Literature and Culture*, ed. L. W. Mazzeno and R. D. Morrison (Basingstoke: Palgrave, 2017), 83–105; Ouida [Marie Louise de la Ramée], "Cure for Rabies: Letters to the Editor," *Times* (London), November 4, 1886.

[40] Colam quoted in "The Dogs' Home," *Sun* (New York), June 2, 1889; Onslow, "Dogs in Disgrace," *National Review* (London) 10, no. 57, November 1887.

[41] "La fourrière," *La lanterne*, March 28, 1888, 2 ("less barbarous" and "terrible agony"); Cartaz, "L' exécution des chiens," 385–86 (" any suffering "); Emmanuel Taïeb, " La fabrique d ' un intolérable: exécutions publiques et police des sensibilités," *Vingtième siècle* 123 (2014): 154.

[42] Conseil d ' hygiène publique et de salubrité du département de la Seine, *Rapport sur les maladies contagieuses des animaux observées en 1892 dans le département de la Seine* (Paris: Imprimerie Chaix, 1893), 87, 90; Adrienne Neyrat, "à la four- rière," *L' ami des bêtes*, September 1899, 80.

[43] Neyrat, "à la fourrière," 78–79; "Le Cynoctone," *L' assistance aux animaux*, March 1903, 2–6, 11 ("sleep from weariness"); "La fourrière," [1901?], newspaper clipping in DB 226, APP ("without pointless suffering"). 另请参阅 Baldin, *Histoire des ani- maux domestiques*, 251–52; E. Nocard, "Modifications à apporter à la fourrière," Conseil d ' hygiène publique, séance du 9 novembre 1900, 518–20, DB 226, APP。

[44] Hébrard quoted in "à la fourrière," *Le matin* (Paris), July 18, 1903. 据埃米尔·马萨德（ émile Massard ）所述，警察所戴的手套正是由流浪狗的皮毛制成。"Proposition relative à la répression des mauvais traitements infligés aux animaux et à la modification du règlement

de la fourrière," May 6, 1910, 1215, DB 226, APP. 自 1909 年起，该收容所就开始搜集街头流浪狗尸体上的皮毛，并将其出售给狗皮贩卖中间商。"Rapport [illegible], budget de 1914," 18, 19, DB 226, APP.

[45] "Lethal Chamber Presented by the 'Herald' Tried at the Fourrière Yesterday," *New York Herald* (European edition), December 18, 1904; Pierre, "La souffrance des animaux," 97; "Séance mensuelle du 15 juin 1916," *BSPA*, April-June 1916, 145.

[46] G. Cerbelaud, "La rage à Paris et dans le département de la Seine," *Le Monde illustré*, July 20, 1912; Ernest Coyecque, "Les chiens devant le Conseil d'hygiène," *BSPA*, April-June 1916, 222; Pierre, "La souffrance des animaux," 93; Catherine Pinguet, *Les chiens d'Istanbul: Des rapports entre l'homme et l'animal de l'antiquité à nos jours* (Saint-Pourçain-sur-Sioule: Bleu Autour, 2008).

[47] "The Persecuted Dogs," *NYT*, June 22, 1874; Benjamin Brady, "The Politics of the Pound: Controlling Loose Dogs in Nineteenth-Century New York City," *Jefferson Journal of Science and Culture* 2 (2012): 14; "A Disgusting Butchery," *NYT*, June 28, 1874; "Correspondence," *Yankton (SD) Press and Union and Dakotaian*, July 9, 1874.

[48] Henry Bergh to Abram Hewitt, March 30, 1888, Hewitt box 1340, folder 036, New York City Municipal Archives; Bernard Unti, "The Quality of Mercy: Organized Animal Protection in the United States, 1866-1930" (PhD diss., American University, 2002), http://animalstudiesrepository.org/acwp_awap/40, 489; Jürgen Martschukat, "'The Art of Killing by Electricity': The Sublime and the Electric Chair," *Journal of American History* 89, no. 3 (2002): 900-921.

[49] Chief Inspector Cyrus Edson to President James C. Bayles, Department of Health, December 13, 1888, Hewitt box 1340, folder 036, New

York City Municipal Archives; "Killing Dogs Scientifically," *NYT*, December 25, 1888; "Where Dogs Are Doomed," *NYT*, July 25, 1889; Peter C. Baldwin, "In the Heart of Darkness: Blackouts and the Social Geography of Lighting in the Gaslight Era," *Journal of Urban History* 30, no. 5 (2004): 749-68; Jessica Wang, *Mad Dogs and Other New Yorkers: Rabies, Medicine, and Society in an American Metropolis*, 1840-1920 (Bal-timore: Johns Hopkins University Press, 2019), 77.

[50] "The Dog Pound," *Harper's Weekly*, April 21, 1894.

[51] 引语出自 Marie G. , "Le bon refuge" and "Le refuge du boulevard Sérurier jugé par une dame sociétaire," both in *BSPA*, first semester 1915, 67-68。另请参阅 "Lethal Chamber Presented by the 'Herald'"; Baldin, *Histoire des animaux domestiques*, 161-62; Préfecture de police, "Ordonnance concernant les refuges de chiens et de chats dans le département de la Seine," July 26, 1913, DB 230, APP; Charles Chenivesse, "Le refuge pour chiens," *L'ami des chiens*, July 1899; "Une clinique de bêtes," *La patrie* (Paris), February 16, [1903?], press clip-ping in DB 232, APP; Tra? ni, *The Animal Rights Struggle*, 114-16。

[52] "Séance mensuelle du 15 mars 1917," *BSPA*, January-March 1917, 37; Chris Pearson, "'Four-Legged *Poilus*': French Army Dogs, Emotional Practices and the Creation of Militarized Human-Dog Bonds, 1871-1918," *Journal of Social History* 52, no. 3 (2019): 731-60.

[53] "History," *ASPCA: Fiftieth Annual Report* (1915), 58; "Pathos at Shelter," *OAF*, November 1934.

[54] John P. Haines, "Address of the President," *ASPCA: Thirtieth Annual Report* (1896), 6-7; Scott Anthony Miltenberger, "Promiscuously Mixed Together: New Yorkers and Domestic Animals in the Nineteenth-Century" (PhD diss. , University of California, Davis, 2006),

213, ProQuest Dissertations Publishing, 3250836.

[55] Read quoted in H. W. L. , "New York's Dog Shelter," *Forest and Stream*, July 14, 1894; "Fifty Dog Catchers at Work This Week," *NYT*, May 25, 1908. 目前尚不清楚该数字是否包括布鲁克林动物收容所的屠杀数量，在 1887 年至 1896 年间，该收容所杀死了 158971 只小动物。"Brooklyn Department," *ASPCA: Thirty-First Annual Report* (1897), 22.

[56] Alfred Wagstaff, "Address of the President," in *ASPCA: Forty-Fifth Annual Report* (1910), 5-6; 弗里尔的表述引自"Fifty Dog Catchers"。

[57] *ASPCA: Fiftieth Annual Report* (1915), n. p. "Report of the General Manager," *The ASPCA: Fifty-Eighth Report* (1923), 8.

[58] "Dreadful News for the Animals," *NYT*, May 6, 1907; Davis, *Gospel of Kindness*, 95; Elizabeth Banks, "A Home Where the Despised Yellow Dog Is Welcome," *NYT*, March 18, 1906.

[59] "Too Many Dogs," *NYT*, July 19, 1907; "Responsibility for Stray Dogs," *NYT*, July 21, 1907; "Editorial: The 'Bide-a-Wee Home' Experiment," *OAF*, August 1904, 535-37.

[60] "Bide-a-Wee Dogs Ordered Turned Out," *NYT*, June 18, 1909; "Muzzles for Dog Owners," *NYT*, July 11, 1909.

[61] "Stray Pets Doomed to Die," *People* (London), April 22, 1923, clipping in A A/ FWA/C/D256/2, LMA; Arthur Goodiff to Captain S. Herbert M. P. , "North London Dogs Home," December 5, 1933, 45/18462, NA. 1958 年, "不能说话的朋友联盟组织" 转变为蓝十字组织。

[62] Note in 40/Dogs/4128, MEPO 2/4038, NA; Charles R. Johns, Secretary, National Canine Defence League, to Commissioner of Police, December 29, 1930, MEPO 2/4038, NA; F. T. G. Hobday to Commis-

sioner of Police, October 16, 1930, MEPO 2/4038, NA; Captain Fairholme, Chief Secretary, Royal Society for the Prevention of Cruelty to Animals, to Norman Kendal, Metropolitan Police Office, September 25, 1930, MEPO 2/4038, NA.

［63］National Canine Defence League, Annual Report, 1925, 14-16, A/FWA/C/ D268/1, LMA; Veronica Bruce, "What to Do with the Submerged Tenth? The Social Question of Poverty in Late 19th Century England," *The Proceedings of the South Carolina Historical Association* (1996), 16-24.

［64］"The Dogs' Home Battersea," *London Journal*, April 22, 1911, 602.

［65］Kennedy quoted in "Problem of London's Stray Dogs," *Irish Times* (Dublin), January 5, 1928; *Humane and Inhumane Methods of Destroying Animals: Problems of Efficient Lethalisation* (London: Animal Defence Society, n. d.), 44. 关于关爱与强迫之间的关系，详见 Eva Giraud and Gregory Hollin, "Care, Laboratory Beagles and Affective Utopia," *Theory, Culture and Society* 33, no. 4 (2016): 27-49。

［66］*Humane and Inhumane Methods of Destroying Animals*, 10, 23.

［67］*Humane and Inhumane Methods of Destroying Animals*, 24, 31; Hilda Kean, *The Great Cat and Dog Massacre: The Real Story of World War II's Unknown Tragedy* (Chicago: University of Chicago Press, 2017), 54.

［68］*Humane and Inhumane Methods of Destroying Animals*, 24, 25; Rupp, "Constructing Internationalism."

［69］"Contre l'élevage," *BSPA*, April-June 1916, 156; "Birth Control of Dogs Urged to Lessen London's Canines," *NYT*, January 29, 1928; National Canine Defence League, leaflet no. 434, "Mongrel Puppies," n. d., A/FWA/C/D268/1, LMA; National Canine Defence

League, leaflet no. 417, "Destroying Dogs," n. d. , A/ FWA/C/D268/
1, LMA.

[70] "To Kill a Dog or Cat Humanely," in *ASPCA*: *Forty-Ninth Annual Report* (1914), 74. 另请参阅 "To Policemen or Others," *Humane Society of New York*: *Eleventh Annual Report*, 1915, 30; Unti, "The Quality of Mercy," 486; Cornelius F. Cahalane, *Police Practice and Procedure* (New York: E. P. Dutton, 1914), 98。

[71] H. E. G. Lewis, Secretary, Our Dumb Friends League, to S. W. Richards, New Scotland Yard, September 13, 1938, MEPO 2/4038, NA; note in 40/Dogs/4128, MEPO 2/4038, NA.

第四章

思考

1907 年3月，巴黎《晨报》记者见到了一只名为马克斯（Max）的警犬。蒂鲁安（Thirouin）夫人和马克斯一起生活在国家大道的居所里。虽然蒂鲁安夫人夸赞她的狗狗是一只"聪明的动物"，但这位记者还是不敢苟同，他批评了马克斯并认为它并不能解读人类心理。马克斯误将到访的记者认作"阿帕切"*罪犯，并在记者的口令下变得紧张起来，狂吠不已。即便这只警犬在法国首屈一指的警犬驯导员门下接受过训练，但至少在这一事件中，它确实未能正确分辨守法公民与邪恶罪犯。[1]

《晨报》记者的此次访问，不仅让大众目睹了警犬的家庭生活，也令巴黎市民开始着迷于首批出现在巴黎街头的警犬。这些警犬的上岗，似乎标志着巴黎城市治安步入了一个崭新的阶段。随着船舶警犬与服役军犬同步崭露头角，警犬支持者从中看到了重塑人犬关系，并以此保障都市安全的新机遇。巴黎并未将警犬投放至法国和比利时两国边境或血腥战场，而是先在城市街道中展开了警犬应用试验。然而在街道这个地方，向来不乏公众和媒体的无情监督。[2]

巴黎警方开始使用警犬，这标志着执法机构与犬只之间的关系已然步入了全新阶段。伦敦和纽约的情况也大抵如此。1868年，现

　＊ "阿帕切"（Apache）是19世纪末、20世纪初活跃于巴黎城区的黑帮组织。该团伙成员主要由居住在巴黎市郊的贫民组成，昼伏夜出，偷盗抢劫、组织卖淫、帮派械斗，无恶不作。该团体有着明显的"仇富"倾向，并在长期活动中形成了独特的内部组织管理模式，甚至是"黑话"语言系统。——译者注

实讽刺杂志《有趣》谈到，几十年来，警方都在抓捕流浪狗、咬人犬只，在"犬只和警察之间"早已建立了一种"天生的敌对关系"。[3] 但时至 20 世纪初，警犬驯导员开始训练犬只从事警务工作。在新兴的狗狗都市中，警方会基于不同社会服务的目的，精挑细选出能参与到特殊任务中的"公职"狗狗。警犬和不具备专业技能的"拉车犬"命运截然不同——动物保护主义者往往将给纽约拾荒者拉车的犬只，与劳工阶级的虐待行径以及狂犬病联系在一起。动物保护主义者还行动起来，成功将这些底层"拉车犬"驱逐出了城市。警犬的出现成功清除了物种间联系的心理路障，而这正是第一次世界大战后人类与高技能型领路犬建立起伙伴关系的核心所在。一如受人欢迎的纯种狗，警犬也有着在狗狗都市中被世人接纳的能力。它们与人类建立起了情感联系，会在充满不安情绪的现代都会中，站出来保护、帮助中产阶级。警犬将会成为现代警察队伍的一分子，而警察这一职业正是基于自由主义、资本主义和保护私人财产观念而兴起的，是所谓的"资产阶级文明"中必不可少的一环。[4]

支持推广警犬的相关人士，仔细关注着发生在其他城市的点滴动态。而经过特殊训练的警犬，也开始在大西洋彼岸的纽约的街道上巡逻执勤。与其他现代警务体系建设项目的发展情况相仿，警犬事业的推进与各地实际情况密切相关，也通过跨国交流实现各方面的融合。[5] 支持警犬的中产阶级评论家，对这些犬只的思维能力抱有极大信心。记者、爱狗人士和警犬驯导员们渐渐开始借此讨论起乔治王朝时期伦敦那些保护私家庭院的睿智看门犬。他们纷纷赞赏了那些受过良好训练的聪明狗狗，肯定它们在保卫伦敦、纽约和巴黎城市安全，以及避免犯罪发生方面，扮演的"重要的角色"，它们令生活在城市中的权贵备感心安（见图 4.1）。[6] 三座城市的中产阶级，无一例外都对犯罪问题充满恐惧。而警犬的思维能力、勇气、忠诚以及力量，在一定程度上可以打消他们的顾虑。训练期间，犬只与驯导员之间建立起了情感联系。这种情感联系与宠物狗及其主人之间那受人尊敬的关系如出一辙，也让狗狗们得以充分发挥打击犯罪的潜能。至少这是人类寄予这些狗狗们的厚望。

图 4.1 《警犬与被捕男子》（*Police Dog and Arrested Man*），纽约，贝恩新闻服务（Bain News Service）， 1912 年，国会图书馆藏，藏品编号 2014680001

　　有关"狗狗是否会思考"的讨论，早已屡见不鲜。针对犬只本性、智力的争议，历时长达数世纪，最早可追溯至古希腊对人类理性及动物冲动的辨析。而警犬也被卷入了这一"旷世之争"中。17世纪，勒内·笛卡儿提出了闻名于世的"动物是机器"的哲学理论。笛卡儿否认动物具有理性，并指出理性是"人类的定义性特征"。笛卡儿的哲学理论在区分智力和本性、人类与动物这一问题上，具有较大的历史影响力，不过也的确颇具争议。此后到19世纪，进化论的诞生不仅推翻了笛卡儿的这一理论，也模糊了本性和智力的边界。[7] 查尔斯·达尔文与其学生乔治·罗曼斯谈论的并非物种间的区隔，而是物种间的联系与进化。进化论也深刻影响了法国心理学家皮埃尔·哈切特-索普莱特（Pierre Hachet-Souplet）。然而与之同时代的比较心理学家康韦·劳埃德·摩根（Conwy Lloyd Morgan），以及爱德华·李·桑代克（Edward Lee Thorndike）却坚持否认动物存在智力，并重新划清了人与其他动物间的界线。

　　与此同时，达尔文主义也动摇了世人自认为"人类独具理性"的优越感。达尔文在《人和动物的感情表达》里，论证了动物产生感情的原因。达尔文笔下的人类有时更像是被难以驾驭的情绪所掌控的"动物"。龙勃罗梭（Cesare Lombroso）等刑事人类学家也受到了达尔文观点的启发，认为罪犯出现犯罪行为"是受本性驱使"，是"一种向动物退化的返祖现象"。刑事人类学家的相关主张，以及他们对罪犯做出犯罪举动、精神失常现象展开的溯源，更加挑战了大众对道德责任感、人类理性还有自由意志的成见。在医生、人类学家和精神病学家心中，罪犯是一种向"动物方向"退化的群体。而警犬，却成为一种有思想、有益于社会的"类人"动物。

尽管在19世纪，学者们对"动物智力"提出了各种定义，但大家公认，狗的智力在历经数世纪驯化后已得到了最大程度的开发。[8] 本章将主要讨论人类对犬只智商的理解变化，以及通过训练提高犬只智商的过程。虽然聚焦于"智商"，但这实则是一段"感情"的发展历程。相关训练一方面旨在提高犬只的"思维"能力，同时也希望能激发犬只见到罪犯就咬的冲动。可人们对此的担忧也随即浮现出来。在处理警务工作时，这些犬只是否足够聪明？它们和驯导员之间的情感联系，能否消弭其兽性？训练犬只的方法是否足以打消人们对"狗咬人"长达数世纪的担忧？这一系列问题，令大众不禁质疑起警犬打击犯罪的能力。人们希望利用人犬关系实现对罪犯的严厉打击，即让警犬的咬人本性，融入新兴的狗狗都市中。但是，这并非一件"十拿九稳之事"。

▶▷　**了解犯罪**

伦敦、纽约和巴黎的报纸、杂志乃至小说，频频刊出各种骇人听闻的刑侦故事。市民百姓在这些惊悚故事的刺激下，对犯罪行为备感恐惧。因此，这三座城市也就成为人们口口相传的"危险之地"。在这三座城市中，任何地点都可能出现谋杀、抢劫或暴力袭击，任何人都可能会遇到危险。翻看新闻报道，"危险的巴黎犯罪分子"到处流窜，暴力至极。出没于市内各大公园和城市郊区的"阿帕切"帮派常常倾巢而出，在巴黎市中心大肆搞破坏。1900年，这些帮派正式得名"阿帕切"，以示他们的行为之野蛮，和文明之背离。"阿帕切"这个名词，是这些帮派妨碍社会进步的一个外化。因此，巴黎成了一座猎人（警察）和猎物（阿帕切团伙）并存的"野蛮都市"。法兰西首都满是"阿帕切"帮派成员，其势力触角更是遍及世界各地。见到此景，英、美两国记者和警察都连连摇头表示遗憾：纽约警察局长西奥多·A. 宾厄姆（Theodore A. Bingham）就曾哀叹称那些"喝着苦艾酒的变态"总是在纽约做些"淫荡下流之事"。[9]

纵使伦敦、巴黎的犯罪率已出现下降趋势，但英国记者、作家却还是乐此不疲地书写着骇人听闻的暴力犯罪事件，以此吸引读者，博其一乐。醉醺醺的、野蛮的男女工人殴打邻居、陌生人的新闻及其与警察之间的种种传闻，就是那些哗众取宠故事的"经典主题"。见诸报端的谋杀案，譬如 1888 年的摄政公园和白厅谋杀案，以及 19 世纪 90 年代末大众对街头暴徒和流氓的担忧，令社会公众确信首都的各大街道、公园里，满是"独行杀手"和武装齐全的致命"暴力"团伙。尽管绝大部分伦敦人不曾遇到过帮派成员，更不用说什么夺命杀手，但在公共舆论氛围里，罪犯似乎仍在威胁着这座城市里的守法、可敬的公民。[10]

曼哈顿下东区，包括五叉路和鲍厄里街，以及其他难以维护治安的城市郊区地段，是人们眼中犯罪分子出没的主要片区。公共卫生报告、警务报告，还有以贫民窟为主题的小说、报纸文章，接连不断地敲响着"贫民窟危险"的警钟。于是，19 世纪的贫民窟，也被具象成了"贫穷苦难之地"，亟须改革来遏制其高犯罪率。来自南欧、东欧和东亚的移民，更是加剧了原有城市居民的焦虑。伦敦、巴黎的移民数量很多，评论家们因此也从种族角度切入，剖析罪犯的犯罪行为。宾厄姆曾表示，意大利裔是纽约最穷凶极恶的犯罪者："这些暴徒的熊心豹子胆完全超乎人们想象。"[11]

雅各布·里斯（Jacob Riis）等贫民窟调查者都认为，宗教、慈善、惩恶、节制，以及良好的公共卫生与改革住房环境，将会有效地改善滋生犯罪的氛围并拔除社会"病根"。即便如此，里斯还是认为这些罪犯和贫民窟居民的本性是"兽性"的：帮派成员的"残暴本性和狼相同，但又与老虎有区别"。里斯依照达尔文的观点，对移民的"进化程度"进行了评估，考察了他们与白人、中产阶级还有新教思想的切近程度。参考排序结果，里斯对纽约市的各族裔移民进行了分类排序。在里斯看来，贫民窟生活会改变人体的生理习性。比起那些活跃在伦敦的黑帮"同道"，纽约"暴徒"的"外表显得并不那么冷漠、凶残"。因为"纽约的'品种'并没有伦敦那么古老"。但如果纽约人在贫民窟中再多生活上几代，那么一切都将发生改变。里斯认为"廉租房住客的品行，就是在他们的生活环境养成的，这是人人皆知的一条自然法则"。[12] 尽管并未为众人普遍接受，里斯这套有关本性、动物、品种、品系、自然法则和生存的言论，还是道出了"后达尔文时代"有关英、美、法三国犯罪行为的全新理解。

▶▷　人类本性与"天生"罪犯

　　19 世纪上半叶，包括法国医生及心理学家普罗斯珀·德斯比（Prosper Despine）在内的医生群体，就曾将犯罪和"遗传"联系起来。19 世纪末，越来越多具有一定影响力的医生、精神病学家和心理学家，开始将"本性"视作人类犯罪行为的根源。研究者发现，人类与动物在思想、本性和行为之间，存在着极强的连续（一致）性。除了强调诱发狂犬病的"情感"因素外（详见第二章），苏格兰医生威廉·兰黛·林赛亦指出，"犯罪"行为，尤其是小偷小摸，在动物中很常见。狗狗经过训练后，可以打消偷东西的念头。然而，犯罪分子也可以训练犬只去偷盗财物。而且，人类的心性中也保留着"兽性"特征："人类一直有着'兽性'倾向。无论多么文明的人类，都有可能暴露其野蛮本性。他的道德和智商，激情和欲望，都有可能回到原始状态。"连最文明的人类都可能退化，那么，被认定智力、道德低下的人类，就更可能显露出其"野兽本性"了。这种观点淡化了自由意志和理性，总是将罪犯形容成"被有害的本能冲动支配的生物"。如此说法还影响到了新闻舆论，媒体接连将犯罪行为和精神错乱问题归咎于遗传。部分美国报纸，就将臭名昭著的唐人街罪犯乔治·阿波（George Appo），冠上了"天生恶人"的污名。[13]

19 世纪出现了探讨物种本性的进化论思想，这为诠释犯罪行为提供了直接理论依据。查尔斯·达尔文并未在《物种起源》里给本性做出什么确切定义。他只是大概描画了自己对"本性"的理解：同一物种的个体成员，在"并不知道……意图"时所进行的行动。达尔文通过对犬只活动的观察，丰富了自己的理论体系。他认为寻回犬寻回猎物的本性，和牧羊犬的放牧本性都源自遗传，并非后天习得。达尔文通过物种间的对比，模糊了人类与动物的界线。而且，他还推测人类的智力源于动物的本性，这就让本性转变成为"跨物种的存在"。在《人类的由来》（The Descent of Man，1871）一书中，达尔文谈道：人类和动物有着部分相似本性，如"自卫"

和"性爱"。人类与动物个体，出于社交本能相聚一堂，并互相构成了合作的基础。但是人与动物之间，其实也存在着一定的差异。部分动物有着比人类更为复杂的本性——譬如蜘蛛，生来便知道怎样去编织一张复杂的网。不过，人类比动物有着更为强大的学习能力。只有人类会反思他们的行为举止，并将他人对自己的看法牢记于心间。这些思想行动，都会改写人类的"本能"。[14]

犯罪学家深受达尔文进化论的熏陶。其中最负盛名的，是意大利犯罪学研究先驱龙勃罗梭。在其作品《罪人论》（*Criminal Man*，1876）中，龙勃罗梭提出了一条具有显著影响力的理论：一些罪犯"天生就有犯罪倾向"。刑事人类学家可以通过观察罪犯的头骨形状、大脑尺寸、身高数值、毛发及面部特征，揭示出罪犯的"兽性、暴力等本性"特点。在他们看来，犯罪分子在情感上和其他社会人士有着许多区别。他们缺乏"对他人不幸的同情心"，对痛苦麻木不仁，经常做出"鲁莽的冲动行为"。他们经常异于常人地受仇恨驱使，情绪也往往"不稳定"且"行动鲁莽，经常诉诸暴力"。龙勃罗梭将罪犯动物化，再现了文学作品长期以来将罪犯形容成"野兽"的表达范式，给歪理增添了一抹"伪科学"色彩。尽管在第四版《罪人论》（1889）中，龙勃罗梭已转而更强调环境对罪犯的影响，但他提出的"天生罪人论"已然广为传播。[15]

和达尔文相似，龙勃罗梭也援引犬只案例做例证。他将犬只流浪和退化的现象密切联系在一起，指出"若让狗在森林里乱跑，它们繁衍的犬只不出几代，就会退化得像先祖'恶狼'那般"。置身某些环境中，驯化和教化会被彻底颠覆，兽性也会渐渐抬头。龙勃罗梭引用了科学报告中的相关证据，表示"在酒精、氯仿、高温或受伤的特殊环境中，蚂蚁、犬只和鸽子会变得野蛮暴躁，就和它们的野生祖先一样。这种在特定环境下发生改变的情况，在人类身上也很常见"。他还表示，狂犬病可能也会触发犯罪行为。龙勃罗梭以实验对象朱塞佩·菲索尔（Giuseppe Fissore）为例介绍：早在少年时期，菲索尔就已经出现了诸如"梦游症"等犯罪倾向，在被一只疯狗咬伤后，菲索尔的这些倾向都有所加重。[16]

龙勃罗梭的理论，并未得到大众普遍认可。比方说，有声音批评了他忽视诱发犯罪行为的环境因素。尽管如此，龙勃罗梭的著作还是相继在英、美、法三国出版面世。他自生物学角度入手，分析人类行为、病理成因的做法，也在刑事人类学方向的国际会议上，引起了学者们的普遍热议。作为一门新兴学科，刑事人类学在当时的美国广受欢迎。在美国刑法与刑事科学研究所（成立于 1909 年）的帮助下，刑事人类学跻身备受尊崇之学科的行列，并最终推动了限制移民法案等相关立法实践。[17]

休伯特·博恩斯（Hubert Boëns）等法国医生，已开始将相关遗传理论应用到犯罪行为研究中。在他们看来，罪犯的本性和动物相同，罪犯本人就像是一种"危险无用的动物"，应受到相应管制。法国知名犯罪学家亚历山大·拉卡萨涅（Alexandre Lacassagne）似乎有意和龙勃罗梭有关"天生罪人论"的大胆猜想保持距离。不过，他始终坚称刑事人类学肇端于法国，并表示犯罪行为源自遗传。一些新出现并获得运用的警务技术，也与刑事人类学思想相契合。阿方斯·贝蒂荣（Alphonse Bertillon）利用体貌特征辨别罪犯的方法，尤其凸显了这一点。跨国合作也让这些技术得以传播开来。1889年，贝蒂荣就借着刑事人类学大会代表集体赴巴黎警局实地考察的机会，向在场同行们做了演示。[18]

在英国，刑事人类学的影响力相对较弱。甚至像哈维洛克·艾利斯（Havelock Ellis）等龙勃罗梭的最忠实支持者，也同时信奉着"环境会导致犯罪"的理论。尽管如此，在部分英国犯罪学家看来，罪犯就是如同动物的"野人"，完全无法控制他们想要诉诸暴力的那股冲动。甚至早在《罪人论》出版前，因犯与监狱管理委员会（Directors of Convict Prisons）主席埃德蒙·杜凯恩（Edmund Du Cane）就曾表示，那些惯犯"和低等动物几乎没什么差别，他们似乎已要退化至达尔文教授所说的'树栖祖先'状态"。不过，并非所有的英国医生和心理学家都认为本性是一种难以控制、发自内心的破坏性力量。他们认为，智力和道德可以控制人类的兽性。在外科医生、社会心理学家威尔弗雷德·特洛特（Wilfred Trotter）眼里，群体本性，或者说与生俱来的、与他人交往的需要，是社交生活和社会存在的基础。[19]

即便如此，社会应积极自卫以抵抗"天性罪犯"，这一观点已牢牢刻进英、美、法三国人民心中。鉴于许多医生、心理学家和精神病学家都将罪犯"动物化"，有部分中产阶级评论家针对性地提出：也许犬只的智力，将有利于社会打击强盗，处置帮派成员或杀人犯。

▶▷ 会思考的狗

有关动物是否具有智力的问题，至少可以追溯至亚里士多德对人类理性灵魂和动物感性灵魂做出的区分。勒内·笛卡儿的"动物是机器"观点，更强化了"动物不会思考"的论调。包括德·孔狄亚克（de Condillac）在内的感觉主义哲学家，强烈反对了笛卡儿的观点。他们认为，动物可以通过联系记忆和想象，对其感官环境做出合理响应。达尔文一直坚持感觉主义观点，认为思维源自"一系列感觉、记忆、联想构成的映像"。他认为动物也能思考，可以从经验中学习，可以理性地行动："这些犬类的本能行为可能会失去以前那种固定不变、不用学习即会的特征，并被一些新的凭借自由意志习得的特征所取代。另外，有些智力活动，可以经过数代繁衍生息后转变成为本能，继而遗传给后代。"达尔文认为物种间的心理具有连续性，这一观点模糊了人类与动物的区隔，也模糊了人类与动物在本能、智力两个方面的差异。[20]

达尔文的论说，为比较心理学重新讨论"动物智能"这一问题，及该学科发展铺平了道路。乔治·罗曼尼斯（Georges Romanes）未曾停下探索该问题的脚步。在《动物智慧》（Animal Intelligence，1882）里，罗曼尼斯整理归纳了大量有关动物的轶事，并按动物进化程度，排出了由"原生动物"到灵长类动物的序列。与前人相较，罗曼尼斯更加注重区分"本能"和"智能"这组概念，并分析了二者与反射动作之间存在的关联。反射动作是与生俱来的生理反应，可在环境刺激下被触发。恰恰相反，当一个生物"通过自身的经验"开始学习，那么该生物就体现出了"智力"。部分动物展现出了不同程度的智力水平，它们会"权衡关系利弊，举一反三……还有推测可能性"。例如，一些动物可以推断出行动和结果之间的关系。"本能"则介于"反射"和"智慧"之间。"本能"理论上"先于个体经验，在采取的方法和得到的结果之间并不存在某种必要的知识。同一物种的所有个体，在适当情况下会显露出相同的表现"。更为重要的是，罗曼尼斯认为部分本能活动包含了一定的"心理因素"。他的意思是，这些活动存在"心理活动"或者说蕴含着特定的"意识"。在应对刺激时，生物体可选择采取某种反应。正是"下意识思考的程度"，区分了"本能"和"智能"。尽管"反射""本能"和"智能"间存在差异，但三者终究还是属于同一范畴，源自相同的"神经过程"。[21]

在围绕"动物智慧"的探讨中，狗狗是经常被搬上台面的"主角"。19 世纪末，犬只是"智慧动物"的观念更是加深了人们心中狗狗那聪明能干的形象。1870 年，犬只饲养员、作家托马斯·皮尔斯（Thomas Pearce，笔名"艾斯通"，Idstone）表示："杂种狗"和捕鼠犬、马戏团表演犬和窃贼的偷盗猎犬等工作犬，是最聪明的犬种。牧羊犬则能够将自己的"机灵"遗传给下一代。艾斯通自己豢养的杂交·哈夫洛克（Havelock），就显得聪明无比。它的"眼睛十分传神，就像是人类眼睛一样。它的眼睛可以看穿你，当你望向它时，你会情不自禁地相信确实存在'灵魂轮回'这事"。宠物饲养环节不仅验证了狗狗的情感品质，亦展露出了犬只的智力水平。英国作家哈里特·安妮·德萨利斯（Harriet Anne de Salis）及其他一些人都发现——"（宠物）狗无疑先天就具备了远超本能的神力"。[22]

犬只的目的性、意识和反思能力，没能达到人类的普遍高度。即便如此，狗狗的思考能力着实令观察家们大受震撼。这似乎也巩固了狗狗与人类同伴之间的联系。《哈泼斯周刊》曾报道过一则轶事：有只狗发现一枚金币从主人身上掉落。它将这枚金币含在口中，并因为"担心自己会弄丢嘴里的宝贝"，拒绝在主人返回前进食任何东西。这只狗似乎有先见之明，深谙金币价值，也对它的主人忠诚无比。据传，还有只狗可以"一眼就从绅士中识别出流浪汉，或是扮成绅士模样的暴徒。即使他们穿着最得体的衣服，也骗不过这只聪明的狗"。犬只的智力，再加上感官敏锐度和情感深度，令它们可以辨别人类之间的差异。[23] 犬只辨别社会差异的能力备受世人瞩目，这令它们最终参与到了警务工作中。

在法国，"动物智力"也是一个热门话题。查尔斯·德拉特（Charles Delattre）等作家虽然没有留意刺激了比较心理学蓬勃发展的科学界辩论，但他们同样也搜集了许多有关"聪明动物"的故事。其对象囊括了熊、狮子、老虎、狐狸，当然也少不了狗狗。纵观整个19世纪，法国狗主人也乐于在各主流、专业媒体上，爆料他们宠物的"聪慧"奇迹。[24]

法国心理学家也开始尝试在实验和研究基础上，展开对"动物智能"的讨论。1901年，普通心理学研究所（General Psychological Institute）成立了一个小组，负责研究动物的"智力"和"心理"现象。皮埃尔·哈切特·索普莱特成为动物心理学研究所（Institute of Zoological Psychology）的首位负责人，并带领团队努力探索，更深入地认知动物"智力"问题。与进化论观点相似，索普莱特也将人类智力，置于进化等级的最高级。他认为人类智力是动物心理能力的"复杂体现"。索普莱特表示，狗狗和猴子拥有自我意识、会做梦，可以抽象思考，而狗狗亦能表现出一定的理性思维。和人类相同，它们也可能会失去理智，进而自杀。但索普莱特也发现，犬只智力存在某些局限：只有通过人类的干预和指导，犬只智力才能以一种"有用的"方式展现出来。就像是小学生需要通过有效指导，才能成为聪明的成年人那样，犬只和其他家畜的"智力"，唯有通过人类训练，才能得以表现和发展。[25]

▶▷　有关狗狗"智力"的争论

有关"动物智力"的诸多争议仍旧持续不断。美国博物学家曾就此问题展开过讨论，但是并非所有参与者都认同"狗有智力"这个说法。博物学家约翰·巴勒斯（John Burroughs）以及西奥多·罗斯福（Theodore Roosevelt）总统，都曾批判"伪造自然者"，即那些虚假编造动物"智力"和能力的作家群体。巴勒斯再次强调了笛卡儿观点，称动物不过是"一台披着皮毛的机器"。[26]

大西洋彼岸的心理学家，也同样对"动物智力"概念深感怀疑。巴黎高等研究院的乔治·博恩（Georges Bohn）将心理学与化学、生物科学交叉结合，批驳达尔文、罗曼尼斯提出的观点，认为其"或多或少是古老心理学幻想出的奇闻"。[27]

英国方面，康韦·劳埃德·摩根在《动物的生命与智慧》（*Animal Life and Intelligence*，1890）里，告诫世人不要诳言"自己对动物思维有着充分理解"。摩根指出狗会做梦，因此形成了"高度复杂的（心理）结构"。同样，狗狗也可以理解人类表述的一些基础词汇，不过它们根本"无从推理或分析"。在1894年出版的《比较心理学导论》（*An Introduction to Comparative Psychology*）中，摩根更坚定地阐述了自己对"动物智力"的怀疑。他那广受世人援引的"吝啬律"，就出自这本《比较心理学导论》："如果一种行为可以由较低层次的心理术语解释，就决不使用高级心理术语加以解读。"尽管他多次表示一些动物确实可能拥有较高"智慧"水平，但他又立刻强调称人类和动物，在"智力发展"上存在着一条无可逾越的"鸿沟"。摩根表示，"从认同或是感觉经验，再发展到反思等思辨的过程"，是人类所独有的能力。[28]

摩根的告诫，对美国比较心理学发展产生了重大影响。爱德华·李·桑代克在德国实验心理学启发下，通过自己操作的实验，验证了摩根针对罗曼尼斯观点提出的反驳意见。桑代克在哥伦比亚大学（Columbia University）攻读心理学博士时，发明了一种"迷箱实验"。通过该实验，桑代克发现：动物并非那么聪明。在他精心设计的木箱中，饥饿的猫、狗还有雏鸡需在寻找食物的路上绕过迷环，其间还要借助杠杆、螺栓与平台越过障碍。桑代克会为每只实验动物计时，并将最终结果绘制成时间曲线图。桑代克用自己的实验结论驳斥了动物拥有"智慧"的观点。他批评该观点具有误导性，过于主观、拟人化："犬只在木箱里迷路了数百次，可没有人留心到这点，此前也不曾有人将相关数据公之于科学杂志。与之形成鲜明对照的，是假若有只狗'探索出了'从布鲁克林到扬克斯的路线，那么这件事立刻就会成为爆炸性新闻般的传奇逸事。"桑代克认为，他的实验有力地证明了动物无法进行推理，而且它们通过模仿进行学习的能力，其实也很捉襟见肘。它们的各种习得，其实是"仅通过（自身的）冲动天性，而意外获得的偶然成功"。动物重复这些行动，并非它们的记忆使然，而是若它们感到处于相同环境，便会萌发同样的冲动，随后就会产生出"愉悦的感官体验"。与之有别，人类却可以通过思考、推理和比较，实现那种更加高频次、高复杂度的联想。[29] 摩根提出的"吝啬律"，以及桑代克发明的"迷箱实验"，对美国比较心理学的建立、发展产生了巨大影响。比较心理学也从此成为一门以实验为基础，极力反对"拟人观"的科学。

然而在科学界，有关动物"智慧"的探讨还远未终结。罗伯特·M. 耶克斯（Robert M. Yerkes）和劳伦斯·W. 科尔（Lawrence W. Cole）一同质疑了桑代克对"动物智慧"的否定。[30] 有关该问题的激烈争论，在英国进化论支持者居住的乡村小屋里爆发，随后经由法、美两国的心理学实验室，扩展至城市的大街小巷。在后达尔文时代，犬只在动物智慧进化阶序上，仅次于灵长类动物。不过即便如此，它们的智力能够胜任警察工作吗？又是否可以通过开展相关训练，善用犬只本能、"智慧"去对付那些"天生罪犯"，借此减轻其对公众的威胁感？驯导员与狗狗之间的情感联系，可否抑制住犬只的"兽性"一面呢？这些问题，推动着警犬的培育、利用。人类先对寻血猎犬加以试验，尝试着以警务为媒，让狗融入狗狗都市中。

▶▷ 和寻血猎犬并肩侦查

在抓捕那些难觅其踪的罪犯时，利用寻血猎犬追踪其蛛丝马迹，似乎是一种专业有效的方法。伦敦成为寻血猎犬的第一处试验地，纽约的各大媒体则密切关注着事态发展。1888 年，大都会警察局长查尔斯·沃伦（Charles Warren）引进了两条名叫巴纳比（Barnaby）和布尔乔（Burgho）的寻血猎犬，用以追捕臭名昭著的连环杀手——"开膛手杰克"。两只寻血猎犬的原主人埃德温·布鲁（Edwin Brough）做出的承诺令人振奋。与此同时，它们在摄政公园内接受的追踪实验也颇为成功。有鉴于此，警方对两只猎犬的表现寄予了厚望，期待它们可以从郊区乡村开始紧盯罪犯的丝缕气味，一直追查到东伦敦贫民窟。布鲁并非唯一将寻血猎犬称作"侦探犬"的人。这些猎犬的非凡智力和灵敏嗅觉，可以增强警方破案的能力——评论家们称它们为狗版夏洛克·福尔摩斯（Sherlock Holmes）。这些非人类侦探和人类捕手一样训练有素，对环境极为敏感，亦具备很高的独立性、主动性。[31]

投用不久，人们便很快对这些警犬的"野蛮本性"产生了担忧。英国记者曾报道过发生在大西洋彼岸美国新泽西州的"寻血猎犬无端袭击儿童"事件。记者表示他害怕这些猎犬会将无辜伦敦市民误认作杀人犯，继而向普通市民发起攻击。甚至连部分爱狗人士也谈到，寻血猎犬可能会做出一些凶残举动。知名育狗专家戈登·斯特布尔斯讲述了他的一次"不安"经历：他曾在某次警犬训练中，被一只寻血猎犬跟踪。服务于警方的寻血猎犬确实很聪明，但也的确可能会表露出"粗蛮的一面"。它们会对自己的"俘虏"展露攻击性——"处理（被捕获的罪犯）时，它们'野蛮'举动的可怕程度，实在叫人畏于想象"。当然，也有许多"受过良好训练的寻血猎犬，只是冷静、庄严地盯着罪犯"。斯特布尔斯进一步指出："如果你对（寻血猎犬）而言完全是个陌生人，那它既不会表现出任何恨意，也不会显露出丝毫爱意。它会仔细斟酌，对你的意图带着些许疑心。"基于上述观察，斯特布尔斯得出结论：寻血猎犬的智慧，最终抑制住了它的攻击天性。他还谈道，寻血猎犬的天性叠加着"智慧",只要辅之以精心培养、严格训练,它们追踪罪犯的优秀能力就一定能锻炼出来。[32]

为了契合自己"育狗专家"的身份定位,斯特布尔斯在表述时特地强调了交配繁殖在控制寻血猎犬凶残本质方面的重要性。尽管英国早期曾用寻血猎犬追踪、镇压反抗的牙买加奴隶,可斯特布尔斯却对相关历史只字不提。他在英国纯种寻血猎犬,以及美国南部奴隶主用以追捕逃跑奴隶的"残暴"古巴寻血猎犬之间,进行了一番对比。他断言:犬只的科学繁殖和精心训练,将保证它们在行动上做到文明、安全、对人有帮助。[33]

巴纳比和布尔乔最终没能获得追捕"开膛手杰克"的机会。不过,大西洋两岸对寻血猎犬的"智力"、本能是否可以胜任警务工作的话题,仍在继续展开讨论。在美国举办的一次犬展上,布鲁向市民展示了他豢养的犬只。他宣称,自己培育的狗血统高贵,这与美国精英犬迷志趣相投。路易斯·H. 诺克斯(Louis H. Knox)博士在康涅狄格州经营着一家为本国警察提供警犬资源的公司。诺克斯表示:"这些警犬是世人见过的最聪明的狗。"为了打消人们对犬只凶残天性、野蛮行为的惧怕,诺克斯和布鲁采取了相同话术,大谈自己的"纯种狗"和曾用于追捕奴隶的"杂交狗"毫无关联。诺克斯掩盖了寻血猎犬曾被用作暴力维持奴隶制、巩固种族压迫的黑暗历史,不断地强调这些犬只是多么温柔、善良:"这些寻血猎犬与人类的关系如此亲密。除非受过专门的攻击训练，当它们追踪到罪犯时，出任务的寻血猎犬只会给被追踪对象以抚慰，却从不骚扰他。"[34] 按照诺克斯的说法，纯种寻血猎犬大多天性温驯，而它们对人的爱意，可使之胜任警务工作。

刑事人类学的知识体系，也可以证明寻血猎犬参与警察工作很是合理。纽约警方首席分析师伦纳德·费利克斯·富尔德（Leonard Felix Fuld）重申了龙勃罗梭的观点——罪犯与社会上的其他人士有明显区别。由于极度的"恐惧或愤怒"，或"醉酒状态"会导致人体大量发汗，罪犯身上的气味也和"正常"人有所不同。富尔德提出的"罪犯身上会有强烈气味"的说法，与寻血猎犬饲养者的观点完全契合。这些饲养员表示，白人和上层阶级人士身上的气味十分微弱，且难以捉摸。唯有受过高级别训练的犬只，才能追踪到此类人士。[35] 参照该理论，浑身散发着恶臭的罪犯，最容易被犬只追踪到。

但是，其他人却认为寻血猎犬无法区分出罪犯与无辜市民。《美国律师》（American Lawyer）的一位评论家就曾质疑过法庭运用寻血猎犬辨别罪犯的合法性。这位评论家表示，由于狗不能在法庭上进行宣誓或接受盘问，因而其所示证据的可信度较低。1905 年，在内布拉斯加州最高法院（Nebraska Supreme Court）审理的一起诉讼中，有律师称寻血猎犬追踪罪犯是"粗鄙的行为，根本谈不上什么'智慧'。执行任务时，寻血猎犬根本不会意识到自己的参与有多么重要，也不会料到这些行为可能导致什么后果"。此类"动物机器"在法庭上找不到一席之地。尽管富尔德确信"罪犯身上有明显气味"，但他还是总结道，"只通过犬只的指认，并不足以确定此人就是罪犯，必须要有其他补充证据"。[36]

即便争议连连，但纽约警方还是决定训练寻血猎犬协助侦查。不过高级警监詹姆斯·麦卡弗蒂（James McCafferty）在对欧洲城市进行考察后，对运用寻血猎犬的做法表示反对。他指出，这些犬只不具备在都市环境中追踪气味的能力。不过该局副局长亚瑟·伍兹（Arthur Woods）还是坚持配用警犬的方案。1907 年 5 月，阿米莉亚·斯塔夫特（Amelia Staffeldt）在长岛附近被杀害，伍兹当即决定使用警犬辅助侦查，希望借助寻血猎犬，追捕到杀人真凶。伍兹命令爱狗人士乔治·R. 韦克菲尔德（George R. Wakefield）中尉进行一项分析寻血猎犬是否能在美国城市中有效追踪嫌疑人的研究。韦克菲尔德的结论与麦卡弗蒂相同——猎犬在该方面起到的作用实在有限。一旦大街上的嫌犯跳上电车，犬只就无法再追踪到嫌疑人的气味了。现代城市的基础设施，可能会迷惑寻血猎犬的嗅觉。前纽约警察局长"大比尔"——也就是德弗里（"Big Bill"Devery）毫不客气地嘲讽："在这繁华的大都会中使用寻血猎犬？这真是个笑话。"即便反对声不少，长岛铁路公司还是决定使用寻血猎犬。

该公司编纂的报告显示，警察局长罗伯特·E. 科坎（Robert E. Kerkam）派出的寻血猎犬，有效减少了发生在车站中的谋杀案、盗窃案。甚至有报道称长岛的猎犬沿着"冰冷的铁轨"一路追踪到"纽约东部的一家酒吧"，成功追踪到了一个专事盗窃铜丝的意大利裔犯罪团伙。[37]

但还是有人坚持认为寻血猎犬不具备推理能力，对它们的残暴天性深感忧虑。1908 年 6 月，在位于新泽西州芒特霍利的一所监狱中，有只警犬猛然"扑"向了监狱负责人的喉部。这只警犬还曾"占据了庭院一整天"，狱警和囚犯都不敢靠近它。种族主义暴行遗留的阴影，也对围绕警犬问题展开的讨论产生了影响。奴隶主曾利用寻血猎犬追踪逃亡的奴隶。这段记忆，总令人们反复思考利用犬只追踪人类究竟是否合宜。《洛杉矶时报》（Los Angeles Times）称，"狗追人"的做法"难免令人联想起黑暗的奴隶制时代。那时，试图争取自由的人，都因狗这种动物而心惊肉跳"。即便人们心怀如此忧虑，警察还是下定决心指挥寻血猎犬追踪非裔嫌犯。1907 年 8 月，这些追踪罪犯的猎犬还曾进入过乔治·范德堡（George Vanderbilt）修筑于北卡罗来纳州阿什维尔附近的比特摩尔庄园。作为"侦探猎狗"，寻血猎犬还继续参与了针对非裔美国人实施的种族化治安管理。但事实证明，寻血猎犬和现代化的都市景观格格不入。该品种在历史上的暴行，给人类留下了太大的阴影，使之很难在狗狗都市中寻得容身之地。[38]

▶▷ 推广"多用途警犬"

寻血猎犬并未出现在巴黎街头。与美国情况不同，巴黎警方和欧洲大陆其他国家的同行都选择了推广"多用途警犬"。一如英国的寻血猎犬试验，巴黎方面对"多用途警犬"的培育，也引起了美国评论家的好奇心。威廉·G. 菲茨杰拉德（William G. Fitz-Gerald）表示，小比利时是警犬训练领域的开拓者。据他报告，根特市警察局长 E. 范·韦塞梅尔（E. Van Wesemael）在 19 世纪 90 年代组建了一支"强大、睿智"的比利时牧羊犬队伍，以此弥补人类警力的缺口。范·韦塞梅尔充分调动了狗的"敏锐嗅觉、'认为一切都不对劲'的天性，以及它们出色的跳跃、游泳能力"。根特市的这次警犬实验，产生了很好的效果。由此，媒体也开始注意到范·韦塞梅尔以及他训练的比利时牧羊犬。他对《纽约时报》介绍道："狗一直保持着高度警觉。它们的眼睛、耳朵和鼻子从未停止运作，可以察觉到任何'奇怪的人或物'。"除了这些感官能力，狗可以横穿、探索城市中的各大暗黑角落，它们在这方面的实践水平远强过人类。而且"当靠近（嫌犯）时，威猛的比利时牧羊犬比警察还能让犯罪分子心惊胆战"。伦敦《每日邮报》也曾赞许过比利时牧羊犬出色的"智力"、体能。该报表扬这些狗狗"往往能立下普通警察想都不敢想的功绩"。[39] 犬类本能和智力的结合似乎注定它们要从事警察工作。

1905 年，法国迎来了本国的首只警犬。季风桥警察局长受比利时与德国警犬事业的启发，在东法犬类协会（Eastern Canine Society）的鼓励和支持下，给警察配备了几只警犬，用以控制小镇上"多如牛毛"的"劫匪"。翌年，东法犬类协会又在南锡策划了一场警犬展览。活动期间，各界人士分别考察了比利时、德国的警犬，以及季风桥地区两只警犬各自的能力。嘉宾们测试了如下三个方面内容：其一，警犬能否发现"隐蔽的人类"；其二，它们能否在攻击者挥舞棍棒的情况下，上前保护主人；其三，狗狗能否顺利越过障碍物。此次犬展，令来自埃皮纳勒的警察拉鲁（Lalloué）印象深刻。他很快便引入德国牧羊犬进行训练，使之配合警察开展工作。犬只的嗅觉、智商、可塑性以及体能，似乎是根治都市治安问题的有效对策。警犬和警服相似，可以让警察在街道上更为亮眼，也是国家对打击罪犯这一承诺的形象宣示。拉鲁认为，"四条腿的警察"不仅可以保护巡逻途中，特别是夜间执勤的警察，还能赋予他们更突出的"尊严和权威"。因为他们会觉得自己看起来比犯罪分子"更强大"。酷似"饲养宠物"带来的感触，拉鲁表示，警犬寓含的人犬之间的亲密关系十分高尚、对社会极为有益。[40]

法国巴黎郊区纳伊的警察局长亨利·西马特（Henri Simart），也在访问根特时自比利时警犬那里得到了启发。在弗莱兰特（Fleurant）准将遇刺后，西马特希望可以更好地保护他的部属。1907年2月，他获得纳伊市政委员会批准，动用警犬去"清扫"了大型公园布洛涅森林里"不光彩的流民"。在新闻报道中，布洛涅森林治安状况很是糟糕，完全是个饱受"阿帕切"帮派成员困扰的"危险巢穴"。因此，在清剿行动中，警犬做出了很大的贡献。[41]

法国提倡使用警犬的相关人士，对公职岗位上的犬只满怀信心。他们认为狗先天具备出色的生理条件、心理素质，可以有效辅助警察执法。有甚者，部分时人相信犬只可以消解城市生活对人类产生的恶劣影响。相关医学理论强调，现代都市生活会造成市民能力退化以及国家组织倒退，继而诱发社会乱象、酗酒问题和各类犯罪。作家雷内·西蒙（René Simon）认同此类医学理论。联想到美国"西部荒野"的历史，西蒙表示，95%的现代城市居民已然丧失了"古印第安部落""英勇拓荒者"以及"坚强猎人"的体魄与敏锐反应力。罪犯身上留有野蛮祖先的凶残，他们沉默寡言却阴险毒辣，不断威胁着市民安全。不知是否有意为之，西蒙提及了达尔文的种族主义观点，认为"低等种族"的部分本能、直觉和"快速感知"能力要比高位阶者强。西蒙还以此为据，论证了罪犯们的"文明程度原始且进化相对低级"。西蒙相信狗将能弥补文明都市里居民的身心缺陷。在他看来，狗狗具有法国中产阶级不再拥有的"发达肌肉、敏锐感觉、本能嗅觉，以及时刻充满警惕性的注意力"。[42]

在法国启用警犬的最初阶段，地方政策往往优先于国家政策，这点和法国警察系统中的"弱中央化"倾向相符。不过很快，法国境内就出现了全国性的协会、俱乐部，这些组织带头将警犬带入狗狗都市中。1908年，警犬、猎犬和海关执勤犬联合俱乐部（The Police, Game-Keeper, and Customs Dog Club）成立。那里汇集了法国养犬俱乐部（French Kennel Club）和个别育犬协会成员，还有包括西马特在内的政治家、警察。该俱乐部在巴黎13区的切瓦雷特街建起了一家警犬训练机构。不过，加入俱乐部的门槛使得该组织颇显"精英化"色彩。相比之下，1910年成立的法国警犬爱好者联盟（Union of Guard and Police Dog Enthusiasts in France）则更加亲民。该机构将警犬训练视为一种有益的"休闲活动"，几乎适用于每位公民。法国警犬爱好者联盟也声称训练警犬是适用于民主共和国的、有效的公民自卫方式。该联盟还曾组织过若干次便于关心者考察、体会警犬能力的犬展。人们认为，一只理想的警犬既兼具本能和"智力"，还会表现得坚韧无比。评委会将根据犬只展示出的"总体情况"，包括"热爱工作、机敏聪慧、'进化'程度、毅力和勇气"等方面，给参评犬只打出相应分数。像阿尔芒·法利埃

（Armand Fallières）总统等受人尊敬的社会名流，也经常亲赴现场参观，新闻媒体也常对此做出热情报道。[43]

1908 年 12 月 30 日，巴黎市政府批准了一项额度为 8 000 法郎的拨款，以此设立了专门的警犬服务机构。尽管巴黎警局前期已采购了 7 只警犬，但该局另外 6 只警犬尚且都是私人所有，日常也交由某位警察私下里饲养、照料。此次改革期间，巴黎警局从警犬、猎犬和海关执勤犬联合俱乐部方面订购了 26 只狗充实队伍。此外，作家、慈善家及企业家亨利·德罗斯柴尔德（Henri de Rothschild）也向巴黎警局认捐了 12 只警犬。不论来自何方，这些狗狗都将在巴黎的远郊巡逻。那里随处可见残垣断壁，是人们心中罪犯猖獗之地。[44]

英、美两国的警察与爱狗人士，连同媒体记者，都密切关注着法国警犬事业发展。英国警犬、军犬爱好者埃德温·H. 理查森（Edwin H. Richardson）对欧陆现有警犬进行了调查。他认为对比之下法国警犬最凶狠，他借着法国罪犯的残暴论证了这点："他们最为卑劣，四处潜藏，是以谋杀他人为目标的巴黎版'阿帕切'。"犬只在巴黎警犬展中成功追踪到了假扮成"流氓角色"的男士。它们展现出的体能和"智力"，令《每日邮报》记者印象深刻。该报将此次犬展誉为一场"智力竞赛"。《布鲁克林鹰报》称巴黎警犬是巴黎打击"阿帕切"帮派成员的重要手段。该报还称赞"马士提夫犬下颚强壮，有着强于任何人类的勇气，以及接近人类水平的侦查技能。而且，它还能威武地震慑'阿帕切'成员。这点不是警察、侦探或宪兵可以办得到的"。新到岗的警犬，还和法国其他创新性警务技能结合发力。据《纽约时报》报道，警犬协助警方"突袭了和鲍厄里公寓一样混乱的巴黎公寓"。行动过程中，出勤的警犬一直看守着嫌犯，直到警察前来对罪犯进行"贝蒂荣式"识别。[45]

在欧陆警犬事业发展的影响下，纽约警局方面也成立了自己的警犬队伍。1907 年，副局长伍兹命令韦克菲尔德中尉在比利时根特市购入了五只警用犬只。在巡警贝尔曼（Berrman）和麦克唐纳（McDonnell）协助下，韦克菲尔德在上曼哈顿区的福特·华盛顿公园里，对这些新加入警犬展开了适应性训练。韦克菲尔德参考在根特市研习的警犬训练课程，也依照自身饲养训练的经验，设计了本次训练科目。富裕的美国犬只爱好者也紧随法国步伐，开始极力推崇那些受过私人训练的警卫犬只。1915 年，本杰明·H. 斯洛普（Benjamin H. Throop）在长岛地区的西亨普斯特德建起了一家警犬训练学院，专供德国牧羊犬训练，并将训练完毕的德牧转售给市警局。[46]

理查森也曾随考察团到访过根特、巴黎和柏林的警犬驯养单位。他总结参观所见，提议使用英国警犬来防范地痞流氓："那些杀人不眨眼的暴徒，威胁着夜间巡逻贫民窟的警察的人身安危。"理查森显然并不认可摩根和桑代克对"拟人论"的批判。他认为警察可以利用警犬的"睿智"、决心和"幽默感"等性格特点，来搜寻空房间、夜间街道中的各个"可疑对象"。与寻血猎犬一样，"多用途警犬"也应具备敏锐的嗅觉。不过，它们的主要任务还是保护驯导员以及逮捕罪犯。理查森在位于哈罗的家中训练万能梗，将其培养成合格警犬后，再把它们租借给英国各警局使用。据报道，一只由理查森培养的名为鲍勃（Bob）的狗狗，成功降低了格拉斯哥入室盗窃案的发生率。但是，虽然理查森极力鼓励在利物浦、诺丁汉和曼彻斯特等大城市也部署警犬，但伦敦警局却对此表示怀疑，决定不将警犬服务拓展至这些地方。人们担心这些警犬可能会做出暴力举动，市政委员也对此烦恼不已。理查森尝试打消人们内心的种种疑虑，他表示："没有人希望罪犯在抓捕过程中无端死亡。这些犬只能够抓住罪犯不放，而并不会杀死他们。"[47]

伦敦警察局长爱德华·亨利（Edward Henry）爵士并没有成立一支集中的警犬队伍，而只是允许警察在人烟稀少地带执行夜间巡逻时，带上配给自己的警犬。当时伦敦警察使用警犬的另一项前提，是需要他们自己申请养犬许可证以及负担饲养犬只的开销。和纽约、巴黎的情况不同，伦敦警察的狗狗兼具警犬、宠物狗两重身份，相关照料责任也自然都落在了警察自己身上。尽管英国当局曾率先在南非（1908 年起）和巴勒斯坦（1935 年起）使用警犬追踪南非黑人以及"巴勒斯坦暴恐嫌疑人"。但是作为世人心中"创新典范"的伦敦警察局，却在警犬使用方面落后于巴黎、纽约。可以想见，警卫犬在殖民地中做出什么暴力行径，都不是重大问题。但这个逻辑，在大都市里完全不适用。[48]

▶▷ 警犬品种

什么是最适合警察工作的犬只品种？人类并未就此达成过共识。不过，驯导员和记者曾对各品种犬只的心理、情感和生理特征做过相应评估。专家们将狗分成不同种类，并根据他们的"智力"、能力和适用于警察工作的潜力，给不同犬种进行了等级划分。20 世纪初，阿尔弗雷德·比奈（Alfred Binet）和其他几位心理学家合作，率先提出了测量人类智力的评估方法。尽管此类操作颇具争议，但因其产生的犬种排名，正巧体现了人们评估狗狗"智力"的浓厚兴趣。[49]

得益于 19 世纪开始出现的犬只品种区分、标准化及其推广（详见第一章），驯导员了解到了大量具有警犬潜质的犬只品种。越来越多有组织的纯种狗饲养者，以及与日俱增的爱狗公众，纷纷认定纯种狗更为高贵。一位法国评论家也认可这点，他告知警察局长

"纯种狗比杂种狗更具优势":训练并非全部。就好比在"流浪汉收留所"中挑不出什么好仆从,流浪狗收容所也不可能是发现警犬苗子的地点。德国育犬员罗伯特·格斯巴赫(Robert Gersbach)撰写的警犬训练指南,在1911年被翻译成法语版本。和其他育犬员相似,格斯巴赫也认为"纯种狗"是经过理性筛选、专业知识熏陶的品种,拥有着高贵的血统。他提议,警方应严格核查任何可能成为警犬的品种,尤其需要了解该品种的"过往历史和发展脉络",而且应从选定品种的"精英犬只"里再"千里挑一"选出警犬。当然,最好是从已胜任警犬工作犬只的后代中挑选新警犬,因为它们会继承父母的"道德品质"。[50]

部分专家曾推荐过某些其他品种,不过理查森还是偏爱万能梗。这是因为该品种犬只在面对陌生人时,会时刻保持警惕,对主人表现得忠心耿耿。与此同时,万能梗的感官能力也优于他者。不过,理查森偶尔也会为万能梗更好地胜任警犬工作而提出若干"待改善"事项。他曾提醒人们千万莫要为了"犬展"而饲养万能梗。最好可以借助"柯利牧羊犬、牧羊犬、斗牛獒或寻回猎犬"锻炼万能梗的"勇毅之气"。在拉鲁看来,万能梗确实是适合做警犬的品种。除此之外,适合的品种还包括阿尔萨斯狼狗、杜宾犬、比利时牧羊犬和法国牧羊犬,每个品种都各有其优劣势。杜宾的"可塑性"极高,但对其他犬只可能怀有敌意。万能梗可以给警察带来很强的安全感，但它的跳跃能力、长跑能力却很弱。拉鲁由此得出结论：阿尔萨斯狼狗，或称"德国牧羊犬"，是所有品种里最"理想"的警犬来源。它们嗅觉灵敏，可塑性强，十分忠诚，还有着"高度发达的智商"。[51]

生活在大西洋彼岸思鲁普街的瑞士籍驯犬师鲁道夫·豪里（Rudolph Hauri），也对德国牧羊犬赞不绝口："它们可以接受最为严格的训练，用不了多久，它们就能完美胜任警察工作。"约瑟夫·库普莱（Joseph Couplet）曾编写过一本警犬训练手册，警方分析员富尔德曾在《美国刑法与刑事研究所学刊》（*Journal of American Institute of Criminal Law and Criminology*）上发表过有关这一训练手册的评议，论文通篇充斥着赞扬之词。库普莱同样也认为牧羊犬是警犬的最佳选择——它们很早就被人们用来保护羊群免受狼群攻击。数个世纪以来，牧羊犬守卫着人类的家畜，抵御着危险外来者的伤害。该品种也随即成为出色情感、绝佳体能和高认知能力完美结合的物种。只有《比利时育种员》（*L'eleveur belge*）杂志对德国牧羊犬提出了反对意见。该杂志表示，牧羊犬在咬人时会表现得犹豫不决。如果法国警察希望这些狗可以保护他们，那么牧羊犬绝不是"理想"选择。[52]

不过也有部分育狗专家更加关注犬只的品格，而不再执拗于品种。皮埃尔·圣罗兰（Pierre Saint-Laurent）也认同德国牧羊犬适合警察工作的观点。但他更加强调一只狗所具备的"自身品质"，认为这比它们的品种重要得多。特别是同一品种的犬只，往往个体间差异巨大。不同于"比奈-西蒙智力量表"中的量化测试，多数警犬专家推荐的犬只评估方法，是颇为主观的，着重观察驯导员和犬只之间的感情联系。韦克菲尔德中尉表示："狗和人类一样，个体在智力上有所分化，也有着不同的适应能力。"西蒙表示，驯导员应该只能和一只狗相搭档，如此才能令每只狗的"意向"都得到"最完美"的理解。通过这种训练，"每只狗的心理"都会得到呈现，因为它们都有着"独一无二的灵魂"。西蒙认为"犬只的性格、品质和缺点，都是独一无二的。这令它和其他犬只表现出了种种不同"。[53] 警犬与驯导员之间的关系深受各界赞赏。这也表明，在新兴的狗狗都市中，中产阶级饲养宠物狗的模式，得到了跨界推广。

由于专家未就"最佳警犬品种"达成共识，法、美两国的警犬品种呈现出了多种多样的复杂景观。当时纽约警犬队伍的主力，是韦克菲尔德从比利时进口的那批比利时牧羊犬和一只格罗安达犬。《纽约时报》表示，纽约的警犬们非常适合执行警务："它们的神情如狐狸般敏锐，它们也以勇敢、睿智和耐力闻名于世。"作为负责在大西洋两岸运输犬只的水手，让·伦巴赫（Jean Lembach）通过述说自身所见，证明了这些警犬的确吃苦耐劳、聪明机灵，非常适合协同警察工作。它们根本不会轻信陌生人，记者在码头靠近犬只时，就亲眼见证了这点——迎接他们的是狗狗们的如雷咆哮。[54]

其他品种的狗狗，则会以更加随意的方式加入警犬队伍。当警犬队伍中的一只比利时牧羊犬过世，韦克菲尔德便引入一只万能梗，顶替了那个空位。有时候，纽约警方征募警犬的方式也并不正规。吉姆（Jim）是一只"天生就具备侦查能力"的狗狗，但是"它品种极为特殊，就连忠实的狗迷们也猜不出它是什么狗"。吉姆在福特·华盛顿公园的警犬训练中，对警犬训练项目表现出了强烈兴趣。于是，看到"除了参与刑侦工作，它对其他一切都不感兴趣"的吉姆主人，不得不送它加入警犬队伍。一位记者似乎并不知晓或认可摩根和桑代克提出的，"狗狗之间并不能互相教育"观点。他表示，吉姆"很快就承担起了训练其他狗狗"的工作。它似乎有着"令人不可思议的聪慧，这让它远远超越了其他受训犬只"。[55]

虽然是"杂种狗"，但阿查特（Achate）和阿格斯（Argus）的确成为法国警方最早训练投用的两条警犬。1905年，它们在季风桥地区接受了适应性训练，由此变身警犬。尽管东法犬类协会曾向该镇警察局长提议，遴选"纯种狗"充任警犬。但局长还是收下了他人送来的这两只"杂种狗"，未选择重金添购"纯种狗"。纳伊警察局长西马特则选择使用比利时牧羊犬来组建警犬队伍。1909年，巴黎警方添置了10只警犬，其中9只是德国牧羊犬（另外一只则是法国牧羊犬）。[56]

人们对警犬品种所持意见各不相同。就警犬性别问题，各界也未达成共识。在 1908 年 8 月举办的一场警犬大赛中，比赛前三名都由公狗摘得。不过，福莱特（Foullette）和莫迪安（Mordienne）这两只母狗分获了第四、第五名。尽管部分警犬的名字，譬如"男孩"（Garcon）、"胡子"（Moustache），显露出了巴黎警方的男性气概，但警犬队伍中也出现了母狗的身影。母犬用自己的能力，证明了它们是实战中表现出色的"特工"。据报道，德国牧羊犬露西（Lucie）就曾凭借自己的"聪慧"和敏锐嗅觉，在人满为患的酒吧里成功追踪到了两名逃犯。[57] 比起性别和品种，人们更加注重犬只的个体能力，以及其在训练中的表现。

▶▷ 训练警犬"新兵"

警方对拟培养犬只采取了更为深入的训练。众多警犬训练手册里也同样出现了许多缜密详细、方法多样的训练内容。这些指南也呼应了宠物护理书籍的观点：狗主人应认真训练他们的狗狗，以拉近人与狗的联系。驯导员在对待犬只时应保持冷静，态度温和且坚定。这些训练指南也往往会迈出国门，走向世界。库普莱有感于"开拓者"（Pathfinder）与休·达尔齐尔（Hugh Dalziel）合著的

《犬只训练手册》的法译本，也自行编写了一册训练指南。富尔德敦促相关人士译介库普莱编写的指南，并将之分发给所有美国警察。[58] 这些训练手册表明警犬聪明机灵，借助它们和驯导员之间的情感联系，可以有效减少犯罪行为，减轻人们对犯罪乱象的恐惧。

根据这些训练手册，狗狗其实有着不同程度的"智力"和本能。它们不是什么"动物机器"，而是适应能力强、反应迅速的一种生灵。通过驯导员思路清晰、谨慎耐心的训练，狗狗们完全可以做到一系列复杂的警务事项。驯导员与各指南作者们紧随达尔文、罗曼尼斯的步伐，通过这些论点，表明动物本能和"智力"具有互惠性、灵活性的特征。[59] 和比较心理学家不同，驯导员之所以想更好地了解犬只心理，不是为了在后达尔文主义时代中，证明"人类和其他动物之间存在关联"。他们的目标，是训练好犬只，以更加有力地打击那些犯罪分子。而这就是在城市拥挤街道进行的，切实有效的动物心理学测试。

加斯顿·德韦尔（Gaston de Wael）是一名比利时籍驯导员，特别重视犬只的"智力"天赋。德韦尔发现：犬只智商这一大"奇迹"已愈加明显。戈特弗里德·威廉·莱布尼茨（Gottfried Wilhelm Leibnitz）曾在著作中对笛卡儿的观点提出反对。德韦尔借此表示，即便犬只的确受天性驱使，但它们可以借助训练变得"更加聪明"。天性的确是某一物种的"固有属性",无法得到后续改变,因此只能压抑这股冲动。而"智力"本就是一种"天赋",通过驯导、奖励,动物的智力能够在天生基础上获得提高。因此,尽管德韦尔认为狗狗"不能推理",他还是确信受过良好训练的犬只,可以学会在主人命令下正确对待那些"做了错事的人"。由此,训练妥当的警犬会不再那么容易受到那些影响警务的"不良天性"的控制(譬如追逐猫咪、互相打斗)。在驯导员帮助下,犬只也可以"思考"在特定情况下应采取的对策。德韦尔有关犬只"智力"的理解,与笛卡儿恰恰相反。不过,德韦尔称自己也并不认同蒙田(Montaigne)的观点。蒙田往往会"赞美动物而贬低人类",但事实上"人类的智慧"才是动物得以"进步"的原因。[60] 警犬将在人类的严厉管制下,逐步融入狗狗都市中。

　　除了智力因素,警犬训练手册也强调了人犬之间情感联系的重要性。手册一再强调,若想将狗狗训练成合格警犬,驯导员首先要做到保持冷静、态度温和。比起"鞭打和虐待",拉鲁更倾向于"爱抚"狗狗。毕竟,警犬训练是一个建立情感联系的互补过程,驯导员和受训犬只,会在这一过程中彼此适应。一只训练有素的犬只,在成功完成任务后会感到十分"开心",因为它们可以感受到主人对其表现深感满意。此外,驯导员应当"爱"他们的狗狗。即便犬只未能完成既定任务,驯导员也不该责罚它们。唯有当犬只不听指令时，才能适度予以惩罚教育。拉鲁等专家指出，驯导员要谨慎使用惩戒手段，因为相关措施可能会对犬只身体造成伤害，甚至损伤它们的品质，导致它们不再适于警务工作。格斯巴赫曾警告：惩罚也许能打造出一只"看似温顺的奴隶"，但那样的话，它们永远无法成为"患难与共、牺牲自我"的"忠诚搭档"。如此立场，和动物保护协会的倡议恰好一致。动物保护协会建议，要采用温和、充满情感的适应性训练培养动物以及人类孩童。这种方法不仅能减少动物和孩童的痛苦，还能经由亲密的情感联系，逐步引导它（他）们成为一个个反应迅速、忠诚可靠的有用之才。[61]

在训练中打好人犬关系的基础后，警犬训练手册进而开始详细列举受过优质训练的警犬，所应当习得的相应勤务技能。首先，警犬要从简单任务开始学起，比如存留命令记忆——根据驯导员指令做出"躺下""坐下"和"站立"等动作。随后，警犬们要进入更加复杂的学习环节，内容包括"听到呼唤后立刻吠叫""寻找丢失物品"等。此时，警犬学习的这些科目不仅和警察工作有关，也满足了猎人寻回死去猎物的期待。随后，训练任务还会变得更加具体、细致。警犬需要练习如何保护主人，学着从窗口一跃而下。它们还被要求能够从人群中找到指定对象，使得逃犯无处可逃并紧紧地看住他们（见图4.2）。[62]

图 4.2　警犬训练，法新社摄于 1914 年，法国国家图书馆藏

　　在这些训练手册中，非暴力的训练方法和暴力的行动目标相互交织，这般"矛盾"也就构成了相关手册的核心内容。我们可以从

中窥见犬只身上潜在的"暴力"属性。拉鲁表示，一旦主人发出指令，警犬就必须即刻扑上去咬住攻击对象，根本不必考虑被咬者究竟是何人——即便他是警犬无比熟悉的对象，是它情趣相投的玩耍伙伴。警犬必须无条件服从主人发出的指令。在某些驯导员看来，犬只和警察之间的情感联系，是让它们显露出凶残一面的冲动根源。接受过良好训练的犬只会"十分乐意"朝着主人的敌人发起进攻。19 世纪，人们常常赞赏狗狗的忠心、服从以及它们对人类的爱意。警犬训练从中得到灵感，对犬只的这些品质进行了利用——指使警犬做出扑咬、狂吠等暴力动作，以此保护警察安全。[63]

人们对犬只天性与"智力"的考量，也发挥出了相应的作用。有些警犬训练手册明确了犯罪分子和守法公民的重重区别，并表示犬只天生就能分辨出二者。在"开拓者"和达尔齐尔撰写的手册中，犬只"具有区分朋友和敌人的卓越天性"，也能区分出"衣着良好的人士"和"流浪汉与罪犯"。二人推测，正是"流浪汉或罪犯鬼鬼祟祟的模样、步态"，激发了警犬的攻击天性。[64] 不同于那些凭借出色嗅觉区分各色人等的寻血猎犬，"多用途警犬"主要依靠自身多元的本能，对疑似对象进行分类。

然而有些驯导员却并不怎么信任犬只的本能。持该观点者始终认为：驯导员应在训练过程中教会警犬如何分辨罪犯。他们还建议警察在假扮罪犯训练犬只的过程中，言谈举止、衣着打扮要和"阿帕切"帮派成员或其他犯罪分子看起来差不多。大西洋两岸的驯导员都提议让训练、喂养狗狗的工作人员身穿警服，这样能帮助警犬区分出犯罪分子与执法人员。在培养犬只警惕非警局人员方面，纽约的驯导员们迈出了先行的一步。据《布鲁克林鹰报》报道，纽约警察会身着便衣，在用餐时间打扰警犬吃饭，并反复逗弄它们。"毫无疑问，这一方法让警犬愤怒不已，并很快开始怀疑身边那些'便服人士'，觉得他们都不是什么善茬。如是，任何'思维正常'的犬只，都会疏远这类人。"但并非所有人都认同这种培养犬只"憎恶罪犯能力"的操作。部分记者就针对犬只在现实生活中辨别罪犯的能力发出过质疑。参观过巴黎警犬大赛后，《伦敦每日电讯报》驻巴黎记者表示："没有人能解释为何警犬一见到'阿帕切'帮派成员时，就能意识到他们是罪犯。难道所有身披红色床单的人士，都是警犬追捕的目标？难不成任何一名窃贼都会默认穿这种'制服'？"[65] 警犬究竟能否在日常生活中起到作用？人们内心浮现出了更多的怀疑。

尽管人们时有怀疑，但提倡使用警犬的相关人士，还是认为在处置那些难以控制、恶习难改的罪犯时，犬只的"兽性"是一种十分必要的社会性防御。在那个刑事人类学家把罪犯比作"危险野兽"的时代，人类对犬只的训练，可以让它们变成对社会有所助益的动物。尽管我们无法保证警犬驯导员都能严格遵循训练手册的指导建议，但总体不会有太大偏差。当巴黎、纽约的警犬走上街头后，它们的侦查能力也在实践中得到了提升。

▶▷ 警犬在行动

巴黎和纽约的记者，往往会在新闻报道中使用耸人听闻的语气，剖析、批判都市生活的各种乱象。警犬和它们的各种能力，也就因此被新闻报道整合、融会进了那些描绘大都市的文化奇观。几经考虑后，纽约警察局将最新一批接受了全套训练的警犬，安排进了位于布鲁克林弗拉特布什大道辖区内盗窃案频发的帕克维尔警局。1908 年 1 月 28 日晚，韦克菲尔德中尉对他的犬只进行了一次测试。在这场检验中，韦克菲尔德的同事，警犬驯导员伯曼（Berrman）佯装成窃贼，窜进大都会赛马协会（Metropolitan Racing Association）秘书约翰·卡瓦诺（John Cavanaugh）的家中行窃。当时卡瓦诺正好不在镇上，当班巡警迈克尔·尼克尔森（Michael Nicholson）并没有意识到这是一次演习。发觉异常的尼克尔森立刻解开了警犬诺吉（Nogi）的嘴套，并向假扮盗贼的伯曼拔枪射击。《伦敦新闻画报》称诺吉是"所有警犬中最具潜力的'雇员'"。在这次试验中，诺吉沿着海洋公园大道一路追赶，并最终成功扑倒了"逃窜"的伯曼。就在伯曼的外套被咬破之际，他连忙大声呼救，让尼克尔森赶紧把诺吉从他身上拉了开来。尽管警方没能为这场试验做好充足准备，但此次有记者参与的演习，最终还是以大获全胜收尾。《纽约时报》记者称"目睹此次演习后，人们都对这只警犬迅速抓住窃贼的能力深信不疑"。[66]

纽约的各大新闻媒体都对帕克维尔的这支警犬队伍赞不绝口。在警察的带领下，警犬们开始巡逻于弗拉特布什大道。有的警察还会松开犬绳，让它们自行检查背街小巷、蜿蜒小路和隐蔽屋舍。据报道，接受过良好训练的警犬吉姆，"抓住的犯罪分子比绝大多数警察要多上许多"。《布鲁克林鹰报》对此大加赞叹："如果某名嫌疑犯正在四处躲藏，或试图爬进窗户，那么他会成为吉姆的盘中餐。"这些让罪犯闻风丧胆的紧迫盯梢行动，正是警犬吉姆的壮举。吉姆自学的追捕法也常常奏效，它曾绊倒一名犯罪分子，并坚守着直到驯导员赶来缉拿了嫌疑人。在吉姆因犯罪分子下毒壮烈牺牲后，报纸纷纷猛烈抨击了犯罪分子的暴行。帕克维尔警察局举行了吉姆的遗体"瞻仰仪式"。相关新闻写道："它不是那种看着漂亮的狗，它也没有什么'贵族血统'。但它深知，自己肩头担负着什么样的重任。"[67] 拥有符合"品种标准身型"的犬只，是"良种犬"饲养者的终极理想，但在警察工作中，犬只的品种、外观并不怎么重要。关键看它们是否聪明、坚决、有一技之长。

　　在吉姆·克劳（Jim Crow）的那个时代＊，纽约警犬也参与到了"种族治安"管理。一位城市法官对史密斯（Smyth）警官及其爱犬四月（April）镇压有色人种犯罪分子的事迹发出了赞叹：他们成功追捕了黑人犯罪分子詹姆斯·M. 斯托克斯（James M. Stokes），这名男性有色人种"在帕克维尔劫持了无数只身上街的无辜女性"。据称，斯托克斯在遭追捕期间，还曾开枪杀害了两位警官。审判此案的法官直斥斯托克斯："你就是我们迫切想要关进辛辛监狱的那类渣滓。"此类案例给人们留下了"警犬通过围捕'兽化'罪犯，保护了美国白人"的深刻印象——正是它们让那些残暴者收归监禁。在美国白人把黑人当作"罪犯"加以歧视的年月里，警犬四月通过追捕斯托克斯，也成为监管、镇压黑人以缓解"白人焦虑"的维稳者。南北战争前，在美国南部寻血猎犬曾被用于追捕逃亡黑奴。现如今，四月和弗拉特布什大道上的其他警犬，又正在北部郊区追捕黑人亡命之徒。因此，警犬也就成为纽约白人暴力虐待黑人的历史组成部分。[68]

　　那时有新闻指出：人们对犬只"智力"、天性、情感、感官以及体能的利用，标志着人类向更加高效的现代都市治理迈出了崭新一步。如此运作能够防止那些中产阶级遭到"兽性"罪犯的伤害（见图 4.3）。警局副局长亚瑟·伍兹宣称：在警犬监视下，弗拉特布什

　　＊ 即《吉姆·克劳法》实行的年代，1876—1965 年美国南部及边境各州按照该系列法案对有色人种实行种族隔离，强制按种族隔离使用公共设施。——编者注

大道的犯罪率已急剧下降，盗窃案发生率从每月 20 起下降至仅 4 起。得益于警犬的帮助，警察巡逻的覆盖范围实现了极大拓展。伍兹略带夸张地表示："如今弗拉特布什大道上的窃贼少得可怜。我们不得不让人假扮'窃贼'去训练警犬。"比起人类警察，窃贼更畏于警犬的威风：这些警犬是"本市郊区地带有史以来最好的守护者"。警犬着实吓人，足以让窃贼望而却步。据《布鲁克林鹰报》资讯，一位当地居民在深夜回家的路上，恰巧遇见了正在街面搜寻窃贼的警犬，这位居民也被警犬打量了一番。据他观察，"执勤的警犬虽然戴着嘴套，但在好奇的路人眼中，它们高大、凶猛无比，足以对付一名窃贼"。[69]

图 4.3　纽约的警犬，贝恩新闻服务（Bain News Service）摄于 1912 年，照片拍摄地点不详，美国国会图书馆，藏品复制号：LC-DIG-ggbain-00004

巴黎各大媒体相继报道了许多警犬协助警察工作的事迹。在一些案例中，正是犬只的体能起到了关键作用——不论是打击巴黎—布雷斯特的邮路劫匪，还是阻止"阿帕切"帮派成员攻击市民、警察，抑或是纠察公然实施猥亵犯罪的团伙……警犬的相关成绩都得到了巴黎媒体的称赞。巴黎《晨报》的一篇报道，特别提及了执勤于东郊圣芒代地区的准将米特里（Mitry）豢养的警犬站住（Stop）。站住的速度、力量以及那"可怕的下颚"，让米特里准将成了"'恐怖分子'眼中的不可触犯者"。警犬再加上因警犬而更显勇敢无畏的主人——此般组合如今已不只是法国惯犯的克星。据《布鲁克林鹰报》消息，"阿帕切"帮派成员"发现自己的处境十分尴尬……必须想方设法躲避两只敏捷犬只的致命利牙"。记者表示，警犬对巴黎犯罪分子而言已然是种威胁。据传，"阿帕切"帮派也已着手训练自有的"匪犬"——"阿帕切犬"。犯罪分子们计划让犬只在巴黎郊区扑倒那些形单影只的路人，待其丧失行动能力后，团伙成员会上前掠走其携带的财物。为应对此事，警方已下发指令，要求巡逻警察及时处死那些"阿帕切犬"。[70]

与训练手册的观念如出一辙，媒体亦对警犬的各项能力称赞连连，表扬它们具有"非凡的智慧"、卓越的体能、敏锐的感官，且行动起来显得十分冷静。一只名叫马塞尔（Marcel）的警犬，在一次案件侦办过程中，就表现得极为出色。该案中，一群年轻人和两名"阿帕切"帮派成员在利拉附近爆发了斗殴冲突。发现事情不妙，马塞尔赶紧冲上去设法制服了那群年轻人，并维持两边休战状态直至警察赶到处理。在另一起案件中，警察突击检查了中央广场附近的一家酒吧。两只警犬凭借自己"非同一般"的敏锐嗅觉，查获了犯罪分子提前藏匿好的枪支、匕首、包革金属棍棒、锋利剃刀等凶器。除了借助其他刑侦技术——警方研究组织"贝蒂荣人体测定小组"的两位警官，也参加了此次突击行动。在警犬协助下，警方共抓捕了61位嫌疑犯，其中甚至包括臭名远扬的"阿帕切"团伙主要领导人肖皮尔（Le Chopier）。[71]

但隐藏在这些光鲜报道背后的，是警方对犬只的暴力行为以及训练局限性的默许。警方有时也会承认，由于训练不足等原因，警犬出任务时也会犯错。1912年5月，一个巴黎犯罪团伙被发现藏匿在博纳尔别墅，警方对他们展开了打击行动。巴黎警局刑事侦查部门（Paris Police Criminal Investigation Department）负责人吉查德（Guichard）后来承认，警方在此次包围行动中放出的用以"震慑悍匪"的犬只，并没有在训练中培养出攻入房屋的能力。此次行动中的警犬并没有攻击犯罪分子，反而冲向了那些布置在外围监视别墅的警察。受到惊吓的警察"不得不奋力抵抗，防止受到警犬凶猛的啃咬"。[72]

驯导员也开始心生犹疑，他们不再确信训练能让犬只完全听从指挥。考虑到这点，他们选择给警犬佩戴上了嘴套。只有在驯导员发出指令时，警犬才能咬人。也唯有此时，驯导员才会松开嘴套。警犬扑上去撕咬的目标，必须是驯导员提前"指定好"的犯罪分子。嘴套的使用是人们对犬只的可信度、"智力"水平产生怀疑的直观体现。不能指望狗狗们总能区分出"犯罪分子"和"无辜人士"。因此警方需要一种装置来限制警犬在执勤过程中的"咬人冲动"。纽约和巴黎警方也试图打消普通民众对"警犬会咬人"的恐惧。他们表示，警犬带来的益处要远大于其带给守法公民的风险。[73] 即便如此，人们还是开始怀疑警犬是否可以顺利融入狗狗都市。

▶▷　质疑警犬

尽管相关人士已立下保证，但不少民众还是对警犬的粗蛮行为、各类缺点感到担心。批评家们怕前期训练并不能驯服犬只的"好斗天性"，尤其难以改变它们"倾向于咬人"的本能。长期以来公众对狂犬病的惧怕，无疑更加剧了人们对警犬的担忧。有关宠物狗伤人，甚至是致人死亡的新闻，更是加剧了这种紧张气氛。[74]

部分巴黎批评家认为，那些或许具有攻击性的犬只，不应被选入现代城市的治安管理队伍。1909 年，巴黎警察局长莱平

（Lépine）收到了一封来自某市市政委员的意见信。该委员对警方使用警犬对抗政府示威者的做法，表示了坚决的反对。无独有偶，在伊西莱穆利欧举行了纪念西班牙无政府主义者弗朗西斯科·费雷尔（Francisco Ferrer）的民众游行后，一位被捕抗议者的律师就控诉称"当时出现的警犬表现得'野蛮粗暴'"。人们对警察暴力的担忧，一直从 19 世纪延续至 20 世纪，并渐渐蔓延到了犬只身上。部分公民批评警犬不是公共安全的守护者，而是破坏者。[75]

人们担心人类原始的本能、欲望和冲动，会盖过人类的智慧与道德。与此相似，人类也开始担心犬只的能力和"智力"，担心其可能会发生偶然的"逆转"。法国心理学家塞奥杜勒·里博特（Théodule Ribot）指出："因为相对稳固的'低级能力'会压抑相对脆弱、近期习得的'高级智力'和道德，所以神经系统的功能失衡情况，会逐渐累积成大麻烦。"这种对犬只兽性发作的预估，颇为符合刑事人类学家的"罪犯天生"论调。在龙勃罗梭看来："事实清楚表明——那些最可怕、最残忍的犯罪分子，都有着生物意义上'返祖'的兽性天性。尽管这些兽性可以通过教育、家庭引导和惩罚激发的畏惧感而减轻。但在特定情况下，这种天性会立刻暴露无遗。"[76] 都市文明在某种程度上控制了大众风俗、都市民众释放出的"危险能量"，可这些令人害怕的天性随时都有可能吞噬"脆弱的文明之地"。同理，诉诸暴力的冲动，也可能会湮没这些受到管制、训练有素的警犬。虽然它们已被人类驯化、学会了各种技能，还怀揣着一颗忠心，属于对社会有益的正面典型。犬只的"思维能力"和它们与驯导员之间的联系，最终也不能征服"心中的兽性"，阻碍了警犬跻身狗狗都市并成为"世人无条件接受的对象"。本是用以缓解人类对犯罪分子恐惧的警犬，如今却让人对其"充满攻击性的凶残"感到害怕。[77]

在一些人看来，警犬打击罪犯的能力，还有它们明智行动的基础都是"暂时的"。对警犬能力的怀疑，也是巴黎警犬普遍佩戴嘴套，以及保有量逐渐减少的原因。在 1911 年，法国警方共计在巴黎和塞纳省配置了 145 只警犬，协助当地警察维护地方治安。然而时至 1916 年，该地区警犬数量已跌落至 40 只——第一次世界大战爆发后，巴黎警方彻底停止了对警犬的征募。[78]

纽约也出现过相似情况。德国牧羊犬（或称"阿尔萨斯狼狗"）在两次世界大战之间声名大噪。许多公民将这种"警犬"养作宠物或训练成私人护卫犬。第一次世界大战期间，德国牧羊犬在西线战役中证明了自身价值。而恰在彼时，美国民众普遍相信自己正在经历一场浩大的"犯罪浪潮"。德牧饲养者称赞它们"忠诚、智慧、情感敏锐"。据报道，德牧对主人"下达的指令以及表现出的情绪，反应特别积极"。有一只尤其聪明的德牧费洛（Fellow），在哥伦比亚大学心理学系接受了专业测试，学者对它的语言理解能力给予了高度评价。但并非所有人都对此深信不疑。1925年，皇后区的一位法官呼吁：应禁止使用这些"残暴"好似豺狼一般的"咬人犬只"。如此反对意见，最终催生出了一项颇具争议且略带讽刺的命令——民众纷纷要求警方抓捕那些未戴嘴套、未系狗绳的杂交警犬或护卫型宠物狗。斯塔滕岛的居民多萝西·V.霍尔顿（Dorothy V. Holden）表示：这些凶悍犬只是"披着一层狗皮的狼"。它们"邪恶，不值得信赖"，让人居处在"不断受到恐惧侵袭的不良状态中"。即便是在街头犯罪极为猖獗的"禁酒令时代"，很多市民也拒绝让这些警犬加入狗狗都市。[79]

警察也对警犬表示过怀疑。纽约警察局局长理查德·E.恩莱特（Richard E. Enright）曾经养过一只名叫索尔（Thor）的警犬（1922年前往巴黎途中，索尔不幸走失）。即便深度接触过警犬，恩莱特还是就警犬参与警务工作一事，表达了自己的疑虑。1920年，恩莱特表示："绝对没有任何记录可以证明，警犬在警局中创造出了任何价值。"时至1926年，纽约警犬队伍仅剩三只狗，它们被关在位于布鲁克林羊头湾的偏僻狗舍里。《纽约时报》认为本市警犬数量之所以下滑，是因为警察的驯犬方法十分拙劣。同时犬只和驯导员之间的情感联系，也并不怎么深厚。此后几年间，纽约警犬数量有所回升。有一只名叫雷克斯（Rex）的比利时牧羊犬，和塞缪尔·巴特（Samuel Battle）辅警搭档，被派遣至纽约黑人住宅区巡逻。这段时间里，纽约警犬也争取到了为数不多的"高光时刻"——1929 年，它们被安排至斯塔滕岛，严厉打击了那些被称作"裤子帮"的连环扒窃团伙。但在 20 世纪，警犬的良好口碑就一去不复返了。它们没能抓住什么罪犯，也没能在人类社会中收获表扬。那时，不再有人称赞警犬"聪慧"，或是肯定并赞许它们和人类的感情联系。《泰晤士报》谈道，这些警犬执行任务仅仅是"为了混口饭吃"，而且防盗警报器技术的推广，也逐渐让警犬在防盗方面失去了用武之地。[80]

在英国，支持警犬的相关人士，在两次世界大战之间取得了一定的推广进展。水晶宫中，"聪明绝顶"的德国牧羊犬，向世人充分展示了其作为"警犬"的娴熟技能。此外，也有部分伦敦警察会带着自己豢养的警犬一同巡逻：一位警察带着自己的万能梗皮勒（Peeler）上街巡逻。这名警察对皮勒陪伴他走过"夜晚寂寞巡逻路的友谊"感恩不已。而在 20 世纪 30 年代，伦敦警察局开始考虑正式培养、应用警犬。其中一位警方顾问建议：警局要充分考量每一只狗的"个性"。犬只的情感特征也颇为重要——"新入职"的警犬应有"足够的'胆识'"，但不可以表现得"凶残无度"。伦敦警局也从美国进口了一批寻血猎犬，并让寻血猎犬与奥达猎犬杂交，希望培育出一种"擅长追踪的健壮犬只"。不过在 1939 年，伦敦南部警方对两头拉布拉多展开的警犬适应性试验，最终还是没能取得全面成功。警察局长艾伦（Allen）表示：他不会放开他的警犬"去寻找对象人员。因为我十分确信，它可能会攻击我们要寻找的人，并对他造成严重伤害"。[81] 在人们对犬只伤人事件接连不断的担忧中，不期而至的第二次世界大战，令一切警犬实验草草画上了句号。

▶▷ 小结

媒体对都市犯罪问题和安全乱象的煽风点火，加剧了民众对社会治安的焦虑。而随着刑事人类学日益发展，人们对"动物智慧"也有了全新理解。在如此背景下，城市警犬应运而生。进化理论盛行后，人们发现狗似乎比人们以前所想象的要更聪明。反倒是部分人类的智力，显得"低下许多"。在此番观点左右下，驯导员以及富有同情心的评论家，开始将警犬视作"天性聪慧"的动物。专家们相信借助训练可以引导犬只控制情绪，使之成为维护都市治安的绝佳帮手。不过人们也提出了"犬只暴力本性可能会湮没其智力"的论调，打破了"警犬可能让城市更安全"的乐观愿景。犬只训练，以及驯导员和狗之间的情感联系，并不能阻止犬只咬人这类"返祖现象"。

对警犬攻击人类行为的界定，也十分模棱两可。一方面来看，警犬的暴力行为给富裕家庭及其财产提供了保护；但在另一方面，中产阶级评论家却担心警犬可能会突然攻击警察或富裕阶层市民——譬如深夜里走在弗拉特布什大道上的晚归市民。报端频现的相关报道，让警犬那潜藏于心，却实际存在的暴力情绪，成了一项得到公众热烈讨论的话题。在部分评论家看来，不论犬只攻击的无辜市民种族属性、政治立场或社会背景如何，"狗扑咬人"本质上讲就是一种"越界"行为：在自称文明的现代化都市里，这种凶残的暴力行动绝无立足之地。于是，使用警犬的试验最终以失败告终，20世纪上半叶，警犬只是短暂地融入过狗狗都市。直至第二次世界大战结束后，伦敦、纽约、巴黎这三座城市才建起了永久警犬队伍，使警犬成为长期存在于狗狗都市中的一道别样风景。

警犬的发展离不开跨国交流合作，但是各国间的差异也格外明显。伦敦没有使用"多用途警犬"，而纽约的警犬不但暴露出了刑侦司法体系中根深蒂固的种族歧视观念，还进一步强化了该偏见。在警犬发展史上，有关种族歧视的事件，留下了令人不安的深刻影响。《巴尔的摩非裔美国人报》（*Baltimore Afro-American*）曾经对塞缪尔·巴特的"侦探犬"表达过由衷赞扬，也称赞了作为宠物的德国牧羊犬身上具有的诸多宝贵品质。但在警犬暴力袭击非裔美国人事件频发后，该报转而报道了警犬的相关问题，引发了众怒。从20世纪60年代利用警犬对付民权示威者，到密苏里州弗格森发生的警犬袭击黑人事件［迈克尔·布朗（Michael Brown）* 被枪杀后，美国司法部在 2015 年的一份报告中提及了该事件］，警犬所引起的民众负面情绪与日俱增。同时，它们身上背负的种族歧视因素，也不断地增加。在很多非裔美国人眼中，警犬的攻击性——不论那是源自天性还是在训练中产生，才是应该被警方反复斟酌的要点，至于"智力"什么的其他指标，根本就不值得一提。[82]

---

　* 2014 年 8 月 9 日，美国密苏里州黑人男子迈克尔·布朗被白人警察枪杀，随后在烈日下曝尸数小时。该事件又被国际舆论界称为"8·9 美国枪杀黑人事件"，是近年间影响最为广泛的非裔美国公民人权受侵害案例。事件发生后，由于美国警方处理存在明显偏袒，美国国内的非裔族群掀起了声势浩大的抗议运动。——译者注

注 释

[1] "Max n'est pas psychologue," *Le matin* (Paris), December 30, 1907.

[2] Chris Pearson, "Canines and Contraband: Dogs, Nonhuman Agency and the Making of the Franco-Belgian Border during the French Third Republic," *Journal of Historical Geography* 54 (October 2016): 50-62; Chris Pearson, " 'Four-Legged *Poilus*': French Army Dogs, Emotional Practices and the Creation of Militarized Human-Dog Bonds, 1871-1918," *Journal of Social History* 52, no. 3 (2019): 731-60.

[3] "Our Fun-Done Letter," *Fun*, August 15, 1868.

[4] Neil Pemberton and Michael Worboys, *Rabies in Britain: Dogs, Disease and Culture*, 1830-2000 (Basingstoke: Palgrave Macmillan, 2013 [2007]), 46; Andrew A. Robichaud, *Animal City: The Domestication of America* (Cambridge, MA: Harvard University Press, 2019), 166-70; Neil Pemberton, "Cocreating Guide Dog Part-nerships: Dog Training and Interdependence in 1930s America," *Medical Human-ities* 45, no. 1 (2019): 92-101; His-Huey Liang, *The Rise of the Modern Police and the European State System from Metternich to the Second World War* (Cambridge: Cambridge University Press, 2002 [1992]), 4.

[5] Quentin Deluermoz, "Circulations et élaborations d'un mode d'action policier: La police en tenue à Paris, d'une police 'londonienne' au 'modèle parisien' (1850-1914)," *Revue d'histoire des sciences humaines* 19 (2008): 75-90; Eric H. Monk-konen, *Police in Urban America*, 1860-1920 (Cambridge: Cambridge University Press, 1981), 37-42.

[6] Thomas Almeroth-Williams, *City of Beasts: How Animals Shaped Georgian London* (Manchester: Manchester University Press, 2019), 187-211.

[7] Alejandro Gordilla-García, "The Challenge of Instinctive Behaviour

and Darwin's Theory of Evolution," *Endeavour* 40, no. 1 (2016): 49; René Descartes, "*Discourse on Method*" *and* "*The Meditations*," trans. F. E. Sutcliffe (London: Penguin, 1968); Erica Fudge, *Brutal Reasoning: Animals, Rationality, and Humanity in Early Modern England* (Ithaca, NY: Cornell University Press, 2006); Paul White, "Becoming an Animal: Darwin and the Evolution of Sympathy," in *After Darwin: Animals, Emotions and Mind*, ed. Angelique Richardson (Amsterdam: Rodopi, 2013), 123.

[8] Rob Boddice, "The Historical Animal Mind: 'Sagacity' in Nineteenth Century Britain," in Experiencing Animal Minds: An Anthology of Animal – Human Encounters, ed. Julie A. Smith and Robert W. Mitchell (New York: Columbia University Press, 2013), 65–78; Justyna Włodarczyk, Genealogy of Obedience: Reading North American Pet Dog Training Literature, 1850s–2000s (Leiden: Brill, 2018), 36–38.

[9] Ernest Laut, "Le pays des apaches," Le petit journal illustré (Paris), September 22, 1907; Ernest Laut, "Police et criminalité," Le petit journal illustré (Paris), October 20, 1907; Dominique Kalifa, Crime et culture au XIXe siècle (Paris: Perrin, 2005), 47, 59, 63, 258; Robert A. Nye, Crime, Madness and Politics in Modern France: The Medical Concept of National Decline (Princeton, NJ: Princeton University Press, 1984), 199–200; Theodore A. Bingham, "Foreign Criminals in New York," North American Review 188, no. 634 (September 1908): 390.

[10] Andrew August, "'A Horrible Looking Woman': Female Violence in Late–Victorian East London," *Journal of British Studies* 54, no. 4 (2015): 844–68; Lynda Nead, *Victorian Babylon: People, Streets and Images in Nineteenth–Century London* (New Haven, CT: Yale University Press, 2000), 71, 156–57; Chris Willis, "From Voyeurism to Feminism: Victorian and Edwardian London's Streetfighting Slum Viragoes,"

Victorian Review 29, no. 1 (2003): 70-86; Drew Gray, "Gang Crime and Media in Late Nineteenth-Century London: The Regent's Park Murder of 1888," *Cultural and Social History* 10, no. 4 (2013): 559-75; Heather Shore, *London's Criminal Underworlds, c.* 1720-*c.* 1930: *A Social and Cultural History* (Basingstoke: Palgrave MacMillan, 2015), 141-66。

[11] Bingham, "Foreign Criminals," 384, 387; Gil Ribek, "'The Jew Usually Left Those Crimes to Esau': The Jewish Responses to Accusations about Jewish Criminality in New York 1908-1913," *AJS Review* 38, no. 1 (2014): 1-28. Out of a population of 1, 515, 301 in 1890, 43% of New Yorkers had been born abroad. Keith Gandel, *The Virtues of the Vicious: Jacob Riis, Stephen Crane, and the Spectacle of the Slum* (New York: Oxford University Press, 1997), 8-11. 另请参阅 Paul Boyer, *Urban Masses and Moral Order in America* 1820-1920 (Cambridge, MA: Harvard University Press, 1978), 123-31。

[12] Gandel, *Virtues of the Vicious*, 8, 91-97; Jacob A. Riis, *How the Other Half Lives: Studies Among the Tenements of New York*, ed. Sam Bass Warner Jr. (New York: Charles Scribner's Sons, 1890), 264-66; Bonnie Yochelson and Daniel Czitrom, *Rediscovering Jacob Riis: Exposure Journalism and Photography in Turn-of-the- Century New York* (Chicago: University of Chicago Press, 2014 [2007]), 109-15.

[13] John C. Waller, "Ideas of Heredity, Reproduction and Eugenics in Britain, 1800 - 1875," *Studies in History and Philosophy of Biological and Biomedical Sciences* 32, no. 3 (2001): 462-63; Jan Verplaetse, "Prosper Despine's *Psychologie naturelle* and the Discovery of the Remorseless Criminal in Nineteenth-Century France," *History of Psychiatry* 13, no. 2 (2002): 153-75; William Lauder Lindsay, *Mind in the Lower Animals in Health and Disease* (London: Kegan Paul, 1879), 2: 176,

18, 150, 160; Emma J. Teng, " 'A Problem for Which There Is No So-
lution': Eurasians and the Specter of Degeneration in New York's China-
town," *Journal of Asian American Studies* 15, no. 3 (2012): 277.

[14] Charles Darwin, *On the Origin of Species by Means of Natural Selec-
tion*, ed. Joseph Carroll (Ontario: Broadview Press, 2003), 225; Colin
G. Beer, "Darwin, Instinct, and Ethology," *Journal of the History of Be-
havioral Sciences* 19, no. 1 (1983): 73; Gordilla-García, "The Chal-
lenge of Instinctive Behaviour," 50; Robert J. Richards, "Darwin on
Mind, Morals and Emotions," in *The Cambridge Companion to Darwin*,
ed. Jonathan Hodge and Gregory Radick, 2nd ed. (Cambridge: Cam-
bridge University Press, 2009), 99; Charles Darwin, *The Descent of Man
and Selection in Relation to Sex*, rev. ed. (New York: Merrill and Bak-
er, 1874 [1871]), 64, 105, 111-12.

[15] Cesare Lombroso, *Criminal Man*, trans. Mary Gibson and Nicole
Hahn Rafter (Durham, NC: Duke University Press, 2006), 48, 63-65,
68; Greta Olson, *Criminals as Animals from Shakespeare to Lombroso*
(Berlin: De Gruyter, 2013), 275-302; Piers Beirne, "The Use and A-
buse of Animals in Criminology: A Brief History and Current Review,"
Social Justice 22, no. 1 (1995): 5-31.

[16] Cesare Lombroso, *Criminal Man according to the Classification of
Cesare Lombroso* (New York: G. P. Putman's Sons, 1911), 135, 136,
270.

[17] Frances A. Kellor, "Criminal Sociology: The American vs. the
Latin School," *Arena* 23, no. 3 (March 1900): 303; Martine Kaluszyn-
ski, "The International Congresses of Criminal Anthropology: Shaping the
French and International Criminological Movement, 1886 - 1914," in
*Criminals and Their Scientists: The History of Criminology in International
Perspective*, ed. Peter Becker and Richard F. Wetzell (New York: Cam-

bridge University Press, 2006), 301–16; Nicole Rafter, "Lombroso's Reception in the United States," in *The Eternal Recurrence of Crime and Control*, ed. David Downes, Dick Hobbs, and Tim Newburn (Oxford: Oxford University Press, 2010), 1–15; Peter D'Agostino, "Craniums, Criminals and the 'Cursed Race': Italian Anthropology in American Racial Thought, 1861–1924," *Comparative Studies in Society and History* 44, no. 2 (2002): 319–43.

[18] Alexandre Lacassagne and étienne Martin, "Anthropologie criminelle," *L'année psychologique* 11 (1904): 447; Marc Renneville, "La reception de Lombroso en France," in *Histoire de la criminologie française*, ed. Laurent Mucchielli (Paris: L'Harmattan, 1994), 107–35; Piers Beirne, *Inventing Criminology: Essays on the Rise of "Homo Criminalis"* (Albany: State University of New York Press, 1993), 147–64; Dominique Guillo, "Bertillon, l'anthropologie criminelle et l'histoire naturelle: Des réponses au brouillage des identités," *Crime, Histoire et Sociétés/ Crime, History and Societies* 12, no. 1 (2008): 97–117; Havelock Ellis, *The Criminal* (London: Walter Scott, 1890), 312.

[19] Ellis, *The Criminal*, 91; Du Cane quoted in Neil Davie, "A 'Criminal Type' in All but Name: British Prison Medical Officers and the 'Anthropological' Approach to the Study of Crime (c. 1865–1895)," *Victorian Review* 29, no. 1 (2003): 8; T. S. Clouston, "The Developmental Aspects of Criminal Anthropology," *Journal of the Anthropological Institute of Great Britain and Ireland* 23 (1894): 215–25; Mathew Thomson, *Psychological Subjects: Identity, Culture and Health in Twentieth- Century Britain* (Oxford: Oxford University Press, 2006), 70; Gillian Swanson, "Collectivity, Human Fulfilment and the 'Force of Life': Wilfred Trotter's Concept of the Herd Instinct in Early 20th-Century Britain," *History of Human Sciences* 27, no. 1 (2014): 21–50.

［20］Robert J. Richards, *Darwin and the Emergence of Evolutionary Theories of Mind and Behavior* (Chicago: University of Chicago Press, 1987), 31, 105-10; Darwin, *The Descent of Man*, 64-65.

［21］George J. Romanes, *Animal Intelligence* (London: Kegan Paul, Trench, 1882), 5, 11-17. 另请参阅 Robert Boakes, *From Darwinism to Behaviourism: Psychology and the Minds of Animals* (Cambridge: Cambridge University Press, 1984), 24-27; Federico Morganti, "Intelligence as the Plasticity of Instinct: George J. Romanes and Darwin's Earthworms," *Theoretical Biology Forum* 104, no. 2 (2011): 30-31。

［22］Idstone ［Thomas Pearce］, "Mongrels," *Gentleman's Magazine*, December 1870, 35-36; Harriet Anne de Salis, *Dogs: A Manual for Amateurs* (London: Longmans, Green, 1893), 1-2.

［23］"Anecdotes of Dogs," *Harper's Weekly*, August 16, 1873. 这些犬只轶事最初刊登在《伦敦季报》(*London Quarterly Review*) 上。

［24］Sofie Lachapelle and Jenna Healey, "On Hans, Zou and Others: Wonder Animals and the Question of Animal Intelligence in Early Twentieth-Century France," *Studies in History and Philosophy of Biological and Biomedical Sciences* 41, no. 1 (2010): 14, 16; *Notice historique sur la vie et les talens du savant chien Munito, par un ami des bêtes* (Paris: Cabinet d'illusions, n. d.); Charles Delattre, *Les animaux savants* (Limoges: E. Ardent, 1887); "Instinct ou intelligence," *Le matin* (Paris), March 23, 1903.

［25］Pierre Hachet-Souplet, *De l'animal à l'enfant* (Paris: F. Alcan, 1913), 100-101; Pierre Hachet-Souplet, *Examen psychologique des animaux* (Paris: Schleicher frères, 1900), 78-87. 关于动物自杀的介绍，详见 Edmund Ramsden and Duncan Wilson, "The Suicidal Animal: Science and the Nature of Self-Destruction," *Past and Present* 224 (2014): 205-17; Włodarczyk, *Genealogy of Obedience*, 12。

[26] Joseph Jastrow, "Fact and Fable in Animal Psychology," *Popular Science Monthly* 69, August 1906, 138−46; Burroughs quoted in Michael Pettit, "The Problem of Raccoon Intelligence in Behaviourist America," *British Journal for the History of Science* 43, no. 3 (2010): 406; Mason, *Civilized Creatures*, 166−67.

[27] Georges Bohn, *La nouvelle psychologie animale* (Paris: Félix Alcan, 1911), 1. 另请参阅 Henri Piéron, "Le problème des animaux pensants," *L' année psychologique* 20 (1913): 218−28; Marion Thomas, "Histoire de la psychologie animale: La question de l' intelligence animale en France et aux Etats−Unis au début du XXe siècle," *L' homme et la société* 167−69 (2009): 223−50。

[28] Conwy Lloyd Morgan, *Animal Life and Intelligence* (London: Edward Arnold, 1890−91), 339−49, 365; Conwy Lloyd Morgan, *An Introduction to Comparative Psychology*, 2nd ed. (London: Walter Scott, 1903 [1894]), 53, 358 (the Canon quotation is from p. 53, italics in the original).

[29] Edward E. Thorndike, *Animal Intelligence: An Experimental Study of the Associative Processes in Animals*, Psychological Review Series of Monograph Supplements, vol. 2, no. 4 (New York: Macmillan, 1956 [1898]), 44, 87, 98−100.

[30] Petitt, "The Problem of Raccoon Intelligence."

[31] "The Bloodhound: His Accuracy of Scent Tested in London," *BDE*, August 18, 1889; Neil Pemberton, "The Bloodhound's Nose Knows? Dogs and Detection in Anglo−American Culture," *Endeavour* 37, no. 4 (2013): 201; Neil Pemberton, "Hounding Holmes: Arthur Conan Doyle, Bloodhounds and Sleuthing in the Late−Victorian Imagination," *Journal of Victorian Culture* 17, no. 4 (2012): 454−67; Emma Mason, "Dogs, Detectives and the Famous Sherlock Holmes," *Interna − tional*

Journal of Cultural Studies 11, no. 3 (2008): 289-300.

[32] "Bitten by a Blood Hound," *Illustrated Police News*, December 16, 1876; "Savagely Attacked by a Bloodhound," *NYT*, April 11, 1884; "A Bloodhound on the Rampage," *NYT*, February 15, 1883; Gordon Stables, "Bloodhound as Detectives," *Manchester Times*, December 29, 1888.

[33] Edwin Brough, "The Old English Bloodhound or Sleuthhound and His Capabilities as a Man-Hunter," *Times* (London), October 8, 1888; Tyler D. Parry and Charlton W. Yingling, "Slave Hounds and Abolition in the Americas," *Past and Present* 246, no. 1 (2020): 69-108.

[34] Neil Pemberton, "Bloodhounds as Detectives: Dogs, Slum Stench and Late-Victorian Murder Investigation," *Cultural and Social History* 10, no. 1 (2013): 69-91; Knox quoted in "The Bloodhound as He Is: A Shattering of False Ideas about Him," *NYT*, July 1, 1906; Parry and Yingling, "Slave Hounds." 关于美国资产阶级对欧洲贵族文化的痴迷，详见 Sven Beckert, *The Monied Metropolis: New York City and the Consolidation of the American Bourgeoisie*, 1850-1896 (Cambridge: Cambridge University Press, 1993), 258。

[35] Leonhard Felix Fuld, "The Use of Police Dogs: A Summary," *Journal of the American Institute of Criminal Law and Criminology* 3 (1912): 124; Pemberton, "Hound-ing Holmes," 459. 关于嗅觉与社会差异的出现，详见 Mark M. Smith, *How Race Is Made: Slavery, Segregation, and the Senses* (Chapel Hill: University of North Carolina Press, 2006); William Tullett, "Grease and Sweat: Race and Smell in Eighteenth-Century English Culture," *Cultural and Social History* 13, no. 3 (2016): 307-22。

[36] Nebraska lawyer quoted in Pemberton, "The Bloodhound's Nose Knows?," 208; Fuld, "The Use of Police Dogs," 126. But 另请参阅

"Court Backs Bloodhounds," *NYT*, July 9, 1911。

[37] "Police Bloodhounds to Track Criminals," *NYT*, August 31, 1907; Devery quoted in "What Dogs May Do as New York Detectives," *NYT*, September 8, 1907; "New York's Police Dogs and What They Can Do," *NYT*, January 19, 1908; "Detective Bloodhounds," *BDE*, July 23, 1911.

[38] "Bloodhound Owns the Jail," *NYT*, June 27, 1908; *Los Angeles Times* quoted in Pemberton, "The Bloodhound's Nose Knows?," 207; "Mob Gets Negro on Vanderbilt Estate," *NYT*, August 20, 1907; Spencer D. C. Keralis, "Pet-Making and Mastery in the Slave's Friend," *American Periodicals* 22, no. 2 (2012): 121-38; Parry and Yingling, "Slave Hounds."

[39] William G. Fitz-Gerald, "The Dog Police of European Cities," *Century*, October 1906, 824-25; Van Wesemael quoted in "What Dogs May Do as New York Detectives"; "Dogs as Policemen," *Daily Mail* (London), August 15, 1903. 另请参阅 "Four-Footed Police," *Baltimore Afro-American*, February 3, 1906; J. E. Whitby, "Four-Footed Policemen," *Cosmopolitan Magazine* 38, September 1905, 515-18; J. W. G., "Use of Dogs for Police Purposes," *Journal of the American Institute of Criminal Law and Criminology* 2 (1911): 273-74。

[40] Emploi des chiens comme auxiliaires de la police à Pont-à-Mousson: Rapport du commissaire de police," *Journal des commissaires de police*, April 1907, 116; Lalloué, *Méthode de dressage du chien de guerre, de police, de garde et de défense*, 4th ed. (Epinal: Chez l'auteur, 1918 [1907]), 9; Deluermoz, "Circulations et élaborations," 75-90; Kalifa, *Crime et culture*, 236.

[41] Paul Villers, "Le chien, gardien de la société," in *Je sais tout: Encyclopédie mondiale illustrée*, vol. 2, July-December 1907, 362. 另请

参阅 "Mémoire sur la brigade canine: Projet de restructuration de la compagnie cynophile," September 1994, 2, 138 W 1, APP; "A l'h? tel de ville," *Le matin* (Paris), December 16, 1908。

[42] René Simon, *Le chien de police, de défense, de secours* (Paris: A. Pedone, 1909), 3-11; Darwin, *The Descent of Man*, 558-59. 另请参阅 Edwin H. Richardson, *War, Police and Watch Dogs* (Edinburgh: William Blackwood and Sons, 1910), 118-19。

[43] 引语出自 *Carnet de juge avec nomenclature des penalisations spécifiées dans le programme des epreuves concours de dressage de chiens de défense et de police* (Paris: Imprimerie française/Maison J. Dangon, 1913), 4。另请参阅 Jean - Marc Berlière, *Le monde des polices en France* (Brussels: éditions complexe, 1996), 74-87; *Status du club de chien de police, de garde - chasse et de douanier* (Sceaux: Imprimerie Charaire, 1908), 1-7; "Historique du club de chien de police," 2, 138 W 1, APP; "Réunion des amateurs du chien de défense et de police en France," in *Programme des épreuves des concours de dressage de chiens de défense et de police* (Paris: Imprimerie française, 1913); "Les chiens de police luttent devant M. Fallières," *Le matin* (Paris), May 10, 1909。

[44] "Pour se débarrasser des apaches," *Echo de Paris*, January 7, 1907; "Organisation d'un service de chiens de police," September 23, 1908, 138 W 1, APP; Préfecture de police, "Minute: Chiens de police," December 29, 1910, 138 W 1, APP; Jean Marc Berlière, *Le préfet Lépine: Vers la naissance de la police moderne* (Paris: Denoël, 1993), 14; Dominique Kalifa, "Crime Scenes: Criminal Topography and Social Imaginary in Nineteenth-Century Paris," *French Historical Studies* 27, no. 1 (2004): 188-89。

[45] Richardson, *War, Police and Watch Dogs*, 23; "Police Dogs on Trial," *Daily Mail* (London), August 15, 1907; "Dogs as Policemen:

Remarkable Achievements," *Daily Mail* (London), August 17, 1907; "Dogs Aid Paris Police to Crush Desperadoes," *BDE*, April 28, 1907; "More Police Dogs for Paris," *NYT*, June 13, 1909.

[46] "New York's Police Dogs and What They Can Do," *NYT*; "You May Not Raise Your Dog to Be a Soldier, but Send Him to College and He'll Be A Cop," *BDE*, November 21, 1915.

[47] Richardson, *War, Police and Watch Dogs*, 26–28, 30; Edwin H. Richardson, "Police Dogs," *Manchester Guardian*, December 27, 1910; "Police Dogs a Success," *Observer*, (London), March 26, 1911; "Police Dogs: Views of Major Richardson," *Times of India* (Bombay [present-day Mumbai]), May 16, 1910. 关于省级城市的创新举措，详见 Katy Layton‒Jones, *Beyond the Metropolis: The Changing Image of Urban Britain*, 1780‒1880 (Manchester: Manchester University Press, 2016)。

[48] "Policemen's Dogs," *Daily Mail* (London), April 4, 1911; Binyamin Blum, "The Hounds of Empire: Forensic Dog Tracking in Britain and Its Colonies, 1888 ‒ 1953," *Law and History Review* 35, no. 3 (2017): 621–65.

[49] Damien Baldin, *Histoire des animaux domestiques, XIXe‒XXe siècle* (Paris: Seuil, 2014), 115–17; John Carson, "The Science of Merit and the Merit of Science: Mental Order and Social Order in Early Twentieth-Century France and America," in *States of Knowledge: The Co‒Production of Science and Social Order*, ed. Shelia Jasanoff (London: Routledge, 2004), 185.

[50] Niluar, "A propos de chiens de police," *Journal des commissaires de police*, May 1907, 144; Robert Gersbach, *Manuel de dressage des chiens de police*, trans. Daniel Elmer (Lyon: Fournier, 1911), 23, 152.

[51] Richardson, *War, Police and Watch Dogs*, 31; Lalloué, *Méthode*

de dressage, 15-19.

[52] Hauri quoted in "You May Not Raise Your Dog"; Joseph Couplet, *Chien de garde de défense et de police: Manuel pratique et complet d'élevage et de dressage*, 2nd ed. (Brussels: J. Lebègue, 1909), 44-51, 78; Leonhard Felix Fuld, "Review," *Journal of American Institute of Criminal Law and Criminology* 2 (1911): 651-52; "Les chiens de police à Paris," *L'eleveur belge*, no. 30, July 25, 1909, 475.

[53] Pierre Saint-Laurent, *Chiens de défense et chiens de garde: Races, éducation, dressage* (Bordeaux: Féret fils/L. Mulo, 1907), 10, 17, 23; "New York's Police Dogs and What They Can Do"; Simon, *Le chien de police*, 29-31.

[54] "New York's Police Dogs and What They Can Do"; "Police Dogs Here; Kept from View," *NYT*, October 23, 1907.

[55] "Jim, Veteran Police Dog, Dies Strangely on Post," *BDE*, April 8, 1911; "Police Dogs 'Make Good'; Are Feared by Thieves," *BDE*, July 17, 1910.

[56] "Emploi des chiens comme auxiliaires de la police à Pont-à-Mousson," 116-17; "Les chiens de police à Paris," *L'Eleveur belge*, no. 30, 25 July 1909, 475.

[57] "Championnat des chiens de police," *Le matin* (Paris), August 17, 1908; Christian Chevandier, *Policiers dans la ville* (Paris: Gallimard, 2012), 463; "Les expériences de Vittel," *La presse* (Paris), August 8, 1907.

[58] Jean-Marc Berlière, "The Professionalisation of the Police under the Third Republic in France, 1875-1914," in *Policing Western Europe: Politics, Professionalism and Public Order*, 1850-1940, ed. Clive Emsley and Barbara Weinberger (Westport, CT: Greenwood Press, 1991), 44-47; Christopher P. Thale, "Civilizing New York City: Police Patrol,

1880-1935" (PhD diss. , University of Chicago, 1995), 1: 88, 480-82, Proquest ID 304250499; J. Maxtee, *Popular Dog - Keeping* (London: L. Upcott Gill, 1898), 56; Edward Mayhew, *Dogs: Their Management Being a New Plan of Treating the Animal Based upon a Consideration of His Natural Temperament* (London: George Routledge and Sons, 1854), 6; W? odarczyk, *Genealogy of Obedience*, 35, 40-46; Fuld, "Review," 652; Couplet, *Chien de garde*, vii; Pathfinder [pseud.] and Hugh Dalziel, *Dressage et élevage des chiens, de garde et d'agrément* (Paris: J. Dumoulin, 1906) .

[59] Morganti, "Intelligence as the Plasticity of Instinct. "

[60] Gaston de Wael, *Le chien auxiliaire de la police: Manuel de dressage applicable au chien de défense du particulier et au chien du garde-chasse* (Brussels: Imprimerie F. Van Buggenhoudt, 1907), 9-11, 14, 35, 57, 60-61. 另请参阅 Romanes, *Animal Intelligence*, 437-70。

[61] Lalloué, *Méthode de dressage*, 24, 34; Gersbach, *Manuel de dressage*, 24; Susan J. Pearson, *The Rights of the Defenseless: Protecting Animals and Children in Gilded Age America* (Chicago: University of Chicago Press, 2011), 46-55; Peter N. Stearns, *American Cool: Constructing a Twentieth - Century Emotional Style* (New York: New York University Press, 1994), 22.

[62] Lalloué, *Méthode de dressage*, 27-34, 37-40; de Wael, *Le chien auxiliaire*, 43-44.

[63] Lalloué, *Méthode de dressage*, 27; "Police Dog Trials for Van Cortlandt," *Sun* (New York), August 3, 1913.

[64] Pathfinder and Dalziel, *Dressage et élevage*, 221, 224-25.

[65] "New York's Police Dogs and What They Can Do," *NYT*; "Dogs Aid Paris Police to Crush Desperadoes," *BDE*; "Paris Police Dogs," *Daily Telegraph* (London), August 17, 1907.

［66］ Vanessa Schwartz, *Spectacular Realities: Early Mass Culture in Fin-de-Siècle France* (Berkeley: University of California Press, 1999); Lisa Duggan, *Sapphic Slashers: Sex, Violence and American Modernity* (Durham, NC: Duke University Press, 2000), 33-36; Gretchen Soderlund, *Sex Trafficking, Scandal, and the Transformation of Journalism*, 1885-1917 (Chicago: University of Chicago Press, 2013); "Dogs as Detectives: Canine Auxiliaries to the New York Police," *Illustrated London News*, April 18, 1908; "Police Dog Test Made All Too Real," *NYT*, January 29, 1908.

［67］ "Jim, Veteran Police Dog," BDE.

［68］ "Negro Who Shot Police Confesses His Guilt," BDE, May 24, 1909. See also "Detectives Shot: Dogs Trail Shooter," NYT May 23, 1909; Lee Bernstein, "The Hudson River School of Incarceration: Sing Sing Prison in Antebellum New York," American Nineteenth Century History 14, no. 3 (2013): 261-82; James Campbell, "You Needn't Be Afraid Here: You're in a Civilized Country': Region, Racial Violence and Law Enforcement in Early Twentieth Century New Jersey," Social History 35, no. 3 (2010): 253-67; Marcy S. Sacks, "To Show Who Was in Charge': Police Repression of New York City's Black Population at the Turn of the Twentieth Century," Journal of Urban History 31, no. 6 (2005): 799-819; Khalil Gibran Muhammad, The Condemnation of Blackness: Race, Crime and the Making of Urban America (Cambridge, MA: Harvard University Press, 2011); Shannon King, "Ready to Shoot and Do Shoot': Black Working-Class Self-Defense and Community Politics in Harlem, New York, during the 1920s," Journal of Urban History 37, no. 5 (2011): 757-74.

［69］ "Nothing Like a Canine Sherlock Holmes," *NYT*, September 6, 1908; "Police Dogs Trailing Good Flatbush Folks," *BDE*, September 7,

1908.

［70］"La malle‐poste défendue par les chiens de police," *Le matin* （Paris）, October 25, 1908; "La sécurité à Paris," *La presse* （Paris）, April 18, 1907; "Les débuts d' un chien policier," *Le matin* （Paris）, November 19, 1907; "La malle‐poste défendue par les chiens de police," *Le matin* （Paris）, October 25, 1908; "La sécurité à Paris," *La presse* （Paris）, April 18, 1907; "Stop, le chien du brigadier," *Le matin* （Paris）, April 21, 1907; "Dogs Aid Paris Police to Crush Desperadoes," *BDE*; "Les chiens‐ apaches à Paris," *L' eleveur belge*, no. 46, November 14, 1911, 738; "Chiens policiers," *Journal des ouvrages de dames et des arts féminins*, 1908, 317; A. ‐H. Heym, "Les chiens de police （suite et fin）," *La "vraie police*," March 15, 1902, 10, DB 41, APP; "Apache Dogs," *Daily Mail* （London）, October 29, 1909.

［71］"Les chiens de police de Neuilly‐sur‐Seine," *Le petit journal* （Paris）, February 27, 1907; "Un chien policier arrête deux mystérieux malandrins," *Le matin* （Paris）, December 16, 1913; "A travers Paris," *Le matin* （Paris）, June 7, 1909.

［72］引自 "Police Head' s Story of Bandits' Siege," *NYT*, May 16, 1912。另请参阅 "Shots Fail to Stop Flatbush Robbers," *NYT*, July 19, 1913。

［73］"Nothing Like a Canine Sherlock Holmes"; "Police Dogs Trailing Good Flatbush Folks"; Heym, "Le chiens de police. "

［74］"Killed in a Fight with a Bulldog," *NYT*, December 13, 1909.

［75］"Les chiens de police," *Le matin* （Paris）, October 24, 1909; "Tribunaux," *Le matin* （Paris）, November 12, 1909; Deluermoz, "Circulations et élaborations," 84.

［76］Ribot quoted in Ruth Harris, *Murders and Madness: Medicine, Law and Society in the Fin de Siècle* （Oxford: Clarendon Press, 1989）, 41;

Lombroso, *Criminal Man*, 91.

[77] 关于"心中兽性"说法的悠久历史，详见 Joyce. E. Salisbury, *The Beast Within*: *Animals in the Middle Ages* (New York: Routledge, 1994)。

[78] Baldin, *Histoire des animaux domestiques*, 68; "Rapport," October 26, 1917, 138 W 1, APP.

[79] David Brockwell, *The Police Dog* (New York: G. Howard Watt, ca. 1924); "Fellow Is a Dog that Grasp's [*sic*] Man's Language," *NYT*, November 11, 1928; Reginald M. Cleveland, "His Bark Is Heard above All Others," *NYT*, December 15, 1929; "Ban on Police Dogs in Queens Urged by Magistrate Conway," *NYT*, January 7, 1925; "Queens Police Ordered to War on Police Dogs," *BDE*, January 11, 1925; Dorothy V. Holden, "Police Dogs," *NYT*, July 20, 1924; Carolyn Strange, *Discretionary Justice*: *Pardon and Parole in New York from the Revolution to the Depression* (New York: New York University Press, 2016), 174–75.

[80] Enright quoted in "Enright Calls Dogs Useless and Denies Robbery Increase," *BDE*, September 12, 1920; "Enright Loses his Dog," *NYT*, June 17, 1922; "Police Dog Aids Pass out of Use," *NYT*, October 31, 1926; "Police Dogs," *NYT*, December 5, 1936; Geo Taylor, "Police Dog Makes Good in New York," *Baltimore Afro-American*, April 7, 1928; "Our Police Dogs: Four in Number," *NYT*, September 22, 1929; "Staten Island Has a Crimeless Night," *NYT*, September 9, 1929; "10 Police Dogs Roam Richmond for 18 Months," *NYT*, November 17, 1930; "Radio Scores Point over Police Dogs," *NYT*, July 5, 1932.

[81] "Clever Dogs," *Daily Mail* (London), November 22, 1928; "Dog Police," *Daily Mail* (London), February 16, 1920; J. E. M. Mellor, "Notes on Dogs for Police Work," n. d., MEPO 2/2910, NA; "Use of

Dogs in Police Work," *Manchester Guardian*, March 1, 1938; P. C. Allen to District Chief Inspector, May 17, 1939, MEPO 2/6208, NA.

[82] Bernard Wright, "Police Dogs," *Baltimore Afro-American*, July 2, 1932; "Citizens Hit Use of Dogs by Police," *Baltimore Afro-American*, September 23, 1967; "We Train Our Dogs to Bite Colored Only," *Baltimore Afro-American*, May 11, 1963; Larry H. Spruill, "Slave Patrols, 'Packs of Negro Dogs' and the Policing Black Communities," *Phylon* 53, no. 1 (2016): 42–66; Tyler Wall, "'For the Very Existence of Civilization': The Police Dog and Racial Terror," *American Quarterly* 68, no. 4 (2016): 861–82.

第五章

排便

警犬的投用，是都市中人犬关系出现全新进展的一个标志。但在 20 世纪上半叶，另一个改变也在悄然发生。这一次，人们又开始担心起犬只随地排便的问题。第一次世界大战结束后，狗狗都市已初具雏形——警犬投入警务执勤，流浪狗也被逐步驱离都会，有的无主犬只寻找到了新家，更多的则在如雨后春笋般建起来的"无痛屠宰室"中被"人道"地了结了性命。在嘴套、巴氏狂犬病预防接种，以及大力监管等措施保护下，多数人已不再因"狗咬人"而惊惧难平。可城市里犬只的排便问题，又成了摆在众人面前的一个"新麻烦"。这个问题困扰着医生、政府官员及其他人，并让众人开始怀疑宠物狗是否能够成为狗狗都市"可以接纳的对象"。犬只和人类感情紧密相连。但疑似染有狂犬病的宠物狗那"致命的一吻"也令人惧怕，犬只的陪伴也潜藏着种种危险。

狗粪曾被认为具有药用价值。在 18—19 世纪，某些医生会利用狗粪制成"album graecum"（经风干而变白的狗粪），这是一味"止血药"。据 1797 年版《不列颠百科全书》（*Encyclopaedia Britannica*）记载，当时的医生甚至还会使用"album graecum"给病人患处消毒，并且狗粪的消毒能力好像十分强大——这种东西闻起来很是"腐臭"，几乎可以"摧毁所有生物"。更让人咋舌的，是部分医生还曾建议采用狗粪治疗咽喉肿痛。1899 年，W. T. 费尼（W. T. Fernie）借鉴理查德·波义耳（Richard Boyle）1696 年给出的方子称"取一德拉克马'album graecum'，就是那种'白色狗粪'，将其烧干至完全发白。再加入一盎司玫瑰花蜜，或纯净蜂蜜制成'止咳糖浆'。慢慢服下，令其缓慢流经喉咙。这是一款家常但历史悠久的妙药"。但到了 20 世纪 20 年代，狗粪的"形象"，已从平凡"药物"变成了有害公众健康、令人厌恶的危险物质。一位英国内政部官员评论道，狗粪"特别令人感到恶心，让人反感"。本章将呈现人们围绕狗粪问题产生的情绪波动。随着可锁门厕所与户外有门厕所的普及，人类的如厕行为逐渐变得隐私化，城市街道也因此越来越整洁美观。在医生、公共卫生学家、媒体记者、议会议员，以及广大中产阶级市民看来，"狗"这个物种名，已然沦为一种对公共卫生、体面城市的威胁。[1]

在育狗专家和狗粮公司的鼓动下，中产阶级狗主人们愈加关心自家狗狗吃进肚子的各种食物。但是在当时，狗主人们对自家狗狗在何处排泄的问题，却显得很冷漠。这令许多市民感到气恼、错愕。每天都有犬只弄脏马路和人行道，市民对此颇为反感、愤怒，还有些许出于卫生考量的害怕。如此现象最终使伦敦、纽约和巴黎这三座城市不约而同地发起了"清理狗粪行动"。可不养狗的中产市民群体的厌恶之情，却给相关行动拖了后腿——在他们心中，那些纵容其犬只随地排泄的狗主人，才是需要承担清扫责任的"元凶"。

厌恶是一种复杂而强烈的情感。在法学家威廉·伊恩·米勒

(William Ian Miller) 给出的定义里，厌恶"是对某些事物传达出的一种强烈反感——此类事物会通过接近、触碰或是吸取的形式，腐蚀人的思想道德，影响他们的心理情绪，还会玷污人类心灵"。此外，这种情绪还可能"伴有恶心和呕吐"的身体反应，亦可引发"一种想从不寒而栗情绪里挣脱的颤抖的欲望"，或一种"伴随着对即将'被污染'预期而出现的，不同程度的恐慌"。排泄物令中产市民感到无比厌恶。肛门与排泄物，其"本质都是低级和贫贱。因此必须发布相关禁令，限定其出现的空间范围"。[2] 此般观点不仅针对人类，对动物亦是如此。

狗粪臭气熏天，污染了城市街道，弄脏了人类身体，是人们心中十分嫌弃的对象。因此，狗粪泛滥的情况，必须得到相应管制。在伦敦、纽约和巴黎，情绪冲动引导人类采取行动，再次改写了人犬关系。当时人类对寄生虫产生了全新认识，对狗粪感到极其厌恶。在这一背景下，公共卫生官员、议会议员、媒体记者以及志愿者，联合发起了"反狗粪运动"。各城市的"反狗粪运动"，或多或少取得了一定的成效。但我们也能在长期被污浊物覆盖的街道上，发现一项令人愤慨的事实——很多狗主人并不关心自己宠物随地排便的问题，对由此引起的公众厌弃之情也是置之不理。这种事不关己的态度背后，暗含着狗主人自己对狗粪的厌恶感。正是这种厌恶之情，才让狗主人不愿捡起自己宠物的粪便。至此，排便问题已然成为宠物狗能否顺利融入狗狗都市的关键所在。

▶▷　厌恶、粪便和狗

厌恶与排泄物之间存在着不可分割的联系。有科学家指出，人类对粪便的厌恶，以及对散发恶臭的"病态物质"的反感，是与生俱来的。"嫌屎"，是一种不分文化、与文明历史演进无关、完全生物学意义上的情绪。此类情绪之于人类及动物进化的意义，是间接阻止传染疾病扩散。但在历史学家和人类学家看来，人类和动物粪便在历史、文化上有着特殊的意涵，是历史与文化进程塑造了人对粪便的认知，而非生物天性使然。玛莎·C. 努斯鲍姆（Martha C. Nussbaum）中和了上述两类观点，提出厌恶是全体人类共有的情绪，可以防止人体遭受有害物质损害。但是这种情绪，也在历史和多种多样、不断变化的文化中经历了深刻的重塑。但人类对粪便的态度，显然离不开"忌讳"和"有违道德"这两个主题。尤其是人类还赋予自身的粪便以文化意义，包括难以言说的禁忌和某种"魅力诱惑"。大抵是因为太像人类粪便，犬只排泄物也引起了人类的强烈厌恶。狗粪令人类想起了自己亦有"兽性"这个可耻特征——而狗粪也可能会污染人类的身体，还有家庭等日常生活环境。[3]

现代西方对脏污的态度经历了很大转变，而相关文化看待狗粪的方式也是如此。进入现代，人类对待脏污的态度也发生了转变。18 世纪起，人类愈加无法忍受任何的恶臭或垃圾，精英阶层在这方面更是态度鲜明。反感恶臭与身体上远离臭源，是人类高雅和文明品质的一个"标志"。此后，人类开始将排泄物与"兽性""下层阶级"相捆绑。受此影响，排泄物也和社会秩序紊乱、贫穷还有不道德现象挂上了钩。蓄奴主义者、种族主义者和殖民主义者，还在"干净"概念与白种人之间画上了等号。"瘴气致病论"认为，腐烂的有机物会导致疾病发生。该理论还将发臭垃圾形容成"令人厌恶的危险物"，更凸显了西方文化对排泄物观点的历史转变。[4]

中产阶级愈加无法容忍脏污。这让公共卫生学家为清洁公共区域、个人家庭所付出的努力，开始为人理解接纳。在现代公共卫生体系中，个人、国家以及各类私有组织，都有责任保持自己身体、家庭和城市的卫生环境。在伦敦、纽约和巴黎，公共卫生标准也走进了千家万户，并以此为契机对焦了个体化的"小目标"。潮湿、过度拥挤、灰尘、污垢、腐烂的食物还有不良的通风，这些都是让住宅内细菌滋生的"罪魁祸首"。现代生活中的城镇居民，尤其是女性居民，担负着保证住宅整洁、没有细菌的重任。每位市民也须保证身体洁净，定期进行锻炼并遵循合理饮食约束。在相对富裕的家庭里，卫生间和抽水马桶进一步保障了家庭环境卫生。这些厕具也进一步拉开了富人和他们排泄物之间的距离（但是这些便利的新设施，不经意间也成了某些犬只的饮水处）。[5]

在人类心中，宠物狗逐渐成为现代城市家庭必不可少的一员。由此它们理应享受整洁、健康的生活环境。兽医和育犬专家也向宠物主人建议，富有的农村猎人要尽力保证狗舍干净卫生。同理，城里的宠物主人，也应该细致打扫家庭卫生，确保家中整洁有序。如此便能最大程度上实现人类与犬只身体的共同健康。[6]

保持犬只卫生，俨然成了现代狗主人"负责任"形象的直观展现。狗狗都市的理念也要求、鼓励狗主人定期清洁犬只。狗主人身上承担的责任越变越多。在家门外，狗主人要让宠物狗远离污物。"开拓者"和休·达尔齐尔向狗主人呼吁：要阻止自己的犬只捡食大街上的垃圾和腐烂肉类，还要禁止它们在泥巴里打滚。这些行为不仅对犬只自己有害，也会让旁观者心生厌恶。而在家中，主人需仔细观察犬只是否出现了染病或携带寄生虫（特别是跳蚤、虱子和蠕虫）的迹象。此外，狗主人们还须保证宠物身体时刻干净卫生。在阿尔弗雷德·巴布（Alfred Barbou）看来，狗主人若"忘记、疏忽或不遵守卫生守则"，那么他们狗狗的"生理功能平衡"就会被打破，从而诱发各种犬类疾病。欧内斯特·勒罗伊（Ernest Leroy）甚至表示，有将近四分之三的犬类疾病，都是未遵守卫生规范导致的。[7]

良好的卫生习惯不仅对犬只有利，还能防止其将疾病传播给人类——不干净的狗可能会对家庭健康构成威胁。1895 年，巴黎第十四区方面出具的一份医学鉴定报告指出，某些犬只与人类共处同一住宅，这成了人感染白喉的病因。这份医学报告就此呼吁"清除掉那些无用的动物"。假若卫生学者时常关注到都市贫民过度拥挤的房屋，以及其中人与动物间的亲密关系，他们就不难察觉到其中隐含的健康危机。同理，那些有宠物狗的家庭，包括宠物养育手册服务的中产阶级家庭，都将面临"来自狗的健康威胁"。[8] 宠物主人必须确保其宠物不会扰乱家庭整洁卫生的环境。

19 世纪末，细菌理论已逐渐占领了"瘴气论"的舞台。尽管不卫生的狗导致家庭成员健康受损的情况时有时无，但将脏污与病菌对应上因果关系的流行病科学，还是坚定了公共卫生学家管制他们心中"肮脏及染病"物质、动物的决心。于是，家蝇就从无害的家庭"暂住者"，摇身一变成了携带疾病、非常危险的害虫。到 20 世纪初，公共卫生学家向公众科普了病菌的来源——动物及其排泄物中的病菌。科学家们发起此类科普运动的目的是显而易见的。动物害虫及其排泄物，变成了现代卫生都市中有害且多余的自然界"残留物"。[9] 以上便是引发人类对狗粪的厌恶之情的几方面历史根源。

家养犬只的消化过程，逐渐变成了育犬专家和新兴狗粮公司的职责所在。他们也给出了喂养建议，其中捎带提及了训练犬只定点排便的方法。这些喂养建议的编著者希望通过这些建议，改善宠物狗的本性，使其行为变得卫生而文明。

▶▷　犬只、消化及排泄

食物是让犬只保持清洁卫生的关键所在。越来越多的养狗者开始留心狗狗们吞咽下去的那些东西。在新兴的狗狗都市里，食物，俨然成了又一种区分家养宠物和流浪狗的清晰标志。行走在街头的无主流浪狗，以及那些走失的家犬会贪婪地抢食腐肉、食物残渣，或是吞下收容所准备的品质可怜的果腹狗粮（见图 5.1）。

图 5.1　《动物收容所：为猫狗准备汤》，法新社摄于 1919 年，法国国家图书馆藏

　　育狗专家们就"狗主人应在宠物碗里放何种食物"这个问题，一直争论不休。有专家认为，犬只的牙齿决定了它们生来就是肉食动物。但在另一些学者眼中，人类对犬只的长期驯化，早已让它们蜕变成杂食动物。由此，蔬菜、汤水和面包是更适合犬只的食品。也有很多人觉得让狗和人类吃一样的食物，并不会产生任何坏处。万能梗饲养专家威廉·海恩斯（William Haynes）就经常鼓励人们给狗喂食"残羹剩饭"，他认为这些饭菜种类多样且富有营养。户外运动作家"巨石阵"（即 J. H. 沃尔什）也同意喂养犬只餐桌上的肉菜混合物，认为其足以保证犬只健康，并防止犬只出现便秘症状。这般食物共享模式，巩固了宠物狗的"家庭成员"地位。纽约州艾林王子斯派尔医院首席兽医詹姆斯·R. 金尼与他的合作者安·霍尼卡特，也曾讲述过纽约下东区一些狗狗以意大利面为食的故事。当然，在今天看来这种挖苦意大利裔美国人的故事并不怎么"讨巧"。二人随后推荐给狗狗喂食"肉、奶、烤面包或谷类食品，以及少量蔬菜"。他们认为这种食谱更有利于狗狗的健康。[10]

　　与人类保健原则同理，若完全不节制饮食，狗的活力也会有所削弱。在尤金·加约特（Eugène Gayot）看来，法国那些被过度喂食的狗狗们，正是其主人"不节制"劣行的受害者。不负责任的狗主人，会不经思索地把自己盘中的食物喂给宠物，并在溺爱的误导下让狗狗终日饱食。而负责任的狗主人则能教导狗狗忍住诱惑，不让餐桌上那些不健康的饭菜变成狗狗们腹中的"重担"。在细菌学尚未问世的年代，狗暴饮暴食引发的最大担忧，源自法国专家警告的一个现象——饮食不当、新鲜空气不足以及缺乏锻炼，可能会导致"犬瘟"。与此同时，对纯种狗而言，暴饮暴食还可能使得其品种特征淡化。美国方面也有专家指出"糖果饮食"会毁掉美国狗。英国专家则建议不可给犬只喂茶水，因为茶水成分会使得狗狗出现消化不良症状。且在时人看来，让狗远离茶水还可以避免"犬瘟"等恶疾。此外，狗主人还需遵循"饮食不节制即是反文明"的西方主流观点，站在信仰高度上仔细调整喂给狗狗的食品清单。尽管越来越多的女性开始在家中照料犬只，但男性驯导员群体还是不断重复着"老掉牙"的荒诞成见——多愁善感的女性育犬者很难负起责任。男性驯导员群体称女同行们显然更容易过度喂养犬只，且鲜少带狗参与体育锻炼，这些特征最终让狗出现了便秘等消化系统疾病。[11]

企业也试图生产出"可以真正满足犬只营养需求"的饼干，借此从那些负责任的宠物主手中赚来钱财。詹姆斯·斯普拉特（James Spratt）发明的一款"专利狗饼干"，成功引领了这股潮流。大约在1860年，美国商人斯普拉特在访问伦敦时，偶然发现有几只流浪狗正在码头边吃着货船上掉落下来的饼干渣。受到启发的斯普拉特，随即设计了一种"斯普拉特肉类狗饼干"。到20世纪初，斯普拉特位于伦敦的工厂已成为当时全球最大的宠物食品工厂，其产品也远销至欧陆。无论在城市或乡村，各类狗主人都被斯普拉特的商业帝国视作目标客户。斯普拉特自豪地表示，他的企业是一家国际化公司。1908 年，在伦敦法英联合展览会上，斯普拉特自豪地向世人宣称，其狗饼干产品已遍及伦敦、巴黎、柏林、纽瓦克、蒙特利尔等城市。斯普拉特公司还向养狗者们推荐了其他类型狗饼干，以及其他显得更专业的狗粮产品——如"格力犬与猄犬专用饼干"，还有"鱼肝油饼干"。那时的广告宣称"鱼肝油饼干"是狗在"经历一天疲惫工作后，无比珍贵的醒脑神器"。斯普拉特和他的同事们，一直宣称这些饼干是健康、合理且简便喂养犬只的良策。他们公司销售、宣传的一项核心策略就是强调喂养犬只的食物应和人的饮食一般健康，"错误的喂养方式"，特别是让狗吃腐肉和摄入过多食物，将给狗狗健康造成伤害。该公司强调"喂养犬只应将饮食卫生作为准则"，并告知世人其公司正是本着"科学准确性"的原则生产狗粮，这将充分保证犬只健康。斯普拉特公司继而宣传起他们研发的各种"健康狗粮"——添加了较多甜菜根的肉纤维狗蛋糕，可以保证犬只"肠道功能完美运作"；而木炭饼干，可以治疗从胃胀气到口气浑浊等一系列典型的犬只消化不良症状。参考活体解剖专家在犬只身上展开的胃液实验结果，斯普拉特随即宣称：在食用肉纤维狗蛋糕时，犬只的胃部会受到有益刺激，从而令胃中产生更多的这类重要液体。斯普拉特的公司在营销方面下了血本。他们发出了铺天盖地的报纸广告，自发印刷了浩如烟海的育犬指南，也在其他专业图书中反复包装自己，更是成了犬展的主要展示亮点。这一切都大大拓展了宠物消费品行业。该公司宣称，用"斯普拉特狗饼干"理性喂养犬只，是使狗狗们长成"现代西方犬只"的关键。而该公司给犬只提供的"服务"，要"比任何方法都更有助于提高'可怜犬只'的地位。使它们从东方城市中的'贱犬''流浪狗'，一跃变身动物贵族。现如今，这样的'动物世界'，已是人道英国的公共理想"。[12]

随着食品加工业迅速扩张，其他生产制造商也迅速跟进了这一市场，宣称自己是科学方法和中产阶级养犬规范的"灯塔"。这些企业中的很大一部分，都是渴望扩大销售面的农业饲料产商，或亟待转型的"人类健康食品"供应商。他们都在夸耀自己产品那"极其突出的营养价值"。随着科学家发现的维生素种类越来越多（自 1912 年发现维生素 B_1 开始算起），以及社会改革家对食品营养的日益关注，有家名为斯皮乐斯（Spillers）的英国公司向狗主人承诺：他们推出的产品完全符合最新版维生素及其他营养素含量科学标准。20 世纪初，受益于罐头技术的发展，罐装湿狗粮随之面世。1906 年，《纯净食品与药品法案》（Pure Food and Drug Act）颁布后，美国畜牧业开始依据该法案为那些"不适宜人类食用的肉制品"寻觅新销路。20世纪30年代，狗粮生产商甚至开始宣称其产品可以改善犬只情感，由此令之保持身体健康。斯皮乐斯公司夸耀其产品是"强壮神经系统"的基础，而正是神经系统塑造了"犬只的良好性情"。但这些加工狗粮的价格，往往让贫穷家庭无法承担。而中产阶级乃至上层阶级家庭，更倾向于用残羹剩饭喂养犬只，或是特地给自己的狗狗准备炖菜、肉汤。一如当时部分新闻所示，很多犬只更喜欢各式各样的人类食物，并不喜欢单调乏味的"狗饼干"。[13]

虽然有些育犬专家对斯普拉特等品牌的"狗饼干"表示支持，但也有不少育犬专家对其效果深感怀疑。亨利·克莱·格洛弗（Henry Clay Glover）是来自纽约西敏寺养犬俱乐部的一名兽医，同时也是犬只消化药片及相关产品的制造商。他用最严肃的辞令，警告人类不要给狗狗们喂食各种"狗饼干"："从吃家常饭菜转而食用'狗饼干'，很可能会导致狗狗的肠道出现'忽而极疼，忽而极松'的紊乱，频繁诱发肠道发炎，反复之下很可能导致犬只死亡"。海恩斯给出的建议，是不要每顿饭都给狗狗喂食"狗饼干"："你自己也不会愿意一日三餐，周复一周都吃牛排，对吧？"[14] 不论过去狗主人选择给宠物投喂什么，到了那个转折点上，一位负责任的宠物狗主人，已然必须审慎评估狗狗的消化道健康。

许多育犬指南都高度重视喂食问题，但却鲜少关注到进食完成后那个"不可避免的收尾环节"。这就是为何狗主人对街上的狗粪漠不关心，并由此引发了有关狗狗都市中犬只地位的系列争论。育犬专家明确表示，犬只排便不畅或不排便，是健康出现问题的不良征兆。关注研究犬只消化疾病，将为如何治疗患病宠物狗，提供关键的新线索，而这也将守护家庭内部的健康氛围。法国兽医乔安妮·佩特斯（Joanny Pertus）强调，患病犬只的"排泄物"往往携带病菌，需要立刻清理，以防病菌"扩散"影响空气"纯净"。育犬专家就如何治疗狗狗腹泻、便秘以及腹绞痛、肠胃胀气等病症给出了对应建议。服用白兰地，是帮助犬只放出臭屁的首选疗法。作家"巨石阵"则披露了一则很是具体的腹绞痛、便秘治疗法——使用鸦片酊、乙醚和蓖麻油可以清除"有害物质"。为此，他还推荐了一系列不同烈度的，可用于"清洗"肠道的犬只通便剂。"巨石阵"指出，便秘可能会让狗狗痛苦不堪，甚至令其表露出那种容易被人视作"丧心病狂"的疯癫状态："犬只往往会因粪便阻塞而饱受剧痛。受此影响的狗，会痛得几近发狂；它们会跑来跑去，冲进各种角落，用最为怪异的方式摇晃脑袋。而在这种情况下，它们很容易被人类误当成'疯狗'。当然，观察犬只是否突然对人发起攻击，以及检查犬只肋腹是否明显可触到大量硬化粪便，能够帮助人们区分出病狗和疯狗。"留心查看犬只消化的食物，可以防止它们被人类误判为狂犬病狗，也可以防止它们落入愤慨群众或执勤警察手中，避免经历注定一死的厄运。1938 年，金尼和霍尼卡特就犬只消化疾病，以及其他影响犬只肠道、肛门功能的病因进行了分析，并就对应治疗方案给出了十分详尽的建议。也许是为了减轻狗主人对某些治疗步骤产生的厌恶，在说明如何疏通被堵塞的肛腺，或教授怎样修复直肠脱垂时，二位专家只是平静地叙述事实，并无任何表露出厌恶的情绪化表达。[15]

制药企业试图推出"明确、科学的饮食及治疗方法"，取代作家"巨石阵"等人提出的粗糙"私家疗法"，也帮助患病狗狗不用再凭借"吃草"缓解疼痛症状。兽药厂商把科学的专业养犬知识，送进了养狗的中产阶级家庭。总部位于布鲁克林的德尔森化学公司（Delson Chemical Company），主要业务是销售治疗犬只肠胃问题的兽药。在该公司印发的一部育犬指南里，狗的身体被比作了一台"机器"，而消化道正是这台"机器"的"动力装置"。排便可以将已消化食物中的废渣排出，从而让犬只吃下更多食物，摄取更多能量。德尔森公司夸耀他们已"充分利用现代化学技术，能够修好'犬只机器'故障，使其平稳运行"。将犬只看作"可轻松修复的机器"，而不将之视为"身体脏乱的动物"，[16] 这无疑是一种论及粪便却又能不招人反感的聪明做法。

►▷ 定点排便

多数育犬手册都未涉及排便问题。对其资产阶级读者而言，这似乎是个十分"低贱"的话题。虽然有些手册十分简短地提及了犬只会溜出家门以满足"私人需求"，但有关家养狗排便的各种建议，大多还是靠人们口口相传而扩散开来的。[17]

少数作者放弃了隐晦委婉的语言，而是直接给读者提供了防止粪便污染家庭环境的实用建议。有作者建议主人在家中给狗狗提供一盘或一箱沙子、泥土或木屑用以排便，并定时带上狗狗外出散步，"解决问题"。此外，主人还需锻炼幼犬定点排便的能力。H. 杜克雷特-鲍曼（H. Ducret-Baumann）强调主人必须教育幼犬（它们会"像循着天性那般服从主人"）在家用地毯上排便，不允许其到街道或公共草坪上厕所。经过家庭训练的成年犬只，应具备等到固定散步时间再"释放自己"的能力。那些没能克制自己排便行为的犬只，应该要受到主人的惩罚，训练者可以拍打、抽打犬只臀腿部或躯侧以示警告。海恩斯对此也表示认同，称定点大小便是"都市狗必须学会的第一课"。人类需定期带犬只外出，如果它"拒不服从，那么它就要在'犯罪现场'接受严厉惩戒"——主人可以"用力拍打犯错犬只的下巴，同时还要以严厉语气责骂它，绝不能显露出丝毫妥协"。《我家有狗》（*Our Dogs*）周刊主编西奥·马普莱斯（Theo Marples）建议，如果一只狗在家里"排便"时被抓了个现行，那么就要给它"一点颜色看看"。如果主人没有当场发现宠物排便，那也要不断主动谈到犬只的过失，这样或可让犬只对自己随地排便的行为萌生厌恶情绪。[18]

其他专家提供的方法并不是很严苛。尽管有时难免令人心生忧虑，但定点排便终归还是狗狗必须面对的"考验"。在金尼和霍尼卡特看来，主人对厨房地板上尿渍、粪便的愤怒、沮丧，会在犯错犬只那楚楚可怜的求情眼神前"烟消云散"。由此，他们更倾向于叮嘱主人仔细观察家中的狗狗，如果它们好像要因排泄而开始下蹲，主人就要迅速将宠物抱至铺好的报纸上。比起成年犬只，幼犬的排泄实在令人难以预料。相较幼犬的"突然袭击"，成年犬会"嗅来嗅去，不停转圈，借此提前告知主人自己想要大小便"。还有报道称，一只狗经过训练，学会了在内急时按动装在餐桌下的蜂鸣器，以此呼唤家仆将其牵出去排便。和海恩斯不同，金尼与霍尼卡特反对因狗狗不当排泄而对之采取惩罚措施，也反对"'不断揭开犬只随地大小便'的心理伤疤，并认为这是一种可能引起狗狗反感情绪的'过时方法'。一只自尊心极强的狗可能会对如此抨击它的人'拔刀相向'，它完全有权这么干"。二人向宠物狗主人打下了保票，称狗狗们迟早会在某个"神圣的日子"里，自己走到垫好的报纸上如厕，这将会是"全世界最美丽的风景之一"。[19]

富有责任心的狗主人，会严格控制自家狗狗吃进嘴里的食物。但狗主人似乎只会确保宠物狗没有在家中"逾矩"，而很少关注狗狗在家门外排便于何处的动态。对于有庭院和花园的主人而言，解决这件事易如反掌。自诩犬只心理学家的美国人克拉伦斯·E. 哈比森（Clarence E. Harbison）表示：狗狗，尤其是母狗，可以轻松地训练出在家中定点排便的能力。他随即向狗主人提出建议，称可以在犬只用餐后，或是它们貌似想要排便时，把它们带到庭院中"排便"。[20] 但对那些家里没有室外场地的读者而言，他们所豢养的狗狗，就需要在家门外另觅地方进行排泄。由于专家反复声明散步对保持犬只健康的重要性，街道也就因此成了普通家庭宠物狗排便的主要空间。《养犬指南》的主编马普莱斯，就曾不假思索地给狗主人出谋划策：早上给狗狗喂好饭，随后在下午送它们去街头排便。马普莱斯等育犬专家都认为，犬只在街道上排便算不上什么问题。不过在那个年代，城市街道正在变得越发干净整洁。于是，"狗可以临街大小便"的随性观点，就逐渐变得不合理起来。

▶▷　越发干净的街道

19 世纪，在发展迅猛的各个大都会中，肮脏这个共性问题急遽凸显。屠宰场、制革厂不断向外排放污水，淹没在水沟里的动物尸体高度腐烂，污水坑里的浊液越积越多，甚至漫溢开来，弄得河流臭气熏天。马匹和家畜的粪便，也在路旁沟里堆积如山。在肮脏的城市街巷里，狗粪的确是一部分"污浊经济"的来源，不过其占比非常微小。和都市中的其他有机物残渣相似，那时的狗粪还没有被当作"废物"。恰恰相反，有些穷困的巴黎底层民众会收集狗粪，将所获狗粪兜售给制造矾鞣革（白革）的工匠。在狗粪的帮助下，这些制革工匠可以将粗剥羊皮制作成精美羊皮：10 千克狗粪可以处理 12 000 张羊皮。故而在巴黎街头的拾荒者群体中，收集狗粪者已然聚合成了一支小团队。[21]

在英吉利海峡彼岸的英国，亨利·梅休（Henry Mayhew）在《伦敦的劳工和工人》（*London Labour and the London Poor*, 1851）一书里，记录了搜集"pure"的社会底层群体。所谓"pure"，其实就是狗粪。因为在位于伯蒙德赛的鞣革厂中，狗粪主要用以去除羊皮和牛皮上的杂质，也就衍生出了这么个代名。狗粪可以去除兽皮上的污水，让那些制作书籍封面等用途的皮革闻起来不会那么恶臭扑鼻。起初，女性是街头狗粪收集者的主要构成，但从 19 世纪 20 年代起，更多人觉察到这是份利润可观的工作。于是，许多男性也加入了收集狗粪的队伍中。梅休表示，当时约有 240 名狗粪收集者在伦敦街头劳作。它们提着带盖的篮子，戴着皮手套四处寻找狗大便。不过也有拾粪者干脆不戴手套，他们认为收工后洗手，要比让皮手套保持干净来得简单。那些有着一定关系的人，则会跑到集中养殖犬只的狗舍去收集狗粪。随后，这些"关系户"会将狗舍中收来的狗粪，与在街道上捡到的狗粪混在一起，使混合品达到伯蒙德赛制革厂厂商中意的黏稠度。[22]

每一桶质量稳定的狗粪，可以让收集者赚取 8—10 便士，而这些钱又能让那些可怜人过上比较"体面"的生活。梅休估计该群体成员平均每周可以拿到 5 先令酬劳，而那些清理狗舍的"关系户"每周能挣得 15 先令。一些制革工人更偏爱"深色"且"潮湿"的狗粪，另一些制革工人则重视相对干燥的狗粪。狗粪收集者有时会将灰浆混入狗粪中，以此假扮部分制革工人偏爱的"干燥、酸臭"的狗粪，由此卖出好价钱。除了揭露这种交易伎俩，梅休还发现狗粪收集者的教育程度，要比剔骨工人的受教育程度更高：很多狗粪收集者此前是商人、机械师，或是在艰难时期失业的半技术工。梅休偶遇的一名狗粪收集者，曾是曼彻斯特的棉花商贩，"酗酒和疏忽大意"造成的破产使他沦落到了这个行当。总体而言，此类狗粪收集者基本是贫困潦倒的爱尔兰裔移民。他们会将自己拾取的狗粪，转售给经验更加丰富的老资历拾粪人。[23]

这个职业毫无魅力可言。中产阶级宠物狗主人与狗粪收集者之间反差明显。前者会让狗粪远离家门，而后者则乐意把狗粪存进自己狭窄的居所里。拾粪者的蜗居，集中在运输码头和罗斯玛丽巷的鞣革厂附近。梅休曾和一名 60 岁的狗粪收集者攀谈，这位女士的父亲曾是一位阔绰富裕的牛奶商，在她的第二任丈夫身体偏瘫后，一系列的不幸之事接踵而至。受此影响，她不得不开始靠着捡拾狗粪维持生计。"一开始我完全无法忍受这份工作，"老太太说，"我一口饭菜都吃不下，曾有很长一段时间根本无法进食。"但她最终克服了自己的厌恶感，为了照料丈夫而奋力收集狗粪。尽管收集狗粪很艰难，但在老太太看来，劳碌于街头总比住进济贫院要好上许多。她还向梅休谈到了一些死在大街上的可怜的狗粪收集者，他们倒在了自己的粪篮边。老太太感慨称"我宁愿像他们一样死在粪堆里，也不愿被收容机构夺去自由"。[24] 从这一事例可以看出，厌恶狗粪的现象并不只出现在中产阶级。出于谋生需求、自立渴望，狗粪收集者努力克服了自己内心对污秽的厌恶感。相形之下，富裕的狗主人们则不必操心生计，可以让自己安心地远离宠物狗粪便。

对于那些力求保持都市环境卫生的厌狗者，狗粪早已由一种经济资源，变成了令人反感且危险的麻烦。大都会和殖民城市里此起彼伏的公共卫生运动，向人们宣告了一种往往夹杂着种族歧视、阶级歧视语言的信念：脏污不应该出现在现代化都市中。脏污有损健康、侵损人类道德品质，阻挡着人类社会朝前迈进。在记者和关心此事的市民倡导下，工程师、医生以及公共卫生学家，开始联合着手清洁城市。1880 年，巴黎发生了"大恶臭"极端事件*。受此刺激，巴黎市民强烈呼吁政府当局消灭街头脏污。而巴黎市政府，也把消灭脏污与城市进步画上了等号。在"进步时代"（Progressive Era），纽约的开明人士也同样意识到：保持街道干净整洁，可以促进身心健康，培养市民积极乐观的态度，增强其责任感。[25]

　　不过，作为公共卫生"反面物"的粪便，并非是对卫生城市的主要威胁。首先，城市已经不再那么容易因为粪便而变得肮脏不堪。公共卫生学家认为，若用粪坑收纳城市粪污，则需要后期进行人工淘粪，二次转运出城市。相比之下，下水道显得更加高效、卫生。然而下水道系统的建设成本很高，同时这项工程不仅在技术上面临着一定挑战，而且在舆论间还颇有争议——靠清理粪坑吃饭的工人，以及害怕下水道臭气飘进家中的居民，都极力反对下水道的建设。但在纽约、伦敦和巴黎这三座城市中，支持下水道建设的一方占据了上风。19 世纪中期，伦敦城内曾多次暴发霍乱。这让公共卫生学家埃德温·查德威克（Edwin Chadwick）冒出了一个营建下水道体系的构想。查德威克设计的下水道系统，由大都会下水道委员会（Metropolitan Commission of Sewers，1855 年该委员会改名为大

---

* 1880 年八九月间，巴黎城区内因严重水体、空气污染，出现了后来被称为"巴黎'大恶臭'"的环境公害事件。此次事件期间及之后展开的公共卫生调查，率先从科学角度证明了恶臭能危害人体健康，从而为城市公共卫生改革打下了理论基础。——译者注

都会工程委员会，Metropolitan Board of Works）执行扩建并集中管理。在法国公共卫生学家，以及 1848 年颁行的《公共卫生法案》（Public Health Act）支持下，查德威克及其拥趸大力提倡用水冲走一切污物，并借此关停了市内臭气熏天的全部粪坑。[26]

尽管不同意见依旧存在，但可冲水厕所和下水道的出现，都是城市公共卫生取得进步的直观体现。这些设施让粪便远离了中产阶级和上层阶级家庭，拉开了他们和贫穷家庭的差距："地面上的'方便'设施里满是粪便，也许您最好还是想象一下，我就不多做描述了。"[27] 如今，粪便已完全藏于地表之下，流进下水管道网络中，不会出现在人们看得见、闻得到，甚至是碰得到的城市地面。

19 世纪中期，在乔治-欧仁·奥斯曼（Georges-Eugene Haussmann）主持巴黎重建期间，设计师们把可以导流雨水、地表积水的下水道，视作城市革新的一项重要组成。不过直到 1894 年，历经旷日辩论的巴黎市政方面才开始全面利用这些地下下水道，凭借它们将人类排泄物和污水送出城外。尽管冲水式厕所在当时还远未普及，但下水道的这一发展趋势，预示着收集粪便的旧模式即将迎来终点。[28]

大西洋彼岸，纽约居民会将自己家中暂存的大量粪便拿出家门，由推着小车的清厕工把集中起来的污物运至码头处理。1842年，随着克罗顿高架渠投运，纽约市的供水系统得到了极大改善，该市内部也建起了一小段下水管道网。时至 1850 年，纽约市政官员开始着手优化下水系统，并在 1865 年建成了覆盖全市的下水道网络。但下水道将人类排泄物运至附近的河水中，造成了大面积的严重水污染。截至 1910 年，纽约全市每天会向周围水域倾倒近 6 亿加仑的未处理污水。[29] 虽然人类排泄物不再于房内屋角腐烂发臭，而是流进了相对远离住房的河流水渠，但这无疑又造成了一种新的污染。

马车运输的消失，也让城市失去一个主要"粪源"。19 世纪，伦敦、纽约和巴黎的城市运转都离不开马匹，可它们在运货过程中，的确也给城市留下了很多粪便。时至 20 世纪初，仅伦敦一座城就有约 20 万匹马同时工作着。在纽约，承包商会利用船只将马粪运送到周边的田地。但随着城市迅速扩张，马粪量已然远超过了人类的清理能力。于是大街上满地皆是马粪，一堆堆地积压在一块，散发出阵阵恶臭。如此恶心的场面，让纽约人感到无比尴尬和恼火。《纽约时报》曾对曼哈顿东河片区海岸线上的"一处巨大马粪堆"发出抱怨，指责那里"散发的恶臭简直难以形容"。风中夹杂着马粪堆中的沙尘、臭气和细菌，吹向了城市的另一端，侵入了人们的鼻孔，到处散播着各种疾病。[30]

城市交通的变化虽然缓慢，但的确消除了这些令人心生厌恶的场景和臭气。随着地上、地下轨道交通、地面电车、自行车以及各型机动车逐渐取代马车这一传统交通工具，这三座城市中产生粪便的马匹数量，也都出现了一定程度的下降。第一次世界大战结束后，大都会里马匹数量减少的趋势愈加明显。1902 年，巴黎全城共有 110 000 匹马。而时至 1933 年，巴黎的马匹数量已降至 22 000匹。虽然 20 世纪 30 年代初伦敦街头仍有马匹在奋力拉车，但在1937—1938 年，伦敦的马拉车数量骤降了近 66%。纽约情况亦是如此，1924 年，全城登记有 50 000 匹工作马，但在不久前的 1917 年，这个数字是 108 036 匹。由此可见，即便存量仍高，但纽约的马匹数量，也已出现了大幅度下降。[31]

各大都市的交通工具日渐机动化，这给城市带来了新的污染。不过，马粪产生的恶臭以及粪污引起的蚊蝇滋生问题，却得到了很大程度的好转。此外，汽车的普及，也减少了犬只在街上排便的空间。在伦敦，缓慢行驶的双轮双座马车鲜少会对狗狗构成威胁。但飞速疾驰的汽车，和马拉车本就有着天壤之别。于是，汽车把这些犬只推向了人行道。另外，狗屎不像马粪那么招引苍蝇，也没那么容易被风吹散。只是这种污物，很可能会弄脏路人的鞋子，污染小朋友们拖拉着的玩具。[32]

想让满是狗粪的大街和人行道变成"洁白的画布"，清洁是必不可少的应对举措。肮脏的街道有悖公共卫生学家提出的原则，而且也有损伦敦、巴黎和纽约作为"文明城市之巅"的良好形象。在

"奥斯曼化"时期的法国取得了极大进步的监管机构也开始试图劝导巴黎人消灭街头脏乱。此前专门收运街道垃圾的劳工，也被新型市政清洁工取代。1870年9月，巴黎方面颁布的一项行政法令明确禁止居民将家中垃圾倾倒在大街上。1884年起，生活垃圾必须倾倒入公共垃圾桶中，以便收运者能及时将垃圾运出城外。然而，尘土飞扬、泥泞不堪的大街，仍是法国"美好时代"的历史象征。这让那些负责维护巴黎公共卫生的人们，感到头疼不已。人行道的确比之前干净，但是对脏污的厌恶、对细菌的恐惧，也让人们对肮脏街道发出了更加持久的埋怨。[33]

伦敦和纽约也在经历着同样的过程。伦敦市民愈加渴望政府采取行动，有效清空他们的垃圾桶。市民们对道路卫生也有很高的期待，他们希望政府能保证自己日常行走的大街在冬天时不会泥泞不堪、满是积雪，夏天时则有养护工向路面浇水，以减少街道扬尘。19世纪中期，伦敦城市治理实行教区委员会制度。各委员会与劳工们签订了雇佣合同，请他们上岗清扫街头垃圾。但是这个进步并没能满足公众的期望。换言之，相关举措未能满足公共卫生学家、卫生监察员塑造的清洁理想。20世纪初，大都会工程委员会、各区工程委员会以及教区委员会合并成了伦敦郡议会（London County Council）和大都会市政委员会。此后，在1891年颁布的《公共卫生（伦敦）法案》[Public Health（London）Act] 支持下，市政府在提高街道整洁专项拨款方面，拥有了比之前更大的权力空间。政府努力改善生活垃圾和商业垃圾的收集方法，注重保持环境卫生，让泥土、积雪、污泥和灰尘，不复见于道路两旁。但是这些措施的落地情况却不尽如人意，在一些相对穷困的地区更是如此。伦敦人民仍旧对肮脏的街道感到担忧。即便如此，需要承认伦敦市政府在这方面还是取得了一定进展——譬如推行起一套更加全面的垃圾管理体系（1894 年举行的全市公共卫生会议一致通过了施行该体系的决议）。同时，一些新型街道清理技术相继出现，沥青路面也得以推广开来。[34]

在纽约等美国城市，消费主义的抬头致使垃圾越变越多。因此，主要由非裔美国人、他国移民从事的垃圾清洁工也出现人数井喷，其工作覆盖范围也有所扩大。1881 年，纽约成立了街道清扫部（Departmen of Street Cleaning），该部门负责打扫清理街道上散落的各种垃圾和人畜粪便。然而，这一新生不久的部门，却深陷政治阴谋与腐败的泥潭中。1895 年，化学家兼环境卫生工程师乔治·E. 沃林（George E. Waring Jr.）接管了这个已被不作为者"架空"了的部门，并对它进行了全面改革。沃林手下的"白翼"环卫工人（因其所穿白色制服而得名）主要是意大利裔移民、非裔美国人。他们负责清扫街道、清除垃圾，整理好的垃圾会被出售、回收，或寻地填埋、倾倒入东河。各大媒体对沃林改革所取得的成果深表赞叹，而街道清扫部的发展，也一直持续到沃林提出离职的 1899 年。可即便沃林展开了改革，纽约人仍旧对肮脏的街道愤懑不平。1902年，化名"W. D."的作者在写给《纽约时报》的信中悲叹："拉丁佬清洁工"在清扫街道前没有向街道洒水，接着就用他"该死的细菌武器——扫帚"，让那充满危险的尘土散布得到处都是。其言论除了阐明了美国的干净与脏污互相排斥的"动力学"，还揭示了另一个要点——人们看见脏污时，还常常会将其与细菌联系在一起。[35]

时至两次世界大战之间，动物死尸、家庭垃圾、破布、血渍、人类粪便、灰烬、马粪和腐烂食物，已不大可能弄脏街面与人行道。最终，狗粪取代了马粪的"最脏"位置，成为现代都市中突出的动物"粪源"。由此，那些已然扫清淤泥的街道，也就成了狗粪的"露脸之地"。正如 1929 年《医学报》（La presse médicale）所论：狗粪在马匹消失后的巴黎街头，方才暴露出了其"真正的恐怖"。[36]

公共卫生学家打造出了更加干净的街道，也提高了公众的期望值。民众认为现代化的文明城市应当干净整洁，他们渴望在街上散步时，自己的鼻子不会受到狗屎臭气的冲击，也不会踩到什么肮脏的污物。可是横亘在路中间的狗粪，却打破了他们的美好心愿。于是，"厌恶狗粪"的情绪渐渐蔓延开来。

▶▷　发现狗粪

对一些评论家而言，谈论现代都市中随处可见的狗粪并非什么易事。布里斯托的 G. 诺尔斯（G. Knowles）博士，在写给伦敦《泰晤士报》的一封信中承认——讨论粪便的确很是困难："我只能说，出于一种微妙感觉，人们大多会倾向于避而不谈这种惹人反感的东西。"在现代西方城市，人们常常运用一些与"粪便"这个词汇保持距离的语言，若干委婉的"谈粪"表达也就应运而生。妇女市政联盟公园委员会（Committee on Parks of the Women's Municipal League）是纽约一家致力于改善个人、公共卫生的社会团体。委员会主席较为隐晦地埋怨了没有主人牵引、独自在人行道上"闲逛"的犬只，它们不经思索地"行动"，让街道难保"体面"。而那些敢于提及排泄这个"难以启齿之事"的人，却也没有办法精准描述事态的严重程度。在《纽约时报》收到的一封读者来信中，作者只是声称纽约街道和门廊的"肮脏程度无法用文字予以展示"。[37]

人们也开始用尽显厌恶之情的语言，表达自己对狗粪的种种不满。在纽约的公共舆论空间，"defilement"（污秽）这个词，已成了批评"大街上满是狗粪"的状况的一个关键词。这个词带着强烈的道德色彩，还流露出了一丝玷污、亵渎的意涵。路砖不是唯一被狗粪污染的东西，所有可能出现在大街上的事物，都有可能被狗粪破坏。有读者致信《纽约时报》称"在目睹了那些被恶狗污染的冰块、蔬菜和鲜花等物品后，人们不禁对如此肮脏的状况感到无比震惊、恶心"。狗粪玷污了那些可以让纽约街道光彩夺目的生物，以及其他所有的街头美好事物。另一位读者也谈道，自己看见那些犬只"污染人行道、柱子、台阶和路灯柱"后，内心感到"很是不悦"。狗粪不仅污染了公共、私人财产，还侮辱了全体"干净得体"的城市守护者的崇高感情。街道设施的设计初衷是改善城市景观，它们也是纽约城市现代化的一个象征。可当这些设施被狗粪污染，它们的存在反而减少了市民对城市进步的集体信心。灯柱的顶端也许散发着文明的亮光，可灯柱的末端，却深埋在落后的渣滓中。[38]

巴黎是这三座城市中最不避讳谈论狗粪的城市。"Souillure"（污迹），是巴黎人日常指称狗粪的词语。此番描述的一层暗示，是狗粪这个污渍需要被擦除。狗粪形式之多，令巴黎的医生、公共卫生学家备感震惊。巴黎医学院卫生专家，公共、工业与社会卫生协会（Society for Public, Industrial, and Social Hygiene）成员马塞尔·克莱克（Marcel Clerc）博士指出，犬只特殊的"肠道情况"与"气体条件"，会导致犬只排出不同类型的粪便。小狗会拉出"稀状"粪便，而那些"警犬排出的粪便，和人类粪便大小相当，酷似一条条黑香肠"。"某位路人"〔化名，克莱克认为此人是市议员雅克·罗曼佐蒂（Jacques Romazzotti）〕在《医学报》上撰写了一篇讽刺文章，挖苦那些富足的宠物狗主人。他也曾比较过"侯爵夫人心爱的小京巴狗"排泄出的，那"如同玻璃弹珠的粪便"，以及"企业家豢养的大型猎犬所排泄出的巨大'黑香肠'"。但不论这些粪便出自哪个品种，是否与人类排泄物相似，它们无疑都是种"令人感到恶心的景观"。就是这些污物让人行道沦为"粪坑"，令过路者不禁"连连作呕"。在伦敦哈利街巡诊的医生、女性主义者阿格尼斯·萨维尔（Agnes Savill）看来，伦敦的街道也同样成了"狗狗的巨大厕所"。在这三座城市中，狗粪都让市民们不禁忆起了那段不堪回首的历史——比现在还要肮脏的那段过去。在现代都市人民的情感世界里，狗狗已变成了令人遗憾的一种存在。一位读者在写给《纽约时报》编辑的信里批评道："这些动物的出现，是对人类视觉、嗅觉和听觉的极大冒犯"（他对犬只发出的所有吠叫也感到愤怒不已）。[39]

为何狗粪如此招人讨厌？克莱克认为，狗粪和人类粪便十分相似，这令狗粪特别"让人恶心"。而且，谨慎排便已然成了一种文明和自律的象征。譬如阿尔弗雷德·雅里（Alfred Jared）在戏剧《愚比王》（Ubu Roi，1896 年首次公演）中，出人意料地用了"Merdre"（臭粪）这个词，让观众大觉震撼。狗粪显然很遭人嫌，同时它也将人体排泄的隐私之事完全公之于众。在"以否认身体排泄物为基础"而形成的文化中，狗粪已然成了一种肮脏不堪却引人瞩目的"禁忌"。[40] 越来越多关注此事的评论家都认为，狗粪对狗狗都市而言太过恶心。

▶▷　潜藏在狗粪中的威胁

巴斯德疫苗的接种减少了狂犬病带来的威胁。但出于对健康的关心，人们不免开始操心起狗粪中大量滋生的寄生虫。狗粪中的虫卵会将棘球蚴病传染给人类的绦虫，因此这就成了人们重点关注的对象。感染棘球蚴病后，含有幼虫的胞囊往往会累及患者的肝、肺等器官，令患者出现疼痛乃至威胁生命的各种症状。由于那时英国已很好地控制了狂犬病，《柳叶刀》杂志评价称"棘球蚴病或将成为犬传染给人类的，最为危险的疾病。因为患有绦虫病的犬只，完全不会出现明显症状，往往不能被人察觉。更何况我们也没有应对此类寄生虫病的什么'巴斯德预防接种疗法'"。医生和评论家开始将狗粪视作恶心、威胁健康之物。《纽约时报》的一位读者写道："众所周知，与食草动物相比，猫狗这类食肉动物的粪便不仅更令人感到恶心，而且也会对人类健康构成更大威胁。"在另一位读者看来，街面的狗粪不仅是个"下流无礼"的乱象，更是一个关乎公众健康的问题。[41] 狗粪确实散发着臭气，可真正危险的，还是那些潜藏其中的寄生虫。

人们最为关注的是棘球蚴病问题。自希波克拉底（Hippocrates）开始，医生就知道人类和动物身上会出现"囊肿"。到了 17 世纪，人类对囊肿的源头有了更好的追溯，发现它与棘球绦虫属的绦虫有关。卡尔·鲁道夫（Carl Rudolphi）开创先河，率先识别、定义了肠道蠕虫。卡尔·冯·西博尔德（Carl von Siebold）在前人的基础上，分别于 1853 年、1854 年确定了犬绦虫与细粒棘球绦虫，各自在中间宿主（如牛、马，有时也是人）身上寄生的周期。随后，鲁道夫·魏尔肖（Rudolf Virchow）也在 1855 年的开创性研究中，列出了当前已知泡型包虫病（由多房棘球绦虫幼虫泡球蚴引发）的临床表现。许多育犬书籍都提到了绦虫病，并指出这类传染病需要用多种药物予以治疗。上述科学新发现，将绦虫病从一种犬类健康疾病，转变成了一种医学定义里的人兽共患疾病。[42]

于是，人与狗之间的亲密关系，也就变成了一种实在的健康威胁：两个物种身上会出现同样的寄生虫，也会同患一种让人担心的传染病。在哥伦比亚大学接受培训的美国外科医生詹姆斯·P. 沃巴斯（James P. Warbasse）警告："棘球蚴病会导致肝部出现囊肿和脓肿"，而这类疾病多发于"和狗关系密切的人群"。[43]

棘球蚴病的发现，给人类健康敲响了警钟。《柳叶刀》指出，棘球蚴病可能会出现在"幼童的头部"。1934 年，《柳叶刀》杂志展示了一名来自斯旺西的 8 岁女孩感染棘球蚴病后肺部病变区域的放射影像。这位女孩"经常抚摸"她的宠物狗，此后出现了"疲倦、无力、厌食和盗汗"的症状。在咳出部分胞囊壁后，她开始住院接受治疗。"病情加重"后，女孩接受了应对心脏、呼吸系统症状以及"荨麻疹、皮疹"等过敏反应的治疗，最终得以顺利康复并重返校园。此类病例的具体细节，也从科学报道传播到了各大主流媒体。此前针对狂犬病的警告声浪，再一次出现于舆论风口——人犬之间的亲密关系，又一次成为可能致命的"危险关系"。伦敦方面，威斯特敏斯特验尸官英格比·奥迪（Ingleby Oddie）在《泰晤士报》上警告读者，不要养成"亲吻犬只的恶心习惯"。因为在查令十字医院（Charing Cross Hospital）里，有一位女士就惨死于"椰子般大小的包虫囊肿"，而极有可能是她亲吻自己宠物的劣习导致她感染的。据巴黎《晨报》消息，一名女孩让宠物狗舔了舔自己的脸，结果这次亲密举动导致她罹患棘球蚴病并因此丧命。如此情势面前，狗狗完全成了令人厌恶的疾病传播者。[44]

　　人犬之间的亲密关系，威胁着家庭中最脆弱的成员。F. M. 博根（F. M. Bogan）在《健康》（Health）杂志上撰文警告读者："人类的这个朋友，可以去任何它想去的地方。随意掩埋自己的粪便，舔自己裸露着的生殖器，再四处扒拉它遇见的其他犬只遗留的粪便。完成上述常见动作后，这位'忠诚的朋友'会回到家中，舔舔人类女婴或男婴的手。这就极有可能把令人作呕的疾病，传染给脆弱的婴幼儿。"博根表示，调查研究发现，在一家位于华盛顿特区的育婴机构中，有5%的住院儿童患有绦虫病。因此，人们需要行动起来，保护儿童免受患病风险。纽约卫生部门分发的传单上，印着一张描绘"狗舔婴儿"场面的图画，希望借此警醒世人：狗和其他动物身上的寄生虫，有可能会让人类染病。[45] 这完全颠覆了19世纪儿童拥抱、爱抚和亲吻犬只的温馨印象。在人与狗之间流动的，不只有关爱之情，还有难以察觉的"阴险寄生虫"。这种跨越物种的爱，有着令人厌恶的，甚至是致命的弱点。

19世纪频发的狂犬病仍让众人心有余悸，可能传播疾病的狗粪再度令大众焦虑不安起来。但实际上，棘球蚴病并没有夺走多少巴黎人的生命。亚伯·拉希尔（Abel Lahill）博士报告称，1937年本市死于棘球蚴病者为7人，此后的1938年、1939年两年间，巴黎死于棘球蚴病者，也分别只有6人、7人。不过，他并不十分清楚这些病例的死因是否与狗粪有直接联系。可尽管如此，打破了物种界限的狗粪，以及潜藏其中的寄生虫，还是令公众备感恐惧。克莱克指出，在粪便最终分解后，绦虫卵也能存活下来，通过"风或水传播，甚至粘在人类鞋底闯进住宅"。危险的寄生虫，正在打破现代巴黎公寓的私密、安全空间。[46]

但并非所有地方都充斥着责备"犬只威胁人类健康"的声音。巴黎心脏病研究专家勒内·卢滕巴彻（René Lutembacher）就曾警告世人不要"过度"地将有害寄生虫视作"恐怖之物"。狗粪给人类造成的健康问题其实少之又少，况且宠物狗还能给孤单的人群送去心理慰藉。在英国，惠康基金科学研究局（Wellcome Bureau of Scientific Research）亦在《柳叶刀》上发表了佐证该观点的调查发现：狗粪对公共卫生造成的威胁很小。研究人员对布鲁姆斯伯里戈登广场周边的狗粪进行了检查，并没有发现棘球绦虫的踪迹。不过研究人员的确在狗粪中发现了新型球虫（即一种原生动物寄生虫）。考虑到狗粪对人类健康构成的威胁并不太大，研究人员总结指出：也许清理狗粪的目的，只不过是为了满足人们的"审美诉求"。[47]

▶▷ 厌恶与无感之间的较量

尽管惠康基金科学家团队的研究结果已证明狗粪对人类健康并无太大危害，但是人们对此还是有所担心。那些情愿让自家狗狗舔脸的狗主人，会将自己置于染病危险中。可那些让其犬只随地排便的狗主人，却将他人暴露在了令人担忧的健康隐患下。狗粪问题，也就暴露出了不负责任养狗行为与公共卫生之间的紧张矛盾。狗主人每天自然而然地带狗狗出门排便，这确实符合前文中育犬专家所给出的相关建议。但是如果大家都这样做，就有悖于公共卫生准则，并且会惹怒那些要求街道保持干净、卫生的市民。

在厌恶与无感之间，不同人群对狗粪的态度产生了差别。有批判者指责狗主人将个人利益于凌驾于其他市民福祉之上，这些市民本就有权在干净的街道上行走，而根本不应该感到"不适"或"生气"。罗曼佐蒂发出哀叹，批评部分狗主人似乎很乐意让自己的狗狗在街道上"解决问题"，而其他路人最容易"因之怒气冲冲"。[48]

批评家也开始对狗主人的品性发起攻击。在他们看来，狗主人"自私自利"，从不曾考虑自己为他人带来的种种不便。有读者在写给《纽约时报》的信里谈道："作为清洁工，那些瘦弱的女性努力清洗着公寓和人行道的台阶，尽可能洗去那些不顾及他人感受的'爱狗人士'留下的恶心'痕迹'。"狗主人对自己所养宠物的痴迷，让他们对自己给他人造成的负担视而不见。其他纽约人则不停地抱怨，他们需要付出巨大努力，才能保持自家门阶、楼梯不失整洁，不会使狗粪"玷污"自家的私人财产。狗主人的权利与其他人的权利相抵触，这让《纽约时报》读者来信版面上以及大街小巷里到处都充斥着"狗屎何如"的争论。在伦敦，萨维尔也曾对此发出抱怨，称即便"频繁使用来苏尔消毒液以及硫黄"，也没法完全消除犬只粪便与尿液遗留在门前、台阶上的污渍。[49] 人们试图保持住宅和城市的整洁，可狗粪却击碎了这一理想。

　　纵容狗狗在孩子玩耍处排便的主人，最是不知考虑他人。或许各种儿童空间遭污染事件中最让人担心的，是巴黎的孩子们会在林荫大道间的沙地上玩"做沙子馅饼"游戏。而孩子们的游乐场地，正是满布带有绦虫的狗粪之处。在伦敦，肯辛顿法院的 K. A. 卢姆登（K. A. Lumsden）致信《泰晤士报》，批评当地犬只排便于街道的情况，认为这"非常糟糕"。卢姆登写下了自己对遍地狗粪的担心，而更令他后怕的是，当地小孩普遍会在肯辛顿花园那片"儿童活动区"的草地上玩耍，可那里恰好是许多狗狗的"厕所"——功能如此重叠，无疑是孩子们的一项"健康威胁"。公园是儿童户外玩耍的场所，可以满足他们与自然相处的健康需要。可是脏乎乎的狗粪，却污染了孩童们的乐游空间，使来自中产阶级家庭的儿童，身处脏污之中。[50]

　　值得注意的是，当时有批评家针对性地指责富裕的狗主人，而非狗本身，危害了他人的健康利益。据有关评论记述，那些到处排便的犬只后面，往往跟着侍候它们的仆役。一封《纽约时报》读者来信谈道，中央公园周边富裕人家居住的"较好地段"是受狗粪影响最大的地带。伦敦也出现了相似情况。生活在女王门排屋的 A. M. 韦尔（A. M. Ware）博士，也对肯尼辛顿区那些住着昂贵公寓、建有专门马厩的富人提出了批评，指责他们每天早晚都将其宠物狗带出排泄。韦尔直言这些富家狗主人，应该要学着"去为他人着想"。克莱克和罗曼佐蒂同样也认为，富裕的狗主人应当对巴黎没落向"粪污之城"的退步负主责。其他人则在观察中发现，富家宠物狗"在散步途中或在门阶上排便"时，陪伴在它们身侧的是"男仆"或"女仆"。对这些家境殷实的市民而言，把这些养宠物时遇到的麻烦事交给仆人，是他们远离狗粪的一种逃避之举。虽然公共卫生学家通常把枪口对准工人阶级，但在犬只随地排便这个问题上，狗狗们富有的主人，也被同样列为舆论攻击靶标。[51]

与狂犬病情况相同，狗粪也衍生出了些许性别议题。有男性评论员指责女性狗主人对犬只的过度溺爱，她们让狗狗到处排泄，散播寄生虫。他们由此认定，爱狗中产女士是"最无可救药的狗主人群体"。有读者在写给《纽约时报》的信里反映，他曾目睹"接受过教育，且显然有一定声望"的女性，让其宠物狗随地排便，而她们却在一旁表现得"心不在焉，毫不在乎"。如此毫不尊重他人的冷漠态度，实在令人愤怒难言："那些不知礼节的自私者，那些不曾意识到自己行为粗鄙的'大老粗'，她们庇护着'全然无用的'动物，领着它们在公共场合招摇过市，丝毫不顾及他人感受、权益乃至安危。对于这样的人，我们还要忍受多久？"在巴黎，女性狗主人甚至将这种危险带到了地下空间里。J. 库蒂拉特（J. Couturat）对此备感苦恼：女性狗主人把她们的狗狗带进地铁，这就让同行的乘客暴露在感染寄生虫的风险下。[52]

和此前人们围绕"狗咬人"、流浪狗问题展开的争辩一样，狗粪乱象也让公众再度开始探讨"现代城市可否容纳犬只"这个话题。对那些"反狗人士"而言，给狗贴上"随地排便的肮脏动物"这个标签，是他们抵制犬只，或者说让狗消失在城市中的"有力武器"。纽约已经赶走了随地排便的家猪、山羊，那为何不能一并赶走那些随地排便的狗呢？这种论调便是"反狗人士"的一类说法。狗粪问题甚至让那些原爱狗人士也转变了观念，提出了驱离犬只的建议：所有狗，最起码所有的大型狗，都应该远离城市。乡下才是它们应该生活的地方。狗粪问题也让狗狗都市陷入困境——如果就连那些最干净的犬只都无法隐藏其排泄物，那么这些西方大都市，还能接纳得了狗狗吗？[53]

另一些评论家则替狗狗展开辩护，把舆论愤怒导向狗主人。一位来自伦敦东南部德特福德（Deptford）的读者，在致《每日镜报》（*Daily Mirror*）的一封信里，埋怨了遍地的狗排泄物，可这位来信人强调，"有人告诉他'理应承受责备的对象是狗主人'"，而非那些狗狗。纽约某保护动物协会成员玛莎·L. 科比（Martha L. Kobbe）也赞成该观点：如果狗主人没有让狗狗训练出在排水沟里排便的能力，那么随处排便就不是狗狗的过错。做事周全的狗主人，除了要给狗系上牵引绳，还应该带领犬只去排水沟里"解决问题"。和其他市民一样，狗主人也有义务保持街道整洁卫生。让自己所养的狗随地排便，正是狗主人对狗狗管教不严的体现。一位《纽约时报》读者调侃：也许应佩戴项圈的不是狗，而是它们的主人。正如德国著名社会学家诺贝特·埃利亚斯（Norbert Elias）所言，假使西方文明的出现部分依赖于"从公共生活中去除自己的本能"，那么，狗主人让自家狗狗在街道上随地大小便的行为，就是不文明、素质差，严重缺乏"自我约束能力"的劣行。[54]

狗粪已然跻身公众关心的话题，在让人心生厌恶的同时，也令人惴惴不安。克莱克博士坚称，街道上的狗粪，有损每一位都市居民的自由、权益。非但如此，居民本可以保持个人健康、远离脏污，然而街道上的狗粪，却击碎了他们的理想生活："个体的自由，尤其是与维系公共卫生相关的自由，在部分人彻底放纵自由时，就会落下帷幕。"鉴于事态严峻，克莱克博士敦促巴黎市政委员会尽快着手化解相关矛盾。[55]

▶▷　抗击狗粪

尽管克莱克早已介入狗粪事件中，但接获建议的巴黎市政当局，却在两次世界大战之间对这一问题始终无动于衷。克莱克指出，政府禁止市民乱扔垃圾，却不约束犬只随地排泄的做法，简直是"荒谬至极"。他曾多次提醒，巴黎政府在解决狗粪方面付出的努力远远不够。由于巴黎市民和狗之间感情深厚，彻底清除犬只这一想法根本不可能。因此克莱克建议，通过提高养犬税来抑制城中犬只增长。他还曾提议，要求狗主人们用耙和铲子，清理掉街面的狗粪。不过，最终他并没有继续探索这种现如今普遍实行的"人类铲屎官"方案雏形——在他看来，这种操作最终还是会在街道上留下粪污痕迹。克莱克提出的另一种对策是让犬只在排水沟内"解决问题"。与之略有共鸣，议员雅克·罗曼佐蒂则呼吁建设若干"狗狗维斯帕先"（"维斯帕先"vespasiennes，老式公共便池），即设计每天都会得到清理的宠物狗专用沙地。"维斯帕先"这个名称，可远追至罗马皇帝维斯帕先。早在"狗狗公厕"设想出现的千余年前，维斯帕先就已然筹划起了"公共便池"。[56]

可市政当局却迟迟没有响应。1935 年 12 月，在囊括"狗狗公厕"议题的议会讨论中，罗曼佐蒂等议员对政府的不作为提出批评，表示围绕处理狗粪这一问题，还有许多工作亟待政府完成。罗曼佐蒂等人提议，采取惩教结合的方式，引导狗主人将犬只带去排水沟内"解决问题"。尽管罗曼佐蒂认为，教育比"罚款或粗暴阻拦"更具效力，但他还是坚信政府要让狗主人觉得自己的一举一动都处在"监视"之中。暂且先不论在民主社会中"监视"公民的合理性，就算获得了很大限度的"政策自由"，政府领导仍旧不愿承担责任着手解决此事。1937 年 12 月，在巴黎市议会召集的一次讨论会上，警察局长明确反对推行所谓的种种"反粪便法规"。这位局长声明自己所能做到的，仅仅是"唤起巴黎民众的理智"而已，并无力解决粪污这个"特别棘手的难题"——这会让警察陷入判断狗主人、路人孰是孰非的"两难"局面中。[57] 在政府看来，管教狗主人或纠正其举动，有时可能会引发冲突，政府部门可能会付出不必要的社会代价。他们没有必要为了狗粪所引起的健康小风险，冒上更直接现实的社会风险，就更不用说为此支付更多真金白银，用以街道清洁了。

因此，如何妥善处理狗粪问题，仍令所有人感到为难。在举国上下因德国侵占法国领土而满怀伤感之际，亚伯·拉希尔（Abel Lahille）博士竟然还能不忘腾出时间，对路人"无视其鞋底污物"表示遗憾。拉希尔称鞋子"是这些令人作呕的'有害物'，向人类发出的恶心提示"。他观察发现，街面上满是狗粪的景象，让德国占领军也"颇感不悦"。因此拉希尔明确表示，街面上的狗粪，完全有损法国在国际舞台上的声誉。不过到了 20 世纪 40 年代，巴黎警察还是在管制狗粪方面迈出了一小步，开始要求犬只仅仅在排水沟排便。[58]

丝毫不逊于巴黎公众的反应，纽约市民更彻底地关注到了狗粪给街道带来的污染。纽约民众直指"狗粪是导致哥谭市大街小巷遍地垃圾的元凶"。而在民众眼中，这又是"威胁到该市比欧洲城市更干净、文明国际地位的一个麻烦"。隶属纽约医学会街道与户外卫生二十人委员会（New York Academy of Medicine's Committee of Twenty on Street and Outdoor Cleanliness）的公共卫生工程师乔治·索珀（George Soper），曾撰写过一份有关欧洲城市街道卫生状况的报告，文中点明了纽约在街道保洁方面存在的诸多不足。索珀曾拜访过奥地利、英国、法国、德国和意大利的许多城市，并参加了在德累斯顿、伦敦和斯图加特举办的街道清洁领域国际会议。欧洲城市的卫生水准，特别是慕尼黑这座城市的标杆表现令索珀惊叹不已。他由此确信，让城市保持干净整洁是"一项伟大的共同事业，每位公民都肩负重大责任"。《纽约时报》对索珀的观点深表赞同：无论一个公共卫生部门运行得多么良好、技术多么先进，这都是远远不够的，"走在街上的每一个人"在进行所有动作时，都要秉持负责的态度、维护公共卫生的自觉。卫生部门也意识到了这一挑战。卫生部门职能秘书马修·纳皮尔（Matthew Napear）表示，部门每一天都"努力训练纽约市民不乱丢垃圾的意识，并努力让所有（纽约）人意识到，大家共同的理想是要让这座城市跻身'全球最干净城市'之列，并最终傲居'最健康的城市'。"[59] 当然，这里所指的市民，包括了那些对他人权益漠不关心的狗主人。

实际上，出于对狗粪的厌恶，大西洋两岸的英美两国比法国采取的应对措施要多上许多。《纽约市卫生法令》（New York Sanitary Code，1918 年第 74 号修正案）第 227 条规定："狗主人必须控制所豢养犬只，使其不做出妨碍他人的举动。"通过委婉的语言，该法规指出：狗主人必须抑制犬只，使它"不在任何公共街道、大路、公园、公共广场，以及纽约市其他区域的人行道上惹是生非，或在所有廉价住房的公共大厅里滋事"。这项法规覆盖了工厂、码头、车站、酒店和办公室等所有场合的栅栏、地板、墙壁和楼梯，甚至囊括了廉价住房里"租客共用的"屋顶区域。换句话说，所有共享的公共空间，都不该出现狗粪。不过一个情况除外——假若狗主人家宅带有院子或花园，那么狗狗便可在户外排泄。但是现实中这两类住房都很罕见，尤其在曼哈顿地区更是如此。那么犬只唯一可以排泄的地方，就只剩下了排水沟。而在排便的同时，内急的狗狗们还不得不与汽车等交通工具竞争空间。然而正如许多写给《纽约时报》的投诉信所述，很多狗主人要么毫无公共卫生意识可言，要么丝毫不受法规约束。有读者在 1935 年哀叹：该法规根本就是"形同虚设"。[60]

为应对狗主人疏于维护公共卫生造成的麻烦，1936 年，纽约户外清洁协会（Outdoor Cleanliness Association）发起了一场"处理狗粪"运动。该协会由主张"卫生清洁不应只限于家中"的女性联合创设。自打成立以来，该协会成员就一直在和各种各样的烟灰、垃圾、污垢作斗争。在 19 世纪 90 年代至 20 世纪 20 年代的"进步改革时期",户外清洁协会长期坚持开展由女性领头的"城市美化运动"。这些城市清洁先驱坚信,干净美丽的都市会激励纽约市民阔步向前。她们相信凭借自己的母性本能、专业知识(以上第 172 页),以及丰厚的卫生实践经验,可以清洁、美化纽约,也能引导市民摆脱不卫生的陋习。[61]

为扭转纽约市民对狗粪随意、轻视的态度,户外清洁协会与纽约卫生部门联手展开宣传。在明确此次运动的中心主张后,户外清洁协会将其制成横幅标语,并悬挂张贴至各地。有关宣传材料的基本内容,是要求狗主人"看管好自家狗"。户外清洁协会组织了一场专题教育广播活动,也曾带领一群穿着印有卫生运动宣传语服装的狗狗,在市中心地段展览游行。该协会还向各大商店,尤其是那些位于麦迪逊大街、莱辛顿大道的高端商店,分发过用于张贴的宣教画报。和"进步时代"其他女性领导的改革组织,譬如主张改善贫民及移民社区状况的下东区妇女健康保护协会(Women's Health Protective Association on the Lower East Side)不同,户外清洁协会的关注点,落在了知名购物商圈,富裕的狗主人也是其宣教目标。此外,纽约卫生部门还在那些狗粪问题突出的区域,张贴了 25 张印有"请看管好你的狗"标语的条幅。《纽约时报》用极其生动的语言写道:这些标语是为了"训练"狗主人,让他们对照公共卫生法规、守则，去切实改良自己的行动举止。与此同时，卫生部门派出的督察员也开始对违反《纽约市卫生法令》第 227 条规定的狗主人课以罚款。这项措施得到了户外清洁协会的支持，协会负责人曾致信主管部门力挺相关行动。而那些建议对违反规定养狗人士作罚款、逮捕处理的纽约市民，也纷纷对新规执行表示支持。[62] 各方都主张采取惩教结合的措施，试图敦促狗主人时刻保持维护公共卫生的意识。

户外清洁协会希望狗主人们相信，只要他们妥善看管自家犬只，就能消弭那些禁止犬只出现在现代城市中的声音。1939 年，该协会成员海伦·施瓦兹（Helen Schwarz）谈道："狗主人们很快就会意识到，我们与他们的利益完全一致。如果我们不能找到一个解决方案，那么狗狗们很可能将在不久的未来被赶出这座城市"。20世纪 30 年代末，纽约全市共生活有 50 万只狗，它们每日排泄出的巨量粪便，让户外清洁协会难以招架。由于排水沟附近的汽车等车辆可能伤害到犬只，该运动最终没能解决引导犬只至排水沟定点排便的问题。有位狗主人向市政当局提议，要求政府供给可供犬只安静排便的"必要设施"，不再让汽车驾驶员权利凌驾于狗主人遛狗所必要的空间权利之上。另外，抓捕违反第 227 条规定的狗主人，也是件难度不小的麻烦事。1936 年，20 位卫生督察员在布鲁克林的弗拉特布什大道，耗费整整一天时间才抓住了 14 位违法狗主人。[63] 督察员付出了巨大努力，但收效的确甚微。

有迹象表明，户外清洁协会发起的运动，让纽约的养狗风气发生了明显改变。时至 20 世纪 30 年代，驯导员群体终于开始传授如何管教犬只排便的专业建议。詹姆斯·R. 金尼，以及安·霍尼卡特合著的指南谈到，一旦宠物发出"想要排便"的信号，主人就应立刻将犬只带离人行道，赶去排水沟"解决问题"。二人还表示，其实狗主人很是幸运，因为狗狗会被排水沟中其他犬只留下的气味吸引。若犬只在人行道上排便，那么主人就要责骂它们。如果狗狗自己去排水沟排便，那主人也千万莫要吝啬对它们的赞扬。在人们看来，管教犬只可以纠正它们的行为。经过良好训练的狗狗，可能会表现出若干"特定举止"——必须在汽车后方，或是检修孔等其他相对熟悉处排便。[64] 毫无疑问，多数狗主人并不会理睬金尼和霍尼卡特的建议。有趣的是，在一部育犬指南里，作者竟然建议狗主人将狗狗带去马路沿边上排便。作者称这样可以"避免让其他市民看见狗粪或闻到臭味"，如此建议实在新奇。

在伦敦，早在第一次世界大战期间，就有市民呼吁针对狗粪问题采取相应措施。[65] 1918 年，马里波恩自治市委员会（Marylebone Borough Council）的卫生官员查尔斯·波特（Charles Porter）博士，就对市民呼声做出了回应。19 世纪中叶以来，英国公共卫生学家持续采取措施以应对"狗粪危机"。波特和他们一样，也开始着手处理起都市环境中"危险且令人作呕"的动物粪便。他说服马里波恩区委员会到处张贴宣传海报，上面印着："犬只排泄物危及健康，您可以训练犬只正确利用马路排便。为了公共健康，请尝试这样去做。"[66]

海报显然在短期内遏制住了人们对狗粪的喋喋埋怨。也激励了肯辛顿自治市委员会在 1922 年推行起试验性的"反狗粪"地方法规。相关法令规定："任何遛狗者不得纵容或准许其犬只在公共人行道排便。"违反这条律令的狗主人，必须缴纳 40 先令的罚款。不过，正如《公共卫生报》（Public Health，卫生医务人员协会发行期刊）所点明的，相关措施之于门前阶梯等"私人财产"空间并不适用。[67] 所以，这项地方法规远不及《纽约市卫生法案》来得全面。

分析《泰晤士报》所刊读者来信可知，肯辛顿自治市显然是犬只排便问题的一处"焦点区域"，也是厌恶与漠视两种态度爆发冲突的"主战场"。肯辛顿卫生官员詹姆斯·芬顿（James Fenton）指出：不带花园的公寓以及小屋，是紧张局势产生的主要原因。《公共卫生报》称肯辛顿地方法规的确改善了人行道卫生情况。与此同时，委员会也通过张贴海报、分发传单和执行罚款等举措，提高了狗主人对狗粪问题的重视程度。而芬顿本人，也很高兴接到了伦敦其他自治市卫生官员就本地法规推行情况展开的咨询。不过，当时肯辛顿地区被罚款者为数极少。1922 年，委员会仅对 2 人进行罚款，1923 年被罚款者人数持平、传唤 1 人。此后在 1924 年，也只有 4 人因狗粪问题被肯辛顿警方传唤并判定有过错。[68] 虽说如此，当地法规似乎已然扭转了狗主人对狗粪不管不顾的态度，也让部分狗主人开始把狗狗牵至排水沟里"解决问题"。

1936 年，英国内政部开始介入狗粪处置问题，并主导法令修订，取消了"唯系有狗绳犬只（宠物狗）才受条例管制"的有差别治理。自此往后，"反狗粪"法规更加明确地强调提出了"犬只主人应承担相应责任"的逻辑。这项禁令开始应用于所有的犬只，而不仅仅是那些选择将狗拴起来，以符合"负责任养狗标准"的狗主人。此项调整也解决了肯辛顿自治市委员会委员与内政部官员［其中恰好有一位名叫克拉普尔（Crapper），"Crapper"也有厕所之意］在开会时提出的问题——部分狗主人会"故意利用"法条漏洞，在犬只想要排便前一直用狗绳牵着犬只，然而一旦觉察到狗狗要解决问题，主人们会即刻松开绳子，并且等到狗"排完粪便"后，再重新给它系上牵引绳。因而在那时，尽管与相关狗主人进行了交涉，但委员会官员们还是无力解决犬只随地排便的乱象。[69]

内政大臣约翰·西蒙（John Simon）注意到肯辛顿地方法规在减少街面狗粪上，确实具有了一些成效。但他还是建议，各市委员会要谨慎考虑，仔细分析后再决定是否有必要采取相关措施。西蒙一直极力避免和狗主人、犬只权利游说团体发生冲突。全英家犬防卫联盟一直以来都将反脏污法规看作是针对狗主人的行为，并担心政府全面贯彻此类法规会让"在大城镇中养狗变得无比困难"。和几十年前推行犬只佩戴嘴套政策时的农业委员会主席华特·朗不同，西蒙不太愿意着手处理"关涉到狗"的事情，他对相关议题表现得尤其谨慎。于是西蒙宣布，先将有关条例试行两年，后续可以适当延长施行时间。随后，伦敦许多行政区都开始推行 1936 年版新规，包括巴特西、贝思纳尔格林、德特福德、芬斯伯里公园区、肯辛顿、旺兹沃思和威斯敏斯特在内的片区都切换至了新标准。此外，首都之外的很多城市、小镇，譬如布里斯托、埃克塞特和什鲁斯伯里也都执行起新规定。有关措施也引起了马塞尔·克莱克的关注，他提议巴黎也采取相同措施来治理狗粪问题。但警察局长驳回了克莱克的提议，错误地认为相关规定最多也只是"建议"，而并非命令。[70]

这项新法规的颁行，是帮助养狗人意识到妥善处理狗粪是其肩上所负公共责任的"第一步"。到了第二次世界大战爆发后，各地新出台的法令规定伦敦的多数人行道，以及纽约的全部人行道、公共区域，都禁止犬只排便。然而，人们似乎对狗主人处理狗粪的自觉，抱有了过高的期待。等到很久以后，当委员会发出明确指令，狗主人才开始不情愿地处理掉自家狗狗所排的粪便。塑料狗粪铲及捡屎塑料袋的推广，在人的双手与狗粪之间，建立起了一道无法渗透的卫生屏障。狗主人可以将人行道上的狗粪清走，将之丢入垃圾箱中。1978 年，纽约推行的"铲屎规定"引领了西方养狗人的"铲屎风潮"。随后，巴黎也在 2002 年颁布了相关法令规定。20 世纪 70 年代中期，英国暴发了弓蛔虫病。然而公众对这种疾病的恐惧，还不足以敦促英国政府强制狗主人处理掉街面上的宠物粪便（犬弓蛔虫是一种蛔虫寄生虫，其幼卵可经狗粪污染的土地传染给人类，可致人类失明）。不过在 1996 年，英国政府还是颁行了应对狗粪问题的《养犬（地面粪污）法案》［Dogs（Fouling of Land）Act］。[71]

▶▷　**小结**

在伦敦、纽约和巴黎这三座城市中，人们面对犬只排便问题所表现出的态度、所采取的行动，都出现了巨大变化。19 世纪，除了育犬指南略微提及了犬只定点排便、犬只消化问题、狗粪与"城市粪便经济"间的弱关系，绝大多数情况下，狗粪问题并没有引起人们的重视和讨论。直到两次世界大战之间，这一情形才有所转变。人类对肮脏和臭气态度上的变化、对寄生虫的新认知，还有以马粪消失为代表的城市街道外观重塑，都为针对狗粪问题新情绪的滋生创造了条件。人们情感上的新立场基于对狗粪的厌恶、恐惧、气恼。犬只排便问题取代了犬只流浪、咬人问题，成为人类已知的，对健康有着最大威胁的养犬麻烦。与"狗咬人"、犬只流浪问题相似，排便问题也表明，狗狗仅能短暂地被狗狗都市接纳。但只要犬只保持干净卫生，不伤害公共卫生、中产阶级感情，那它们就能够成为大都会欢迎的对象。

狗粪堆积的场景、散发的臭气，也让这三座城市的市民感到恶心、恐惧和愤怒。每天都会有新的狗粪出现，而这些狗粪也好似一件件"实物警示"，提醒人们这些城市并不像市民们所期望的那么卫生、文明。宠物狗是驯化程度最高的一种动物，可它们毫不顾忌他人的、随地排便的劣习，却严重侵扰了现代城市居民——尤其是那些自认"最文明"的中产阶级。此外，出现在大街上的狗粪，也打破了英、美、法三国自以为的"全球创新性运用下水道及冲水厕所的先行者"的幻梦。颇为讽刺的是，三国都将自己在公共卫生领域的专业建树，看作是自身优越于其殖民地、地缘政治对手的"证明"。1924 年，在温布利举办的英帝国博览会上，有名卫生官员曾夸耀他们在清除粪便方面具有各种各样的解决方法。他还表示，保持"原住民区"公共厕所卫生十分困难。随处散落的狗粪，对西方都市文明所谓的"优越感"发起了挑战。处理狗粪问题的重点，就在于控制犬类排便行为、保持排便举止清洁卫生。[72]

人类开始忧虑狗粪对人类，尤其是对儿童产生的健康影响。狗粪同时也引起了人们的厌恶和焦虑，而人们对狗粪的厌恶，从始至终都贯穿于人犬关系中。狗粪问题不断促使人类思考犬只在城市中的地位，也始终体现着现代都市文明的核心矛盾——对秩序、清洁的渴望以及对都市生活中脏污、不确定性感到的失落，这两种情感之间的那种非常现实的矛盾。[73]

注 释

[1] "Canis," *Encyclopaedia Britannica* (Edinburgh: A. Bell and C. MacFarquhar, 1797), 4: 102; "Canine Excrement," *Universal Magazine*, April 1812, 299; W. T. Fernie, *Animal Simples: Approved for Modern Uses of Cure* (Bristol: John Wright, 1899), 122; note on "Byelaws RE Nuisance for Dogs Fouling Footways," November 5, 1933, HO 45/17553, NA; Conseil municipal de Paris, "Compte rendu de la séance du mardi 28 décembre 1937," *Supplément au Bulletin municipal officiel de la ville de Paris*, January 1, 1938, 16. 早在 20 世纪 20 年代，部分评论员就对狗粪一事提出了自己的担忧，但对此发声的人只是少数。Docteur Ox, "Chiens errants," *Le matin* (Paris), April 11, 1902; I. T. , "Dog Nuisances," *NYT*, December 24, 1900; George Soper, *Modern Methods of Street Cleaning* (New York: Engineering News, 1909), 8.

[2] William Ian Miller, *The Anatomy of Disgust* (Cambridge, MA: Harvard University Press, 1997), 2, 100.

[3] Valerie A. Curtis, "Dirt, Disgust and Disease: A Natural History of Hygiene," *Jour- nal of Epidemiology and Community Health* 61, no. 8 (2007): 660–64; Martha C. Nussbaum, *Hiding from Humanity: Disgust, Shame and the Law* (Princeton, NJ: Princeton University Press, 2004), 98; William A. Cohen and Ryan Johnson, eds. , *Filth: Dirt, Disgust and Modern Life* (Minneapolis: University of Minnesota Press, 2005); Dominique Laporte, *History of Shit*, trans. Rodolphe el-Khoury and Nadia Benabid (Cambridge, MA: MIT Press, 2000 [1978]); Peter Stallybrass and Allon White, *The Politics and Poetics of Transgression* (London: Methuen, 1986). 关于厌恶和兽性关系的更多讨论，详见 Nussbaum, *Hiding from Humanity*, 72–99。

[4] Dolly Jørgensen, "Modernity and Medieval Muck," *Nature and Culture* 9, no. 3 (2014): 225-37; Alain Corbin, *The Foul and the Fragrant: Odour and the Social Imagination* (Leamington Spa, England: Berg, 1986 [1982]); Virginia Smith, *Clean: A History of Personal Hygiene and Purity* (Oxford: Oxford University Press, 2007), 144-84; Carl A. Zimring, *Clean and White: A History of Environmental Racism in the United States* (New York: New York University Press, 2015).

[5] John Duffy, *The Sanitarians: A History of American Public Health* (Urbana: University of Illinois Press, 1990), 139; David S. Barnes, *The Great Stink of Paris and the Nineteenth-Century Struggle against Filth and Germs* (Baltimore: Johns Hopkins University Press, 2006), 74-78; David Inglis, "Sewers and Sensibilities: The Bourgeois Faecal Experience in the Nineteenth-Century City," in *The City and the Senses: Urban Culture since* 1500, ed. Jill Steward and Alexander Cowan (Farn - ham: Ashgate, 2007), 105-30; Suellen Hoy, *Chasing Dirt: The American Pursuit of Cleanliness* (New York: Oxford University Press, 1995); Melanie A. Kiechle, *Smell Detectives: An Olfactory History of Nineteenth - Century America* (Seattle: University of Washington Press, 2017); Nancy Tomes, *The Gospel of Germs: Men, Women and the Microbe in American Life* (Cambridge, MA: Harvard University Press, 1998); James R. Kinney with Ann Honeycutt, *How to Raise a Dog: In the City…in the Suburbs* (New York: Simon and Schuster, 1938), 61.

[6] Kathleen Kete, *Beast in the Boudoir: Petkeeping in Nineteenth-Century Paris* (Berkeley: University of California Press, 1994), 76-96; Pierre Mégnin, *Les chenils et leur hygiène* (Vincennes: Aux bureaux de "l'éleveur," 1905).

[7] Pathfinder [pseud.] and Hugh Dalziel, *Dressage et élevage des chiens, de garde et d'agrément* (Paris: J. Dumoulin, 1906), 297;

Georges Vigarello, *Concepts of Cleanliness: Changing Attitudes in France since the Middle Ages*, trans. Jean Birrell (Cambridge: Cambridge University Press, 1988), 167–214; Alfred Barbou, *Le chien: Sonhistoire, ses exploits, ses aventures* (Paris: Librairie Furne, 1883), 99; Ernest Leroy, *L'enfance du chien* (Paris: Firmin–Didot, 1896), 140.

[8] Barnes, *The Great Stink*, 74–78, 196–202；引语出自第 202 页。

[9] Naomi Rogers, "Germs with Legs: Flies, Disease, and the New Public Health," *Bulletin of the History of Medicine* 63, no. 4 (1989): 559–617.

[10] Paul Dechambre, *Le chien: Races, élevage, alimentation, hygiène, utilisation* (Paris: Librairie agricole de la Maison rustique, 1921), 216–17; David Brockwell, *The Alsatian* (London: Hutchinson, 1925), 90; William Haynes, *The Airedale* (New York: Outing, 1911), 41; Stonehenge [J. H. Walsh], *The Dogs of the British Islands*, 4th ed. (London: Horace Cox, 1882), 5; Kinney with Honeycutt, *How to Raise a Dog*, 53. 关于食物与意大利人身份的更多介绍，详见 Simone Cinotto, "Leonard Covello, the Covello Papers, and the History of Eating Habits among Italian Immigrants in New York," *Journal of American History* 91, no. 2 (2004): 497–521。

[11] Eugène Gayot, *Le chien: Histoire naturelle, races d'utilité et d'agrément, reproduction, éducation, hygiène, maladies, législation* (Paris: Firmin–Didot frères, 1867), 458; A. Bénion, *Les races caninies* (Paris: Librairie agricole de la Maison rustique 1866), 93–94; Pierre Mégnin, *Le chien: Histoire, hygiène, médicine* (Paris: émile Deyrolle, 1883), 143; Haynes, *The Airedale*, 35; *Our Friend the House–Dog* (London: Methuen, 1934), 22; Christopher E. Forth, "Fat, Desire and Disgust in the Colonial Imagination," *History Workshop Journal* 73, no. 1 (2012): 211–39; *Hints for Dog Owners: A Guide to the Treatment of*

Dogs in Health and Sickness (London: A. F. Sherley, 1920), 78; Jean Robert, *Le chien d' appartement et d' utilité* (Paris: Librairie Pairault, 1888), 152; Tom Quick, "Puppy Love: Domestic Science, 'Women's Work,' and Canine Care," *Journal of British Studies* 58, no. 2 (2019): 289–314.

[12] Spratt's Patent, *The Common Sense of Dog Doctoring* (London: Tucker, Johnson, [1884]), 114, 116, 121–22; Katherine C. Grier, *Pets in America: A History* (Chapel Hill: University of North Carolina Press, 2006), 281–88; Spratt's stand photograph, Franco–British Exhibition, 1908, box 4, Trade Catalogs of Veterinary and Pet Supplies, American Kennel Club Library, New York; *The Friend o' Man: A Book for Everybody Who Owns or Wishes to Own a Dog* (London: Spratt's Patent, n. d. [1922?]), 66.

[13] *Everybody's Dog* (London: Spratt's Patent, 1934); Spratt's Patent, *The Common Sense of Dog Doctoring*, 116; Ian Gazeley and Andrew Newell, "Urban Working- Class Food Consumption and Nutrition in Britain in 1904," *Economic History Review* 68, no. 1 (2015): 103; Grier, *Pets in America*, 281–88; Ian Miller, "Necessary Torture? Vivisection, Suffragette Force-Feeding and Responses to Scientific Med- icine in Britain, c. 1870–1829," *Journal of the History Medicine and Allied Sciences* 64, no. 3 (2009): 333–72; J. Maxtee, *Popular Dog-Keeping* (London: L. Upcott Gill, 1898), inside front cover; Brockwell, *The Alsatian*, 92; Spillers, *Feeding, Care and Training of Dogs* (New York: H. A. Robinson, 1930), 28, 32; Quick, "Puppy Love," 311.

[14] H. Clay Glover, *Diseases of the Dog and How to Feed* (New York: H. Clay Glover, 1897), 5; Haynes, *The Airedale*, 41.

[15] Joanny Pertus, *Le chien: Hygiène, maladies* (Paris: J. - B. Baillière, 1905), 122; Stonehenge, *Dogs of the British Isles*, 6, 9–10,

37；Haynes, *The Airedale*, 94；*Our Friend the House-Dog*, 34；*Hints for Dog Owners*, 90；Kinney with Honeycutt, *How to Raise a Dog*, 228-29. 有关购买幼犬时检查肛门腺的重要性，详见 *Hints for Dog Owners*, 24。

[16] H. Clay Glover, *Diseases of the Dog and How to Feed* (New York：H. Clay Glover, n. d.)，box 4，Trade Catalogs of Veterinary and Pet Supplies, American Kennel Club Library, New York；*Delcreo Kennel Manual* (Brooklyn：Delson Chemical, 1925)，3-5，box 4，Trade Catalogs of Veterinary and Pet Supplies, American Kennel Club Library, New York；Quick, "Puppy Love. "

[17] André-Valdès [Mme Charles Boeswilwald], *Le chiens de luxe* (Paris：Librairie Nilsson, 1907)，72；Grier, *Pets in America*, 76.

[18] Paul de Grignon, *Nos chiens：Comment les élever, comment les soigner, comment les dresser* (Paris：France-Edition, 1923)，32；*Our Friend the House-Dog*, 26；H. Ducret-Baumann, *L' éducation et l' hygiène du chien：Ses maladies, ses misères, reproduction, élevage des chiots* (Paris：Louis Michaud, 1913)，1-2；Haynes, *The Airedale*, 82；Theo Marples, *Rational Dog-Keeping：Hints and Advice to Novices and Beginners* (Manchester：Our Dogs, 1915)，19-20.

[19] Kinney with Honeycutt, *How to Raise a Dog*, 99-100.

[20] Clarence E. Harbison, *Our Dogs：What We Should Know about Them* (New York：Orange Judd, 1932)，22；Paul Mégnin, *Nos chiens：Races, dressage, élevage, hygiène, maladies* (Paris：J-B Baillière, 1909)，312；Marples, *Rational Dog-Keeping*, 19.

[21] Peter Atkins, "The Urban Blood and Guts Economy," in *Animal Cities：Beastly Urban Histories*, ed. Peter Atkins (Farnham：Ashgate, 2012)，77-106；Sabine Barles, *L' invention des déchets urbains：France 1790-1970* (Seyssel：Champ Vallon, 2005)；Rodolphe Trouilleux, *His-*

toires insolites des animaux de Paris (Paris: Bernard Giovanangeli, 2003) , 121; Antoine Compagnon, *Les chiffonniers de Paris* (Paris: Gallimard, 2017) . 奥斯曼帝国的部分制革厂也有用到狗粪。Thomas Smith, *The Wonders of Nature and Art* (London: J. Walker, 1803) , 4: 129. 马塞尔·克莱克 (Marcel Clerc) 指出, 纽约制革厂每年从君士坦丁堡 (今伊斯坦布尔) 进口 80 万千克狗粪, 但我没有找到相关实证以佐证这一说法。Marcel Clerc, "La souillure des villes par les excréments de chiens," *Archives médico-chirurgicales de Normandie* 65 (May 1929) : 2294.

[22] Henry Mayhew, *London Labour and the London Poor* (London: Griffin Bohn, 1861) , 2: 142. 制革工人有时也会将狗粪和鸽子粪混合在一起。 "New Chemical for Tanners," *London Journal*, June 28, 1862, 412.

[23] Mayhew, *London Labour and the London Poor*, 2: 143-45.

[24] Mayhew, 2: 144-45.

[25] Michelle Allen, Cleansing the City: Sanitary Geographies in Victorian London (Athens: Ohio University Press, 2008) , 11-15; Barnes, The Great Stink, 13; Warwick Anderson, "Excremental Colonialism: Public Health and the Poetics of Pollution," Critical Inquiry 21, no. 3 (1995) : 640-69; Daniel Eli Burnstein, Next to Godliness: Confronting Dirt and Despair in Progressive Era New York City (Urbana: University of Illinois Press, 2006) , 2-3, 39; Zimring, Clean and White.

[26] Allen, Cleansing the City, 29-45; Michael Brown, "From Foetid Air to Filth: The Cultural Transformation of British Epidemiological Thought, ca. 1780-1848," Bulletin of the History of Medicine 82, no. 3 (2008) : 515-44; Tom Crook, Governing Systems: Modernity and the Making of Public Health in England, 1830-1910 (Oakland: University of California Press, 2016) , 148-88; David L. Pike, "Sewage Treat-

ments: Vertical Space and Waste in Nineteenth-Century Paris and London," in Cohen and Johnson, Filth, 51-77.

[27] R. Arthur Arnold, "Pure Air," *Once a Week*, August 11, 1866, 150; David Inglis, *A Sociological History of Excretory Experience: Defecatory Manners and Toiletry Technologies* (Lewiston, NY: Edwin Mellon, 2000), 267-73.

[28] Sabine Barles, *La ville délétère: Médecins et ingénieurs dans l'espace urbain XVIIIe-XIXe siècle* (Seyssel: Champ Vallon, 1999), 238-48; Barles, *L'invention des déchets urbains*, 202; Matthew Gandy, "The Paris Sewers and the Rationalization of Urban Space," *Transactions of the Institute of British Geographers* 24, no. 1 (1999): 23-44; Donald Reid, *Paris Sewers and Sewermen: Realities and Representations* (Cambridge, MA: Harvard University Press, 1991).

[29] John Waldman, *Heartbeats in the Muck: The History, Sea Life, and Environment of New York Harbor* (New York: Empire State Editions, 2013 [1999]), 54-56; Ted Steinberg, *Gotham Unbound: The Ecological History of Greater New York* (New York: Simon and Schuster, 2014), 115-22.

[30] Ralph Turvey, "Horse Traction in Victorian London," *Journal of Transport History* 26, no. 2 (2005): 57; "Contagion in the Air," *NYT*, May 11, 1884. 另请参阅 Clay McShane and Joel A. Tarr, *The Horse in the City: Living Machines in the Nineteenth Century* (Baltimore: Johns Hopkins University Press, 2007), 169。

[31] Sabine Barles, "Undesirable Nature: Animals, Resources and Urban Nuisance in Nineteenth-Century Paris," in Atkins, *Animal Cities*, 186; Ghislaine Bouchet, *Le cheval à Paris de 1850 à 1914* (Geneva: Libraire Droz, 1993), 3; Hannah Velton, *Beastly London: A History of Animals in the City* (London: Reaktion, 2013), 74-75; "Superintendent's

Report," *The American Society for the Prevention of Cruelty to Animals*, *Sixty-First Annual Report* (1927 – 28), 33. 另请参阅 Ann Norton Greene, *Horses at Work: Harnessing Power in Industrial America* (Cambridge, MA: Harvard University Press, 2008), 244 – 74; Steinberg, *Gotham Unbound*, 112–13。

[32] H. C. Brown, G. E. F. Stammers, and Andrew Balfour, "Observations on Canine Faeces on London Pavements: Bacteriological, Helminthological, and Protozoological," *Lancet* 200, no. 5179 (December 2, 1922): 1165.

[33] Fabienne Chevallier, *Le Paris moderne: Histoire des politiques d'hygiène* (1855 – 1898) (Rennes: Presses universitaires de Rennes, 2010), 228–49; Jeanne–Hélène Jugie, *Poubelle–Paris* (1883–1896): *La collecte des ordures ménagères à la fin du XIXe siècle* (Paris: Larousse, 1993); Barles, *La ville délétère*, 231–49; Barnes, *The Great Stink*.

[34] Lee Jackson, *Dirty Old London: The Victorian Fight against Filth* (New Haven, CT: Yale University Press, 2014); Andrea Tanner, "Dust-O!: Rubbish in Victorian London, 1860–1900," *London Journal* 31, no. 2 (2006): 157 – 78; Ralph Turvey, "Street Mud, Dust and Noise," *London Journal* 21, no. 2 (1996): 131–48; "Keeping London Clean," *Daily Telegraph* (London), July 5, 1930.

[35] W. D. , "The 'White Wing's' Deadly Broom," *NYT*, October 12, 1902; Burnstein, *Next to Godliness*, 32 – 48; Hoy, *Chasing Dirt*, 78–80; Martin V. Melosi, " 'Out of Sight, Out of Mind': The Environment and Disposal of Municipal Refuse, 1860–1920," *Historian* 35, no. 4 (1973): 626–30; Zimring, *Clean and White*, 109–18.

[36] Un piéton, "Chiens et trottoirs: Lettre ouverte à messieurs les conseillers nouvellement élu," *La presse médicale* 54, July 6, 1929, 889.

[37] Dr. G. Knowles, "Points from Letters: Dogs in Towns," *Times*

（London）, December 16, 1927; David Inglis, "Dirt and Denigration: The Faecal Imagery and Rhetorics of Abuse," *Postcolonial Studies* 5, no. 2 (2002): 213; L. P., "Dogs and Cats and Little Back Yards," *NYT*, October 11, 1903; Vincent, "The Dog Question," *NYT*, October 4, 1903.

[38] W. G., "Defilement by Dogs," *NYT*, March 24, 1915; J. S. M., "Dogs in Public Places," *NYT*, April 29, 1900; Richard Dennis, *Cities in Modernity: Representations and Productions of Metropolitan Space*, 1840 – 1930 (Cambridge: Cambridge University Press, 2008), 113–43.

[39] J. Couturat, "Les inconvénients et le danger des chiens surtout dans les villes," *Presse médicale*23, June 19, 1943, 334; Clerc, "La souillure des villes par les excréments de chiens," 2294; Marcel Clerc, "La souillure des villes par les chiens," *Aristote* 30, June 1929, 81; Un piéton, "Chiens et trottoirs"; Conseil municipal de Paris, "Compte rendu de la séance du 30 décembre 1935," *Bulletin municipal officiel de la ville de Paris*, January 10, 1936, 300; Animal Lover, "Dogs in London," *Saturday Review*, December 11, 1926, 725; Agnes Savill, "Fouling of Footways by Dogs," *British Medical Journal* 1, no. 3723 (May 14, 1932): 911; J. S. M., "Dogs in Public Places."

[40] Marcel Clerc, "La souillure des villes par les chiens," *Annales d' Hygiène publique, industrielle et sociale*, May 16, 1938, 203; Neil Blackadder, "*Merdre*! Performing Filth in the Bourgeois Public Sphere," in Cohen and Johnson, *Filth*, 198. 另请参阅 Crook, *Governing Systems*, 177。

[41] Thomas W. M. Cameron, "The Dog as a Carrier of Disease to Man," *Lancet* 199, no. 5142 (March 18, 1922): 565; W. G., "Defilement by Dogs"; I. T., "Dog Nuisances." 另请参阅 Mary Douglas to

OCA, October 23, 1936, box 3, 002, OCA Rec-ords, New York Public Library。

[42] John Farley, "Parasites and the Germ Theory of Disease," in *Framing Disease: Studies in Cultural History*, ed. Charles E. Rosenberg and Janet Golden (New Brunswick, NJ: Rutgers University Press, 1997 [1992]), 33-49; P. L. Moro and P. M. Schantz, "Echinococcosis: Historical Landmarks and Progress in Research and Control," *Annals of Tropical Medicine and Parasitology* 100, no. 8 (2006): 703-14; Dennis Tappe and Matthias Frosch, "Rudolf Virchow and the Recognition of Alveolar Echinococcosis, 1850s," *Emerging Infectious Diseases* 13, no. 5 (2007): 732-34; Glover, *Diseases of the Dog*, 22; Stonehenge, *Dogs of the British Isles*, 41; Alfred W. Meyer, *Dogs: Their Care and Training, Breeds and Selection* (New York: McGraw-Hill, 1936), 14; *Hints for Dog Owners*, 53; Maurice C. Hall, "The Use of Drugs in the Treatment of Diseases Caused by Worms," *Journal of Comparative Pathology and Therapeutics* 43 (1930): 99-108.

[43] James Warbasse, *The Conquest of Disease through Animal Experimentation* (New York: Appleton, 1910), 142. 另请参阅 Rea Smith, "Multiple Hydatic Cyst of Liver," *American Journal of Surgery* 7, no. 6 (December 1929): 847-49。

[44] Cameron, "The Dog as a Carrier"; R. G. Prosser Evans, "Hydatid Disease of the Lung with a Case Report," *Lancet* 223, no. 5781 (June 16, 1934): 1281-83; "Danger of Kissing Dogs," *Times* (London), August 26, 1931; Docteur Ox, "Toutous et loulous," *Le matin* (Paris), January 1, 1904, clipping in DB 230, APP.

[45] F. M. Bogan, "Are Pets Dangerous?," *Health*, October 1911, 222; "Public Health Leaflet no. 9: Some Important Animal Parasites of Man," Bureau of Public Health Education of the Department of Health,

New York City Hall Library.

［46］Abel Lahille, "Les inconvenients et le danger des chiens surtout dans les villes," *Annales d' Hygiène publique, industrielle et sociale*, 1941, 30; Clerc, "La souillure des villes par les chiens" (1929), 81; Sharon Marcus, "Haussmannization as Anti- Modernity: The Apartment House in Parisian Urban Discourse, 1850-1880," *Journal of Urban History* 27, no. 6 (2001): 723-45.

［47］René Lutembacher, "L'hygiène et le chien," *La presse médicale* 97, December 4, 1929, 1585; Brown, Stammers, and Balfour, "Observations on Canine Faeces," 1166; "Fouling of Footways by Dogs," *Lancet* 206, no. 5327 (October 3, 1925): 714-15.

［48］Human Rights, "Dogs as Germ Distributors," *NYT*, November 23, 1902; E. L. M., "Sidewalk Annoyances," *NYT*, April 4, 1936; Un piéton, "Chiens et trottoirs."

［49］W. G., "Defilement by Dogs," *NYT*; Hoy, *Chasing Dirt*; Savill, "Fouling of Footways by Dogs"; S. E. F., "To the Editor," *NYT*, April 3, 1915; Richard Deeves, "To the Editor," *NYT*, March 27, 1915; A Disgusted Citizen, "Not a Lover of Dogs," *NYT*, April 26, 1900; J. Charles Totten, "Inconsiderate Dog Owners," *NYT*, February 2, 1934.

［50］Un piéton, "Chiens et trottoirs"; K. A. Lumsden, "Points from Letters: Fouled Pavements," *Times* (London), October 7, 1937; Ruth Colton, "From Gutters to Greensward: Constructing Heathy Childhood in the Late-Victorian and Edwardian Public Park" (PhD diss., University of Manchester, 2016), www. research. manchester. ac. uk/portal/en/theses/from-gutters-to-greensward-constructing-healthy-childhood-in-the-latevictorian-and-edwardian-public-park (34fd4ec1-30ae-4cd4-b231-632083475eae). html. 关于不让犬只进入纽约各大公园这一呼声的介绍，详见 W. G., "Defilement by Dogs"。

［51］ E. W. Estes, "Dogs in the City," *NYT*, January 26, 1931; Dr A. M. Ware, "Points from Letters: Dogs in Towns," *Times* (London), December 12, 1927; Un médecin parisien, "A propos de la fécalisation des trottoirs," *La presse médicale* 58, July 20, 1929, 955; I. T., "Dog Nuisances"; J. S. M., "Dogs in Public Places," *NYT*; Disgusted, "Dogs in the City," *NYT*, November 13, 1933.

［52］ Médecin parisien, "Fécalisation des trottoirs," 955; J. S. M., "Dogs in Public Places"; Reader, "The Dirty Sidewalks," *NYT*, December 30, 1900; Couturat, "Les inconvénients et le danger des chiens."

［53］ Citizen, "The Peripatetic Pup," *NYT*, December 30, 1900; Lumsden, "Fouled Pavements"; Knowles, "Dogs in Towns," *Times* (London); J. S. M., "Dogs in Public Places"; I. T., "Dog Nuisances"; "Notes of the Week," *Saturday Review*, November 27, 1926, 635.

［54］ "Our Live-Letter Box: Woof! Woof!," *Daily Mirror* (London), September 16, 1936; Martha L. Kobbe, "Addressed to Dog Owners," *NYT*, March 29, 1935; "Anti- Litter Rules Set Forth in Leaflet," *NYT*, May 5, 1931; D. W., "Dogs Not to Blame," *NYT*, November 9, 1935; Norbert Elias, *The Civilizing Process: Sociogenetic and Psychogenetic Investigations*, trans. Edmund Jephcott (Oxford: Blackwell, 2000 ［1939］), 118.

［55］ Clerc, "La souillure des villes par les chiens" (1938), 203.

［56］ Clerc, "La souillure des villes par les excréments de chiens," 2294, 2297; Clerc, "La souillure des villes par les chiens" (1938), 209; Un piéton, "Chiens et trottoirs." 20 世纪 70 年代中期，市政局终于将"狗狗公厕"投入试验，并于 20 世纪 80 年代正式广泛推行。Chris Pearson, "Combating 'Canine Visiting Cards': Public Hygiene and the Management of Dog Mess in Paris since the 1920s," *Social*

History of Medicine 32, no. 1 (2019): 156–57.

[57] Conseil municipal de Paris, "Compte rendu de la séance du 30 décembre 1935," 300; Conseil municipal de Paris, "Compte rendu de la séance du mardi 28 décembre 1937," 31. For a thoughtful discussion on the limits of surveillance in democratic societies, see Chris Otter, *The Victorian Eye: A Political History of Light and Vision in Britain*, 1800– 1910 (Chicago: University of Chicago Press, 2008), 3–5.

[58] Lahille, "Les inconvenients et le danger des chiens," 31; Couturat, "Les inconvénients et le danger des chiens."

[59] George A. Soper, *Street Cleaning and Refuse Collection and Disposal in European Cities with Suggestions Applicable to New York* 1929: *Report to the Committee of Twenty on Street and Outdoor Cleanliness Appointed by the New York Academy of Medicine*, October 1929 (New York: Press of C. C. Morchand, 1929), 4; "A New Broom Needed," *NYT*, November 4, 1933; Matthew Napear, Department of Sanitation, "Public Education as a Function in Street Sanitation," paper presented at the 1938 Public Works Congress, October 3–5, 1938, 3; box 3, 002, OCA Records, New York Public Library, capitals in the original. 关于公共卫生运动的跨国维度研究，详见 Paul Weindling, ed., *International Health Organisations and Movements*, 1918–1939 (Cambridge: Cambridge University Press, 1995)。

[60] *Information for Dog Owners: Why Dogs Must Be Muzzled When at Large* (New York: Department of Health, January 1919), 5; T. G. H., "Laws Governing Dogs," *NYT*, March 25, 1935.

[61] Mrs. Henry Martyn Alexander, "The Outdoor Cleanliness Association," n. d. [1940/1941?], box 3, 004, OCA Records, New York Public Library; Burnstein, *Next to Godliness*, 109–10; Hoy, *Chasing Dirt*, 100–112.

［62］"Cleanliness Drive Is On," *NYT*, May 21, 1936; Burnstein, *Next to Godliness*, 130−32; "'Traffic' Sign for Dogs," *NYT*, November 12, 1937; Corresponding Secretary, OCA, to A. Gordon, June 19, 1936, box 3, 002, OCA Records, New York Public Library; Douglas to OCA.

［63］Schwarz quoted in Elizabeth La Hines, "Drive Is Begun for a Tidy City during the Fair," *NYT*, April 9, 1939; John L. Rice, *Health for 7 500 000 People* (New York: Department of Health, 1939), 146; Indignant, "A Dog Owner's Viewpoint," *NYT*, November 14, 1935; "Dog Nuisance Drive Spreads to Flatbush," *NYT*, July 29, 1936.

［64］Kinney with Honeycutt, *How to Raise a Dog*, 101−3. 关于 "curbing" 从"路边"的名词词义演变出"管好犬只"的动词词义历史，详见 *On how curbing became a verb*，参见 Robert L. Chapman, "Semantic Generalization:'Curb Your Dog,'" *American Speech* 43, no. 4 (1968): 314。

［65］Mongrels Second, "The Dog Nuisance," *Times* (London), February 22, 1917.

［66］引自"The Two Voices," *Public Health* 35 (May 1922): 224. 另请参阅 Peter Atkins, "Animal Wastes and Nuisances in Nineteenth-Century London," in Atkins, *Animal Cities*, 28−29; Christopher Hamlin, "Public Sphere to Public Health: The Transformation of 'Nuisance,'" in *Medicine, Health and the Public Sphere in Britain*, 1600−2000, ed. Steve Sturdy (Abington: Routledge, 2002), 194−95。

［67］"The Two Voices," 224.

［68］"Fouling of Footways by Dogs," *Public Health* 37 (October 1923): 13−14. "Dog Nuisance Bye-Law Made Permanent," *Public Health* 37 (November 1923): 41; James Fenton, "Fouling of Footways by Dogs," *Public Health* 39 (October 1925): 24.

［69］"Good Rule and Government Byelaws: Dog Fouling Footways,"

February 1936, HO 45/17553, NA.

［70］ "Good Rule"; "Byelaws RE Nuisance from Dogs Fouling Footways," National Canine Defence League, Annual Report, 1925, 28, A/FWA/C/D268/1, LMA; "Memo on Working of the New Form of Model Byelaw," August 1938, HO 45/17553, NA. 国家档案馆（National Archives）与伦敦城市档案馆（London Metropolitan Archives）均有收录伦敦自治法规副本。Clerc, "La souillure des villes par les chiens"（1938），210-11, 215.

［71］ Michael Brandow, *New York's Poop Scoop Law: Dogs, the Dirt, and Due Process*（West Lafayette, IN: Purdue University Press, 2008）; "Dogs (Fouling of Land) Act 1996," www. legislation. gov. uk/ukpga/1996/20/contents/enacted, accessed October 27, 2020; Neil Pemberton, "The Burnley Dog War: The Politics of Dog-Walking and the Battle over Public Parks in Post-Industrial Britain," *Twentieth Century British History* 28, no. 2 (2017): 239-67; C. Pearson, "Combating 'Canine Visiting Cards,'" 161. 巴黎政府规定，自 2004 年起，狗主人必须清理排水沟和人行道上的狗粪。

［72］ "Sanitation at the British Empire Exhibition, 1924," *Public Health* 38, issue C (1924): 61. 另请参阅 Anderson, "Excremental Colonialism"; Susan L. Carruthers, "Latrines as the Measure of Men: American Soldiers and the Politics of Disgust in Occupied Europe and Asia," *Diplomatic History* 42, no. 1 (2018): 112; Jean-Pierre Goubert, "La ville, miroir et enjeu de la santé: Paris, Montréal et Alger au XIXe siècle," *Histoire, économie, et société* 20, no. 3 (2001): 355-70。

［73］ Pearson, "Combating 'Canine Visiting Cards'"; Nicolas Kenny, *The Feel of the City: Experiences of Urban Transformation*（Toronto: University of Toronto Press, 2014），8-9.

结　论

综观 19 世纪初至第二次世界大战期间的伦敦、纽约和巴黎，人类与狗狗共处的方式，发生了天翻地覆的变化。到 1939 年前后，已有成千上万的流浪狗被捕杀，纽约和巴黎的狂犬病疫情得到了良好控制，这种恶疾在伦敦更是全面绝迹。在那段日子里，警犬开始上街巡逻，狗所遭受的种种痛苦，激起了人道主义支持者的愤懑、反感。此外，狗随地排便的问题，亦引发一系列公共卫生争议。这一时期，城市对犬只的管控变得愈加严格。除非乖乖佩戴牵引绳、嘴套，按指导意见接受训练，走上城市街头的狗狗很可能会惨遭捕杀。显然，狗已成为城市街头生活秩序的一部分。而这些管制措施，恰恰印证了尼古拉斯·肯尼（Nicholas Kenny）的观点：“现代城市主义正不遗余力地清除威胁城市安全、影响管理效率的障碍，以消弭笼罩在现代人四面八方的荒诞与恐惧。”[1]

许多西方学者认为，当前人类与狗之间的相处特征，实际上深深根植于现代西方城市化进程中的情感史积淀。不论从城市生活的阶级化、性别化还是种族化情感框架来看，这种关系都发生了一定的改变，例如对"狗咬人"及流浪犬只传播疾病的恐惧、对狗排泄物的厌恶，还有对狗遭受折磨的反感。如何让狗适应现代城市生活，成了中产阶级争论不休的话题。尽管融入过程充满挑战与坎坷，狗最终还是被塑造成为"符合阶层价值观和规范"的形象。但不论如何，人犬和谐共处的时代已经到来。流浪狗和"狗咬人"现象得到了很好的控制，一系列人道的捕杀方法，也减轻了犬类的痛苦。警犬的使用及在处理排泄物上的初步尝试，不仅有效缓解了城市治理面临的巨大压力，也充分利用了狗狗与生俱来的"思维能力"。

当然，狗的生活也随之发生了改变。有的狗"地位攀升"，成为警犬（常被戏谑为"长着四条腿的调查员"）或宠物。而与之相对，流浪狗和患病疯狗，则沦落为大街上的"蛮兽"，只得在边缘缝隙里苟且偷生。只有那些干净、体面、温顺，符合中产阶级标准的狗，才有机会成为狗狗都市的一分子。尽管城市对狗的接受度、包容度显著提高，但好景不长，宠物狗粪便问题还是让人们抓耳挠腮。此外也不乏声音表明民众很担心警犬咬伤无辜的自己。

总的来说，伦敦、纽约和巴黎在犬类管理方面采取的措施大同小异。但也有些差异值得我们继续深思，其中最典型的，便是英国"率先成功消除了本土犬只狂犬病"。随后，纽约和巴黎纷纷效仿伦敦的处理方案——譬如成立犬舍俱乐部、收容所等诸多"人道"色彩浓厚的流浪狗管理机构。此外，纽约和巴黎也引进了横跨不同任务方向的"多用途"警犬，并大力推广巴氏狂犬疫苗。尽管巴氏疫苗争议仍频，但不论是考虑到法国对美国当代医学的影响、法籍医师在美国的积极推介，还是从美国狂犬病患者积极采用巴氏疗法的史实来看，美国各方对巴氏疫苗治疗狂犬病的接受度其实是非常高的。

1939 年前后，各都市里的人犬关系仍在持续变化，并在第二次世界大战欧洲战事爆发时出现了戏剧性的发展。许多伦敦人宁愿自己了断宠物狗或宠物猫的生命，也不愿它们成为德国炮弹下的牺牲品：1939 年 9 月初，已有 40 万只猫、狗被送入收容所处死。事实上，即使到了战后，伦敦、纽约和巴黎三地的人犬关系也存在些许微妙变动，只不过没那么剧烈罢了。例如在 20 世纪 70 年代，弓蛔虫病引起了一系列宠物恐慌，继而迫使各城市纷纷推行"铲屎法规"。同样，在战后岁月里，纽约设立了娱乐性跑狗场、寄养店及遛狗公司等，"宠物狗经济"产业如雨后春笋般层出不穷。为控制犬类数量，各城市相继给流浪狗进行了大规模绝育。宠物消费的经济贡献持续增高，在巴黎昙花一现的"狗狗面包房"便是其生动写照。这些新情感的涌现，进一步深化了伦敦、纽约和巴黎人犬关系历史。现如今，"反狗粪运动"要求狗主人为他们的宠物收拾粪便，而这时常令狗主人深感羞耻。可以说，不论是愤怒、恐惧、厌恶抑或羞耻，所有的情绪都开始与"狗粪"这个词附着在一起。[2]

纵览本书，我们能感受这种矛盾情绪的延续——对"狗咬人"的焦虑、对收容所捕捉犬只及实验用犬只的同情、对警犬的赞扬和担忧、对流浪狗的严格管制，乃至鼓励狗主人收拾宠物粪便等，喜与忧始终交织在人犬关系的演进路途上。有些人不断发声赞扬狗的智慧与敏锐，而有些则对此嗤之以鼻，后者认为现代城市并没有狗的容身之地。[3] 养犬俱乐部、动物保护主义者、警方、市政当局以及各领域科学家，仍在塑造人犬关系过程中发挥着主导作用。狗狗都市还在逐渐演变，质疑声同样也是连绵不绝。但不论好坏，西方城市居民仍生活在"人犬共存"的环境里，这一点没有任何变化。

注　释

［1］ Nicolas Kenny, "City Glow: Streetlights, Emotions, and Nocturnal Life, 1880s–1910s," *Journal of Urban History* 43, no. 1 (2017): 108.

［2］ Hilda Kean, *The Great Cat and Dog Massacre: The Real Story of World War II's Unknown Tragedy* (Chicago: University of Chicago Press, 2017), 47–68; Michael Brandow, *New York's Poop Scoop Law: Dogs, the Dirt, and Due Process* (West Lafayette, IN: Purdue University Press, 2008); Stephanie Fellenstein, "New York City Veterinarian Takes on Pet Overpopulation," *DVM Magazine*, July 2011, 43–44; Pemberton, "The Burnley Dog War"; Harry Porter, "A Home from Home for a Best Friend," *Daily Telegraph* (London), March 4, 2017; Sylvie Tissot, "Of Dogs and Men: The Making of Spatial Boundaries in a Gentrifying Neighbourhood," *City and Community* 10, no. 3 (2011): 265–84; Chris Pearson, "Combating 'Canine Visiting Cards': Public Hygiene and the Management of Dog Mess in Paris since the 1920s," *Social History of Medicine* 32, no. 1 (2019): 160. 有关羞耻与法律间的复杂联系，详见 Martha C. Nussbaum, *Hiding from Humanity: Disgust, Shame and the Law* (Princeton, NJ: Princeton University Press, 2004), 222–79。

［3］ Jerome Starkey, "Drop Dangerous Dog Ban, says RSPCA," *Times* (London), May 15, 2018; Georgina Mills, "Dangerous Dogs: Culprits of Victims?," *Veterinary Record* 175, no. 22 (December 6, 2014): 554; "La loi sur les chiens dangereux est adoptee," *Liberation*, https://www.liberation.fr/societe/2008/06/12/la-loi-sur-les-chiens-dangereux-est-adoptee_ 21575, accessed October 27, 2020; Andrei S. Markovits and Katerine N. Crosby, *American Dog Rescue and the Discourse of Compassion* (Ann Arbor: University of Michigan Press, 2014); Nathalie Leblanc, "La place de l'animal dans les politiques urbaines,"

Communications 74（2003）: 159-75; "C'est 'Rex,' chien policier, qui a fait arrêter ces 3 cambrioleurs de Neuilly," December 29, 1967, press clipping in DB 41, APP; "Tragic French Police Dog Diesel to Receive Supreme Honour for Gallantry," People's Dispensary for Sick Animals website, December 27, 2015, https: //www. pdsa. org. uk/press – office /latest – news/tragic – french – police – dog – diesel – to – receive – supreme–honour–for–gallantry, accessed October 27, 2020; Tyler Wall, " 'For the Very Existence of Civilization': The Police Dog and Racial Terror," *American Quarterly* 68, no. 4（2016）: 861 – 82; Jean – Pierre Adine, Stéphane Bugat, and Olivia Liger, "Villes: Le temps des chiens," *Le point*, no. 502, May 3-9, 1982, 87-94; Colette Arpaillange, *Un chien heureux en ville*（Paris: éditions Rustica, 2010）, 10, 40; Hervé Perton, *Police municipale et animaux errants*（Voiron: Territorial Editions, 2006）; Har – lan Weaver, "Pit Bull Promises: Inhuman Intimacies and Queer Kinships in an Animal Shelter," *GLQ: A Journal of Lesbian and Gay Studies* 21, nos. 2–3（2015）: 343–63.

附录　对动物、历史和情感的思考

学界普遍认为人犬之间存在一种特殊关系。实际上，大约自12000 年前狗被驯化以来，人类便对这种关系习以为常。奥地利动物学家康拉德·洛伦兹（Konrad Lorenz）于战后洞察到这种关系后，人犬关系便成为热门研究话题。1949 年，洛伦兹用这样的话来赞美犬类的感情："狗的魅力在于它对人类忠诚真挚，并与人类有一种强大的精神联结。"[1] 此后，兽医、心理学家、考古学家和动物行为学家纷纷对这两个物种之间深层次的、多维度的生理、神经、情感和认知联系展开研究。研究方法包括观察狗在实验室的行为表现，人犬关系的定性分析，近期又开始对狗的情绪状态展开神经学测试。此类研究具有一定启发性，但往往仅从生物角度研究人犬之间的多重情感联系，未曾考虑到历史因素。[2] 动物历史学家将研究重心放在永恒的生物因素上，或者侧重展现人犬关系的历史和地理表征差异，阶级和性别文化层面的变化。[3] 我斗胆简述下这些研究的整体情况，我们所面对的研究，一方面强调人犬亲密关系在文化上的可变性和随之产生的相关特征，另一方面则强调这种亲密关系的固有性和不变性。

人犬关系的雏形源自驯化，历经几个世纪的共同生活和工作后进而得到巩固，这种观点有一定道理，因为它强调了两个物种之间的深厚友谊和联系。但本书概述的历史表明，非历史性的人犬关系研究理念所掩盖的信息，要远远多于其阐明的内容。在不否认人犬之间长期情感联系至关重要的这一前提下，也要意识到人犬关系碎片化、多面性、争议性和偶然性的重要。与其将人犬关系视为非历史性的，我更倾向从特定历史背景下（19 世纪漫长的欧洲和北美城市化）的政治、社会和文化特性等层面去构建、批判和理解这种关系，因此，我倾向采用历史的方法来研究人犬关系，及其背后更广泛的情感意义。但这并不意味着对某些维度视而不见，简而言之，本书试图展现人类对狗本身以及狗的行为（流浪、咬人、绝育、驯化和排便）的情感反应，而这种情感上的反应又引发了何种行为或举措，从而改变了西方世界人犬的相处模式。

情感这一要素未来必定会活跃在动物研究领域。越来越多研究聚焦于动物与情感之间的关系，因此，本文以伦敦、纽约和巴黎的城市化历史为背景探究人犬关系。拉迪卡·戈文德拉扬（Radhika Govindrajan）的《动物亲密关系》便是一个典型，该书探讨了印度喜马拉雅山脉乌塔拉坎德邦农村人与动物之间的关系网络。朝夕生活和工作催生了人与动物之间的多重关系，不仅有关怀，还有暴力。戈文德拉扬观察了奶牛、猴子、山羊、公猪和狗，并借助跨物种民族志研究发现"特定的人群与动物之间存在反射性交流，且其交流媒介是一种具体的、感性的、可互相识别并回应的语言，这种交流不论是对人还是对动物而言都至关重要"。可以说，动物和人类在情感层面是相互影响的，在戈文德拉扬的分析中，动物是感性的生物，它们也有"爱、恨、悲伤、嬉闹、渴望乃至理解"[4] 等情绪。她所使用的人类学方法论使她能够观察动物的情感状态，但她并没有单纯从动物的视角出发，这一点值得注意。

相比之下，历史学家更倾向于顺沿以往学者的研究轨迹，这样也就意味着他们无法像人类学家那样很好地观察动物的情感活动。但也有一些历史学家试图去捕捉动物的视角和情感体验。最典型的当数埃里克·巴拉泰（Eric Baratay）、菲利普·豪厄尔（Philip Howell）和希尔达·基恩（Hilda Kean），前者从动物士兵的角度叙述了一战的历史；豪厄尔和基恩则认为闪电战期间的英国人和狗有着相似的情感体验。[5] 我不否认犬类有情感体验，甚至可能是狗把伦敦人、纽约人和巴黎人吸引到它们的情感世界中，但我认为狗的情感体验始终是难以捉摸的，至少超出了我的理解范围。因此，我将研究视角转向研究人类探索犬只情绪的方法，犬只影响人类情绪的形式，以及西方国家中人类情绪的演变对城市犬只生活的影响。

我的研究方法主要借鉴自侧重情感历史偶然性的情感史学研

究。虽然情感史学家们并未声称要直接研究个人感受，但他们已经把情感纳入历史研究的一大关键因素。他们强调某种情绪表达背后的社会、政治和文化现象，以及社会、群体和个人如何调节管理情绪。除了透过情感去探索主体性、身份认同、政治变革以及阶级、种族、性别和性的发展轨迹，情感史学家还追述了宗教情感和世俗情感的变化，以及情感如何将人聚在一起，又如何将人分裂开来。尽管经常受到心理学理论的影响，但学者们还是在非历史情感表达的概念这一问题上提出了异议：例如哭在 14 世纪和 20 世纪的意义是不同的。正如芭芭拉·H. 罗森宛恩（Barbara H. Rosenwein）所言："研究情感史应当兼顾情感认知发展领域的最新进展，而非简单地采用现代主义或者普遍主义的方法。最重要的是，要对历史的差异性、严肃性和复杂性保持敏锐。"[6] 由此可见，那些侧重城市生活情感层面的研究，诸如都市人对爱情、新兴技术等话题的情感反应，对本书的研究提供了大量的参考价值。[7]

尽管情感史研究学者倾向于关注情感表征，借助文本和图像的情绪表达，但近期的研究一般侧重情感的物质维度。如莫妮可·希尔（Monique Scheer）提出的"情感实践"模型。[8] 受此启发，我试图将视角从物体转移到动物身上，研究对犬类流浪、咬人、绝育、驯化及排便的情感反应是如何改变人犬关系的，又是如何改变人类与狗的生活的。这么做的目的是希望能够进一步填补"动物与情感"这一研究领域的空白。

动物情感史的相关研究表明，在 19 世纪，不论是动物保护主义者，还是反动物保护主义者都宣扬动物是有情感的生物，而比较心理学家和生理学家则在感知能力和情感表达程度的问题上争论不休。但不论如何，达尔文理论——强调人类与所谓的高等动物之间存在情感相似性——都为他们的研究提供了强有力的支撑。[9] 此外，乔安娜·伯克（Joanna Bourke）在动物史研究中概述了人对动物的情感的错综复杂性，不论是喜爱还是吸引等；艾丽卡·福吉（Evika Fudge）调查了现代初期埃塞克斯农民与牛之间的情感联系；多莉·乔根森（Dolly Jørgensen）揭示了促使人们重新引进濒危物种的情感缘由（悲痛、伤心抑或是希望）；瑞安·黑底格尔（Ryan Hediger）分析了越战期间美国士兵对狗的情感；乔纳森·萨哈（Jonathan Saha）认为殖民者和宠物之间的关系不仅是一种情感上的庇护，还是缅甸殖民时期文明和优越感的标志（"感受与动物的接触——不论是真实的还是想象的，身体上的还是情感上的——是英国在缅甸殖民文化中长期存在的一个现象"）；安德莉亚·盖纳（Andrea Gaynor）、苏珊·布鲁姆霍尔（Susan Broomhall）和安德鲁·弗拉克（Andrew Flack）探究了 20 世纪澳大利亚儿童和成人对青蛙的感受，进而解析科学知识的情感层面。[10] 就我个人而言，我认为法国士兵养宠物狗是"情感实践"的一部分，能够帮助他们在 1914—1918 年的第一次世界大战西线堑壕战（当时的军队指挥官试图管制、镇压堑壕战）中生存下来。在托马斯·韦伯（Thomas Webb）、佩妮·萨默菲尔德（Penny Summerfield）和马克·莱利（Mark Riley）的帮助下，我还探究了第二次世界大战期间生活在缅甸丛林的英国骡夫的情感，进而揭示了"人类如何将情感依附于动物，这些情感又如何促使人类团结在一起"。[11]

在上述研究的基础上，我在本书中试图展现恐惧、厌恶及同情等情感是如何投射在狗身上的，又如何激起爱狗人士与厌狗人士的矛盾与冲突。除了揭示动物在情感历史中常被忽略的角色，我还强调城市中人犬关系发展的情感维度。很多研究都探析了动物在城市中的角色变化，但往往都忽视了其中的情感发展。[12]

总而言之，我想简单阐明，为何把动物更全面地纳入情感史研究如此重要。首先，这能够为研究人类与动物之间的关系提供历史视角，同时有助于探究这种关系是如何随时间推移而变化，又是如何根植于情感史的。其次，情感史研究强调动物在人类眼中是有情感的生物，这有助于避免研究过程中过度以人为中心。再次，它展示了人类如何借助对动物的情感反应来团结或者分裂某一群体。最后，我们可以更好地了解动物如何影响人类的情感状态，以及人类情感——比如恐惧、厌恶或同情——是如何改变动物生活方式的，从而进一步凸显情感的物质维度和表征维度。

注 释

［1］Konrad Lorenz, Man Meets Dog (Abington: Routledge, 2002 [1949]), ix. 1.

［2］Lorenz Gygax et al., "Dog Behavior but Not Frontal Brain Reaction Changes in Repeated Positive Interactions with a Human: A Non-invasive Pilot Study Using Functional Near-Infrared Spectroscopy (f NIRS)," *Behavioural Brain Research* 281 (2015): 172-76; Linda M. Hines, "Historical Perspectives on the Human-Animal Bond," *American Behavioral Scientist* 47, no. 1 (2003): 7-15; ádam Miklósi, *Dog Behaviour, Evolution and Cognition* (Oxford: Oxford University Press, 2007); Darcey F. Morey, *Dogs: Domestication and the Development of a Social Bond* (New York: Cambridge University Press, 2010); and many articles in such journals as *Journal of Veterinary Behavior: Clinical Applications and Research*.

［3］关于英国情况的单独介绍, 详见 Philip Howell, *At Home and Astray: The Domestic Dog in Victorian Britain* (Charlottesville: University of Virginia Press, 2015); Hilda Kean, *The Great Cat and Dog Massacre: The Real Story of World War II's Unknown Tragedy* (Chicago: University of Chicago Press, 2017); Neil Pemberton and Michael Worboys, *Rabies in Britain: Dogs, Disease and Culture*, 1830-2000 (Basingstoke: Palgrave Macmillan, 2013 [2007]); Harriet Ritvo, *The Animal Estate: The English and Other Creatures in the Victorian Age* (London: Penguin, 1990 [1987])。

［4］Radhika Govindrajan, *Animal Intimacies: Interspecies Relatedness in India's Central Himalayas* (Chicago: University of Chicago Press, 2018), 4, 10, 20.

［5］Eric Baratay, *Bêtes des tranchées: Des vécus oubliés* (Paris: CNRS,

2013）；Philip Howell and Hilda Kean，"The Dogs That Didn't Bark in the Blitz: Transspecies and Transpersonal Emotional Geographies on the British Home Front，" *Journal of Historical Geography* 61（2018）：44–52. 另请参阅 Eric Baratay，*Le point de vue animal: Une autre version de l'histoire*（Paris: Seuil，2012）；Gervase Philips，"Writing Horses into American Civil War History，" *War in History* 20，no. 2（2013）：160–81。

[6] Jan Plamper，"The History of Emotions: An Interview with William Reddy，Barbara Rosenwein，and Peter Sterns，" *History and Theory* 49，no. 2（2010）：261；Thomas Dixon，*Weeping Britannia: Portrait of a Nation in Tears*（Oxford: Oxford University Press，2015）. 有关该研究领域的精彩介绍，详见 For an excellent introduction to the field，see Rob Boddice，*The History of Emotions*（Manchester: Manchester University Press，2018）。

[7] Joseph Ben Prestel，*Emotional Cities: Debates on Urban Change in Berlin and Cairo*（Oxford: Oxford University Press，2017）；Nicolas Kenny，*The Feel of the City: Experiences of Urban Transformation*（Toronto: University of Toronto Press，2014）.

[8] Rebecca Wright，"Mass Observation and the Emotional Energy Consumer，" *Canadian Journal of History* 53，no. 3（2018）：423–49；Monique Scheer，"Are Emotions a Kind of Practice（And Is That What Makes Them Have a History）? A Bourdieuian Approach to Understanding Emotion，" *History and Theory* 51，no. 2（2012）：193–220. 另请参阅 Sarah Randles，"The Material World，" in *Sources for the History of Emotions: A Guide*，ed. Katie Barclay，Sharon Crozier-De Rosa，and Peter N. Stearns（Abington: Routledge，2021），159–71；Stephanie Downes，Sally Hollyway，and Sarah Randles，eds.，*Feeling Things: Objects and Emotions through History*（Oxford: Oxford University Press，2018）。

［9］ Otniel E. Dror, "The Affect of Experiment: The Turn to Emotions in Anglo-American Physiology, 1900–1940," *Isis* 90, no. 2 (1999): 205–37; Liz Gray, "Body, Mind and Madness: Pain in Animals in Nineteenth-Century Comparative Psychology," in *Pain and Emotion in Modern History*, ed. Rob Boddice (Basingstoke: Palgrave, 2014), 148–63; Jed Meyer, "The Expression of the Emotions in Man and Laboratory Animals," *Victorian Studies* 50, no. 3 (2008): 399–417; Edmund Ramsden and Duncan Wilson, "The Suicidal Animal: Science and the Nature of Self-Destruction," *Past and Present* 224 (2014): 205–17; Paul S. White, "The Experimental Animal in Victorian Britain," in *Thinking with Animals: New Perspectives on Anthropomorphism*, ed. Lorraine Daston and Gregg Mitman (New York: Columbia University Press, 2005), 60–81.

［10］ Joanna Bourke, *Loving Animals: On Bestiality, Zoophilia, and Post-Human Love* (London: Reaktion, 2020); Erica Fudge, *Quick Cattle and Dying Wishes: People and the Animals in Early Modern England* (Ithaca, NY: Cornell University Press, 2018); Dolly Jørgensen, *Recovering Lost Species in the Modern Age: Histories of Longing and Belonging* (Cambridge, MA: MIT Press, 2019); Ryan Hediger, "Dogs of War: The Biopolitics of Loving and Leaving the US Canine Forces in Vietnam," *Animal Studies Journal* 2, no. 1 (2013): 55–73; Jonathan Saha, "Among the Beasts of Burma: Animals and the Politics of Colonial Sensibilities, c. 1840–1940," *Journal of Social History* 48, no. 4 (2015): 921; Andrea Gaynor, Susan Broomhall, and Andrew Flack, "Frogs and Feeling Communities: A Study in History of Emotions and Environmental History," *Environment and History* (2020), https://doi.org/10.3197/096734019X15740974883861.

［11］ Chris Pearson, " 'Four-Legged *Poilus*': French Army Dogs, Emotional Practices and the Creation of Militarized Human – Dog Bonds, 1871–1918," *Journal of Social History* 52, no. 3 (2019): 731–60; Tom Webb, Chris Pearson, Penny Summerfield, and Mark Riley, "More–Than–Human Emotional Communities: British Soldiersand Mules in Second World War Burma," *Cultural and Social History* 17, no. 2 (2020): 245–62.

[12] 有关动物历史的精彩介绍，详见 Peter Atkins, ed. , *Animal Cities: Beastly Urban Histories* (Farnham: Ashgate, 2012); Dawn Biehler, *Pests in the City: Flies, Bedbugs, Cockroaches, and Rats* (Seattle: University of Washington Press, 2013); Thomas Almeroth – Williams, *City of Beasts: How Animals Shaped Georgian London* (Manchester: Manchester University Press, 2019); Frederick A. Brown, *The City Is More Than Human: An Animal History of Seattle* (Seattle: University of Washington Press, 2016); Joanna Dean, Darcy Ingram, and Christabelle Sethna, eds. , *Animal Metropolis: Histories of Human–Animal Relations in Urban Canada* (Calgary: University of Calgary Press, 2017); Andrew A. Robichaud, *Animal City: The Domestication of America* (Cam – bridge, MA: Harvard University Press, 2019)。

译后记

我家有只狗，是我们的一位亲人，她叫"太极"。

2014 年初，我在宁波市慈湖中学读高中。为方便走读，就在学校附近的慈城古镇里，租住了一套小镇民宅。这是生长在城市公寓里的我，第一次有机会住进铺着瓦顶的平房，第一次在家门口亲手体验到了古井打水的乐趣。当然，我也不会料想到在那个暮冬的中午，准备出门打井水洗地的我，很神奇地遇到了人生第一只宠物狗——"太极"。

在我汲水时，"太极"恰好从一条小路上拐过来，她脏兮兮，但肉嘟嘟的，邻居大爷判断她吃奶水情况不错，应该是刚刚被"赶出来"的。在我拎着水桶抬起头时，我和它一瞬间"六目相对"（"太极"是条"四眼狗"，它有两条短短圆圆的"眉毛"）。那时的我怕狗怕到出奇，每当宁波家里楼下的一只小"博美"横在楼梯上"拦路"时，我都能急出一身汗。但第一眼看见"太极"，两三米外的她不知怎么地让我毫无恐惧，我冲她笑笑，按照长辈教的"避狗策略"，挂着笑容慢慢往后退，背对着家门口一步步地往里挪……没想到，不到一分钟后，我大吼着发出了一声惊呼："老妈！家里来客人啦！"

是的，"太极"就这样来到了我们家，也在一年多后离开了她出生的古镇慈城，挂着一张"准养牌"随我们回到了宁波主城区。记得当时去给"太极"上户口时，听完"太极"略显"传奇"身世的值班民警，笑着俯下身对她讲："你命真好啊，再也不用流浪了。"是啊，自从"太极"加入我们家，虽然谈不上什么吃香喝辣，但在我们这个人文氛围浓厚、善待动物的小康之家里，我们吃的每份吐司、鸡肉里总少不了她一口，而每天晚上，她也总是怀抱着我们四处留心找来的"毛绒玩具"酣然入睡（顺带再爆个"料"，"太极"的呼噜声和梦话真的是一绝，总能把我们逗得合不拢嘴）。

同样，"太极"的到来，也让我们家里增添了很多安全感、幸福感。天生的领地意识，让她时刻警惕着门外的风吹草动。于是，每当有外卖员来送货，她总会提前发出雄浑有力的吠叫，向我们发出信号。曾有一位常来常往的快递员打趣道，每次听你们家"太极"的叫声，都以为她是什么"凶悍"的藏獒、杜宾之类的"烈性犬"呢，根本想不到竟然是这么小只的可爱狗狗。这位小哥更猜不到，每次"太极"发完"有人来了"的警报，总会在我们开门之际，一溜烟躲到餐桌底下警惕观察，从来不主动冲上前去。她内心应该很清楚，自己承担的"任务"是"门铃"而非"门禁"，这和她慈城老家那些雄赳赳、气昂昂的宅院"护卫犬"截然不同。每次家中成员回来或到访，她总会激动地摆出"飞机耳"、尾巴飞速横扫着拥上去欢迎，嘴里还发出"嗞喽嗞喽"的亲昵声，让人一下子卸掉所有重负，内心无比安宁、充实。

"太极"在排便时也会格外注意，除了偶尔几次因为术后换药等原因在家中"吓尿"外，她从不在家中排泄。早、晚出去遛弯，她总是主动带着我们到小草丰茂的草坪里，解决"小号"，然后再引着我们往前走，到中意的垃圾桶附近时，她会屁股"一撅一屏"，提示我们她要上"大号"了。我们遛"太极"的随身包里，总是备着小塑料袋、一次性手套、消毒湿巾等物品。因而每次"太极"拉完的"臭臭"，总能在不激起我们恶心情绪的前提下，"安然"躺进垃圾桶里。除了在上厕所方面配合我们，每当出去散步、游玩，遇到绮丽景色，抑或在家中有了什么"摆拍"创意，"太极"也常常成为我们全家人，乃至"朋友圈"一些爱狗师友共同的"开心果"——她戴着老花镜看《纵欲的困惑》，顶着柚子皮一脸无辜的"搞笑"样子，令见者无不捧腹大笑。

写下这些有关"太极"的回忆，是为了向读者朋友们展示一个现象：克里斯在《狗狗都市观》里呈现的纽约、伦敦、巴黎百年前的人犬关系，并不在今天我们与狗狗的互动世界、生活常识之外。

据 2021 年《中国宠物行业白皮书》不完全统计，截至当年，我国已完成登记的宠物狗数量多达 5 429 万只，这还没算上实际有主人，只是暂未登记的城乡接合部、"禁养区"外的小镇的家养狗。狗，或许是"猫和老鼠"这对神奇组合之外，中国城市里第三大"非人"哺乳动物。而大多数家养猫咪都很"宅"，因而在城市公共空间、整体生态里，数量最多、分布最广、影响最深的非人类哺乳动物，便是狗狗和老鼠。

老鼠过街，人人喊打。但血腥暴力的"打狗"，真的能和谐解决城市中人犬关系的不良症结吗？毋庸置疑，狗是人类城市文明不可或缺的一分子。也正因此，人类理应担负起"狗狗都市"善治的主导责任，不宜亦不可将源自人类社会内部的人犬关系问题，一股脑推给总体智能水平远不及人类的狗狗。2019 年，全国政协委员郭长刚教授曾公开呼吁"将家犬列为伴侣动物予以立法保护"，这是一项颇具意义的提议，理应得到社会各界更充分的重视——城市和谐人犬关系的基本要义是把旧的"共存"模式全面调整成新的、讲究人与犬跨物种协同发展的"共济"样态。"伴侣"这个概念的提出、阐释、实践，能够很好地帮助全社会摆正宠物狗在人类社会结构中的位置，从而为"狗狗都市"的欣欣向荣扫清最为尴尬、弊端明显的"身份"障碍——狗狗与养狗者，是"一家人"。或许中国传统观念中非常注重的"家"观念，也能取代《狗狗都市观》里频频出现的西方"人道"主张，支撑起中国式和谐人犬关系的伦理局面。

感谢克里斯为我们翻译工作答疑解惑，并在百忙中撰写了"致中国读者"。本书的出版，离不开中国社会科学出版社编辑、校对老师的大力支持、悉心指导，借此我们特表诚挚谢意。同时我们也要向福建师范大学余伟博士、上海理工大学高文成老师、宁波财经学院沈荟老师由衷致谢，他们为本书翻译赐下了许多颇具洞察力的专业建议，不厌其烦地为我们答疑解惑。我们还要特别感谢陶飞亚老师、张彦武老师、吴菲老师、张蒙老师、褚芝琳同学对本书译介工作的督促、关怀。囿于篇幅，我们不能向全体心系这本书的师友逐一道谢，但您字字珠玑的高见、殷殷切切的嘱托，我们将永远铭记于心。

囿于译者水平有限，且译介时间仓促，本书中如有疏漏差错之处，请读者朋友不吝赐教。

邹赜韬

2022 年 11 月 26 日

于鄞州寓所